2010s

宇野維正　田中宗一郎　新潮社

はじめに

２０１０年代に入って、北米を中心とするポップ・カルチャーはテクノロジーや経済や政治や社会全体の変化に敏感に対応して、あるいはそれらに先んじて、歴史的に何度目かのピークを迎えてきた。一方、21世紀になって、文化受容（それだけではないが）において加速度的に内向きになっていった日本では、その興奮がそれまでの時代と比べても広く一般的には共有されてこなかった。ハリウッド映画のビッグタイトルの日本での興行成績の伸び悩み、新世代ポップスターの来日公演の激減、重要な海外テレビシリーズの国内外における認知度の極端な差など、実例には事欠かないが、まずはそこを共通認識のスタート地点としたい。

２０１５年６月には世界同時に日本でもアップル・ミュージックがスタートし、同年９月にはネットフリックスとアマゾンプライム・ビデオもローンチ。翌２０１６年には、スポティファイも日本でのサービスを本格的にスタートさせた。それら音楽、映像のストリーミング・サービスによって、一時代前とは比べものにならないほど多様な優れたコンテンツに、海外との時間差なしで接することができるようになったにもかかわらず、今のところ日本の状況に大きな変化は訪れていない。いや、それ以前にインターネットの普及は世界との距離や伝達速度を縮めるものだったはずなのに、日本における海外のポップ・カルチャー受容に関して言うなら、むしろその膨大な量、言語の壁、ガイドや批評の不足などによって、後ろ向きのノスタルジーや無関心を促進させてきたとさえ言えるだろう。

田中宗一郎氏との対談形式で記された本書の主題は、「どうしてこんなことになってしまったのか？」について分析や考察をすることではない。そのような分析や考察については、これまで折に触れて様々なメディアを通しておこなってきたが、送り手の「問題」を受け手が「問題」として共有していない場合、そこから建設的な議論へと発展させるのは難しい。せっかくこうして一冊の本を作る機会を与えられたのだから、問題提起やアジテーションに終わるものではなく、具体的に「役に立つ」ものを残したい。田中宗一郎氏がどんな思いでこの企画に賛同してくれたのかはわからないが（それについては「おわりに」を読んでください）、少なくとも自分はそう考えてこの企画を進めてきた。

ユース・カルチャーの勃興と再生芸術や電波メディアの普及によって20世紀中盤に生まれたポップ・カルチャーを特徴づけるのは、それが先行するカルチャーへのレファレンス（参照）の集積によって生み出された「連続性の文化」であることだ。ビートルズの音楽はチャック・ベリーやリトル・リチャードやモータウン作品をレファレンスにして生み出され、『スター・ウォーズ』はレイ・ハリーハウゼンや黒澤明の作品をレファレンスにして生み出された。言うまでもなく、それ以前も新しいアートの様式は先行するアートのレファレンスや反動を含むそのリアクションによって成立してきたわけだが、ポップ・カルチャーが台頭して以降、それがほぼ世界同時に、より若い世代のアーティストによって、より多面的に、より早いサイクルで回るようになった。ポップ・カルチャーとは、その時代ごとの個別の天才の閃きによって作られてきた以上に、それぞれの時代やシーンを作ってきたアーティスト、作品、ファンダムによる連続性によって更新されてきた。

音楽ならばレディオヘッドやレディー・ガガ。映画ならば『ハリー・ポッター』シリーズや

『パイレーツ・オブ・カリビアン』シリーズ。テレビシリーズならば『24』や『LOST』や『HEROES』。そのあたりまでは、まだ国内のメディア環境的にも、世界市場における日本のポジション的にも、ある程度の連続性と継続性をもって海外のポップ・カルチャーは日本に紹介されてきた。しかし、ちょうど2010年代初期と重なるそれ以降は、個別に独自のファンダムが形成されたり（ジャスティン・ビーバーやアリアナ・グランデ）、時間をかけてようやく支持が定着することはあっても（『ワイルド・スピード』シリーズやマーベル・シネマティック・ユニバース）、その多くは「点」として受容されるだけで、それらを「線」や「面」でとらえる上で必要な連続性が失われてしまった。

さらに、2010年代のポップ・カルチャーを規定する大きな特徴は、音楽も映画もテレビシリーズもそのレファレンスが歴史の連続性だけではなく、それぞれのアートフォームやジャンルを横断して縦横無尽に引用や言及が張り巡らされて、激しくハイコンテクスト化していることだ。同時代のポップ・カルチャーに関してだけで言うなら、音楽だけに詳しい者が音楽について語る時代、映画だけに詳しい者が映画について語る時代は、もうとっくに終わってしまった。

音楽、映画、テレビシリーズを中心に2010年代のポップ・カルチャーについて「本当はそこで何が起こっていたのか？」を、田中宗一郎氏と共にそれぞれの体験と知見を総動員して語り合った本書の目的は、その連続性と文脈を回復するための、読者にとってのガイドとなることにある。「連続性と文脈の文化」であるポップ・カルチャーにおいて、10年近くにわたって環境的にその多くが失われたまま何かを世に問うのは、地盤の緩んだ土地の上に家を建てるようなことだ。「日本はそれでもいいじゃないか」という考え、さらには「それこそが日本のカルチャーの独自性じゃないか」という考えもあるだろう。そのような現在の日本社会に蔓延している何の根拠もない「自己肯定感」とは、慎重に距離を置いた本になっていることだけは最初に断っておきたい。

第1章はグローバルな音楽メディア環境の大きな変化をふまえて、2000年代に隆盛を誇ったインディミュージック（ピッチフォーク文化）の退潮とレディー・ガガを筆頭とする女性ポップスターの台頭について。第2章はまさに「参照」と「引用」によるハイコンテクストなアートフォームであることによって、必然的に2010年代のポップミュージックにおける中心的価値観となっていったラップミュージックについて。第3章はライブ・ネイションやAEGによる音楽興行の寡占化と、スポティファイに代表される音楽ストリーミング・サービスがもたらしたリスナー環境の民主化について。第4章はネットフリックスに代表される映像ストリーミング・サービスが、テレビシリーズと映画の境界をいかに崩壊させていったかについて。第5章は映画のユニバース化によって2010年代の映画マーケットを制覇したマーベル・スタジオと、それぞれの作品が社会に問いかけてきたものについて。第6章は2019年に最終章を迎えたテレビシリーズ『ゲーム・オブ・スローンズ』を中心に、物語が形式を凌駕し、増大するファンダムの力が作品に侵食していった、2010年代ポップ・カルチャー全体の実相を明らかにする。

本書は2010年代に起こった重要なポップ・カルチャーのすべてを網羅するものではないが、2020年代以降のポップ・カルチャーと並走しながら人生を楽しむ上で有効な手がかりや方向感覚を、ここから一つでも発見してもらえれば幸いだ。なお、本文中の膨大な固有名詞やカルチャー用語については、文脈上の説明のみで個別には注釈を設けていない。サブテキストはインターネットの宇宙に無限に広がっている、とさせていただきたい。

正直に言うと、「２０１０年代は楽しかったね」（本当にこんなに楽しい時代はなかった！）の一言で終わらせてしまいたいという気持ちもなくはないのだが、国内の政治や社会の状況だけでなく、グローバルで起こっている様々な現象や運動からも、いよいよそんな呑気なことが言っていられなくなってきた２０２０年。しかし、そんな時代だからこそ、現在進行形のポップカルチャーの地図を手に入れることは、この世界の全体像と、そこでの自分の立ち位置を知るために、より欠かせないものとなっていくはずだ。

２０１９年12月
宇野維正

2010s

目次

2010s

装幀　新潮社装幀室

第１章

レディー・ガガと
ピッチフォークの時代

2010年代は2008年に始まった

宇野　最初に、我々二人の共通となる認識を整理するところから始めましょう。2010年代のポップミュージックの中にも、例えばテイラー・スウィフトの「We Are Never Ever Getting Back Together」であったり、エド・シーランの「Shape of You」であったり、民放地上波のバラエティ番組やテレビドラマがきっかけとなって日本でも広く知られている曲はあります。でも、それらの曲が世界中でヒットした背景や文脈が日本ではまったく共有されていないので、すべてが点として消費されてるだけなんですよね。それは、この本を作ろうと思い立った最初の動機のひとつでもあるわけですけど。

田中　ただ、2019年も終わりに差しかかった今、そういった日本のポップ・カルチャー受容のねじれた状況について、もうどうでもいいことのように感じられてきた。違う？

宇野　それを最初に言ってしまうと、身も蓋もなくなってしまう（笑）。ただ、ポップミュージックにとって歴史的なピークを刻んでいた2016年あたりには、二人ともそれに激しく憤ってましたよね。その感情が、それ以前は面識くらいしかなかったタナソーさん（田中宗一郎の愛称）と自分をその後の仕事関係で結びつけたようなところがある。タナソーさんが「スヌーザー」で「レディー・ガガに勝てない日本のロック」って特集を作ったのはいつでしたっけ？

田中　2010年かな。

宇野　レディー・ガガに関しては、その情報量の多さも含めて、日本における最後の「洋楽スター」みたいな状況が続いてましたよね。「洋楽」ってカビ臭い言葉はできるだけ使いたくないんですけど。

田中　そう、使いたくない。もはや政治的にも間違った言葉だとも思うし。で、日本のお茶の間レベルのレディー・ガガの受容に関して言うと、あれは「マジカル外人」だよね。

宇野　映画や小説における「マジカル・ニグロ」とそんなに変わらない、ある意味で差別的な扱いでもあった？

田中　特に民放地上波での扱いがそうさせてしまったきらいがある。例えば、アメリカのCBSには、かつてはデヴィッド・レターマン、現在はスティーヴン・コルベアがホストを務める『レイト・ショー』みたいなテレビ・ショーがあって、音楽家と彼らの音楽の何たるかをオーディエンスにきちんと伝えているのと比べると――。

宇野　日本ではそれが『徹子の部屋』ですからね（笑）。『レイト・ショー』はトーク・バラエティではあるけども、トークの内容だってきちんとしてるし、番組のハウス・バンドをクエストラヴが仕切ったりしているわけだから。

田中　他にもNBCの『ザ・トゥナイト・ショー』や『ジ・エレン・ショー』みたいな番組だってあるわけだし。英国BBC2には『レイター…ウィズ・ジュールズ・ホーランド』みたいな60分間のしっかりした音楽番組があって、それがヨーロッパだけじゃなく世界各地にシンジケーション放映されていたりする。そこで伝わるものとは比較しようもないというか。もちろん浸透させるのに貢献したという意味では確かに意味があったとは思うけど。

宇野　つまり、存在としては広まったけども、はたしてそれで良かったのかという話ですよね。デビュー直後から頻繁に民放地上波の情報番組に出演してきたことで日本でもファンベースを築いてきたアリアナ・グランデにしても、彼女のフェミニスト的な側面やポップ・アイコンとして社会的な役割を果たそうとするアティチュードが彼女のファンを中心に知られるようになったのは、2017年のマンチェスター公演でのテロ、及び2018年の「thank u, next」以降で、それ以前は日本の音楽ファンと自称する人たちの間でも、ただの作られたポップ・シンガーだと見なされていたように思います。

田中 だから、特に2010年代半ばにかけてというのはキャッチアップされてしかるべき作家たちが見過ごされただけでなく、文脈としてもいろんなものが取りこぼされてきた時期だった。

宇野 ほぼ空白だったと言っていいかもしれないですね。なので、このディケイドを語る上で、まずは点と点を結ぶ上でのひとつの起点として、レディー・ガガを定義しておく必要があると思います。

田中 2010年代のポップミュージックの世界を振り返った場合、最初の前提としては、その前半は間違いなくフィメール・ポップの時代だったということ。それを最初に切り開いたのが、当時のレディー・ガガであり、テイラー・スウィフトであり、ケイティ・ペリーだった。

宇野 レディー・ガガのデビューアルバム『The Fame』が2008年。当時から彼女には注目してました？

田中 アルバムのリリース前には日本のレーベルと「スヌーザー」で記事を作ろうという話をしてたんだけど、2枚のシングル――「Just Dance」と「Poker Face」があまりに凄まじい勢いでスパイクすることになって、カバー・ストーリーでないとインタビューができないという話になっちゃった。

宇野 彼女のブレイクのスピードは凄まじかったですからね。2008年といえば、テイラー・スウィフトがセカンドアルバム『Fearless』を出したのも、ケイティ・ペリーが最初のメガヒット「I Kissed a Girl」で一気に注目を集めたのもこの年です。つまり、この時期に、このディケイドを代表するグローバル・ポップカルチャーの主役がむくむくと形を成していった。

田中　ただ、それ以外にも、このディケイドを考える上では2008年というのはすごく象徴的な年だと思う。だから、まずは「2010年代が始まったのは2008年からだった」という仮説を立てたいんだけど。

宇野　MCU（マーベル・シネマティック・ユニバース）の第1作目となる『アイアンマン』の公開も2008年ですからね。当時のマーベルはまだ資本的にはディズニー傘下ではなかったわけだけど。

田中　レディオヘッドの『In Rainbows』もそう。本人たちのサイトを通じて投げ銭スタイルでシェアされ、世界中に話題を振りまいたのは、前年の10月のことだけど、フィジカル・リリースは2008年初頭。

宇野　それが2010年代の幕開けのひとつだと考える理由というのは？

田中　スポティファイについての第3章やラップミュージックについての第2章でも詳しく話すことになると思うけど、オンラインでの作家とファンとの直接的な繋がりが強固になることで、それまで作家とファンの間を塞(せ)き止めていたレーベルやメディアが急激にその存在感を薄めていく、その分岐点という位置付け。

宇野　ファンズ・ファーストという価値観の始まりですよね、良くも悪くも。で、レディオヘッドは自分たちが始めたことをきっかけに、その後のポップ・アイコンやラッパーに覇権を譲り渡すことになってしまった。すごく皮肉な話だけど。

田中　商業的な側面からすると、今のところ南カリフォルニア大学のマーチングバンドを従えて『In Rainbows』の「15 Step」を演った、2009年のグラミーでのライブ・パフォーマンスが頂点ってことになるかもしれない。

宇野　そう考えると、日本だとオアシスとかと並んで、90年代のバンドというイメージが強いけど、2000年代のバンドなんですね。

田中　レディオヘッドっていろんな意味で2000年代の象徴なんですよ。ナップスターに代表されるオンラインのファイル交換ソフトの時代が生んだスターでもある。2000年の『Kid A』の世界的なブレイクもそこと関係なくはない。ほら、2014年にリリースされたトム・ヨークのソロアルバム『Tomorrow's Modern Boxes』もわざわざもはや時代遅れなビットトレントを使ってフリーでシェアしたりしてたでしょう？　それ以前からも、自分たちのサイトでも積極的に未発表音源やライブ音源をアップロードしてる世界中のファン・サイトのリンクを完備したりして。つまり、自分たちの作品の権利をレーベルや音楽出版社が持っていることに楯突こうとしていたところがある。

宇野　それってグレイトフル・デッドのデッドヘッズに代表されるテープ交換カルチャーの伝統に繋がる話でもあると同時に、オンラインに音源をフリーで公開することで2010年代に覇権を握ったクラウド・ラッパーたちの闘い方とも繋がる話ですよね。

田中　そうそう。だから、その狭間を埋める存在というのがレディオヘッドと、いち早くネットでの音源リリースに移行していたプリンス、その二組なんじゃないかという歴史観。

宇野　うーん、どうなんだろう。プリンスの場合、あくまでも音源販売でしたからね。まあ、今考えると、すべての権利をレーベルや音楽出版社から取り返して、ファンとのダイレクトな繋がりを望みながらも、ユーチューブにある動画をひたすら削除していたプリンスは狭間の価値観と言えるかもしれない。だって、今ではインスタグラムを始め、ソーシャルメディアのアカウントですべてが事足りるから、ミュージシャンのサイトなんて誰も見なくて、マーチ（マーチャンダイズ）の窓口以外の意味がなくなってしまったわけだし。

田中　だから、レディオヘッドというのは本当にいろんな意味で2000年代を定義した作家だということ。でも、当時の日本ではその辺りのこともほとんど認識されていなかった。よく覚えてるんだけど、オンラインで『In Rainbows』がシェアされた週末に、大阪でアルバム1曲目の「15 Step」をDJで使ったわけ、意気揚々と。そもそも俺のパーティに遊びにくる人たちなんてハードコアなファンなわけじゃない？　でも、そこにいた大半がポカーンとした顔をしてた。

宇野　ただ、日本だとまだソーシャルメディアが一般化する以前の話ですからね。2007年の年末近くってことは、まだミクシィとかの全盛期でしょ。フェイスブックもまだ日本ではサービスをスタートさせてなかったし、ツイッターが急激に広まり始めたのも2010年前後の話だし。もはや紀元前の話をしてるような気分だけど（笑）

田中　で、もうひとつ何よりも重要なのは、2008年というのはカニエ・ウェストの『808s & Heartbreak』とリル・ウェインの『Tha Carter III』という2枚のアルバムがリリースされた年でもあるということ。

宇野　世界的なセールス的なインパクトでいうと、レディオヘッドよりもそっちですよね。

田中　圧倒的なのはリル・ウェイン。全米だけでもトリプル・プラチナムだから。レディオヘッドとカニエはどちらもプラチナム。グローバルだとほぼ同規模だって言っていいんじゃないかな。

宇野　カニエは2000年代にリリースしたカレッジ三部作ですでにビッグ・スターになっていたわけだけど。そのカレッジ三部作の続編としての『Good Ass Job』を作ろうとしていたところで、母親の死に際して、急遽作ったのが『808s & Heartbreak』。

田中　このアルバムのシグネチャーであるTR-808とオートチューンというサウンドが2010年代を決定付けることになる。しかも、このアルバムによって、それまでマッチョな価値観が蔓延していたラップミュージックで泣き言を言ってもいいんだと、それまでの価値観を拡張した。

宇野　でも、リリース当時はこのアルバム、まったくピンと来なくて。

田中　俺もそう。チップモンク——サンプルの速回し——を多用してた時期のカレッジ三部作の方が遥かに好きで。ただ、作品の後世における影響、派生的な役割という点ではダフト・パンクの『Human After All』（2005年）とすごく似てると言えるかもしれない。あれもリリース当時は失敗作だと誰もが思ったアルバムでしょ。でも、あのノイジーなベースラインはその後のフレンチエレクトロをサウンド的に定義していくことになった。

宇野　そして、それがカニエの『Yeezus』（2013年）にも繋がっていく。それだけ汎用性のある新たなアイデアに溢れた作品だったたってことですよね。

田中　実際、このアルバムにおける諸々が2010年代最大の覇者であるドレイクのシグネチャーを形作るのに繋がることにもなるわけだしね。

宇野　あと、オートチューンの全面的な導入がラップミュージックとR&Bの境界を取っ払ってしまった。

田中　一方で、チャンス・ザ・ラッパーが影響を受けたのは、むしろソウルフルでゴスペル的な質感を持ったカレッジ三部作だった。

宇野　実際どうなるのかわからないですけど、カニエとチャンスの二人は、本来はカレッジ三部作の続編になるはずだった『Good Ass Job』と同タイトルのミックステープを作ってるって話がずっとありますよね。

田中　うん。だから、2010年代前半にカニエ自身は『My Beautiful Dark Twisted Fantasy』（2010年）と『Yeezus』という2枚の大傑作を産み落とすわけだけど、それと同等に、2010年代を代表するドレイクとチャンス・ザ・ラッパーという二人の才能を準備したとも言える。

宇野　一方、リル・ウェインは2010年代半ばのラップ全盛の時代を準備する基礎ともなったミックステープ・カルチャーを代表する存在で。ビートルズが『Sgt. Pepper's Lonely Hearts Club Band』で確立したアルバムという単位で自らを証明しようとしてきたカニエに対して、リル・ウェインは『Tha Carter』シリーズみたいなしっかりとしたアルバムとは別に、メガヒットをビートジャックして、自分のラップを乗せた曲を集めただけのミックステープをひたすら量産することで自らのプロップスを高めてきた。

田中　質よりもひたすら量で圧倒するというスタイル、と言えなくもない。

宇野　で、初期のドレイクはこの二人のいいとこ取りなんですよね。オートチューンをかけて泣き言を歌い、カナダ出身でありながら、リル・ウェインと同じレーベル〈ヤング・マネー〉に属していた。

田中　つまり、2008年には、2010年代の萌芽がいくつもあった。この章で最初に提示したい点はそれだね。2000年代USインディの第二世代でもあるヴァンパイア・ウィークエンドがデビューしたのも2008年。だから、まさに時代の変わり目であり、いろんな動きの交錯点だった。

宇野　ただ、やっぱり新たなゲームの規則を持ち込んで、それまでにはなかった価値観を広めたという意味では、まずはレディー・ガガについて語るべきでしょうね。

レディー・ガガから火がついたアイデンティティ・ポリティクス

田中　レディー・ガガをどう位置づけるかについては、まず彼女が新世代のLGBTQアイコンだったということだよね。初期の彼女のファンベースを考えても。すべてのオーディエンスの内側にある広義の意味でのクィア性に向けて、サウンド的にもビジュアル的にもリリックの面でも称賛のサインを送っていた。そういう意味からすれば、彼女はマドンナの後継者であり、デヴィッド・ボウイの後継者でもあったと言える。つまり、彼女の登場は、2010年代がアイデンティティ・ポリティクスの時代になることを最初に定義付けた、そう言ってもいいと思う。

宇野　それはサウンド面においても顕著でしたよね。ゲイ・カルチャー発祥であり、当時の北米ではまだクラブ・カルチャーに属していたダンスミュージックをポップの領域で大々的に展開していました。

田中　それ以前の時代は、シカゴ・ハウスにしろ、デトロイト・テクノにしろ、それぞれの発祥の地ではなく、むしろヨーロッパや日本での方が市民権を得ていたわけだから。

宇野　その頃にはデヴィッド・ゲッタやアヴィーチーのようなクリエイターが北米でも受け入れられ始めていて、2010年代初頭にはスクリレックスのような北米出身のクリエイターも人気を集めるようになってきていましたが、ガガの存在がダンスミュージックを本格的にポップの領域に侵攻させることで、その後のEDM全盛期への橋渡しにもなっていくきっかけになったという見方もできると思います。

田中　あと、2008年はリアーナの年でもあったことも指摘しておきたい。

宇野　2007年に「Umbrella」が世界中で大ヒットしましたね。

田中　明けて2008年のブリットアワードの会場でクラクソンズと一緒に「Umbrella」を歌ったのもすごく話題になった。

宇野　クラクソンズ？　これまた懐かしい名前が出てきたな（笑）

田中　当時は、北米と英国二大ヒット・メーカーの共演というすごく明快な構図だったんですよ。2007年前後のニュー・レイヴから、USインディに触発された2008年のニュー・エキセントリックという流れは、まだUKインディが輝いていた最後の狂い咲きであると同時に、2010年代への橋渡しでもあった。というのも、ニュー・レイヴがブラッド・オレンジのデヴ・ハインズみたいな才能も生んでいるわけだから。

宇野　自分が洋楽メディアに関わっていた90年代までの日本でのUK偏重への反動もあって、2000年代以降のUKシーンに関してはほとんど関心がなくなっていて（苦笑）

田中　ニュー・エキセントリックというのは英国の「ガーディアン」紙が提唱したタームなんだけど、労働階級における反知性主義的な態度の否定――要はオアシスの否定でもあった。そのせいもあるんじゃないの？（笑）。冗談はさておき、リアーナに話を戻すと、2009年には当時のステディだったクリス・ブラウンとの間のドメスティック・バイオレンス事件が起こってしまう。そこでの彼女の体験は2011年の「We Found Love」に繋がっていく。かつて愛した人との絆を断ち切って、新たな場所に踏み出していくという内容は、何を歌うかについての2010年代のトレンドを決定付けたとも言える。

宇野　つまり、マイノリティとしての女性のエンパワーメントや、その後のMeTooの時代に対する萌芽が例の2009年の事件だとも言える、と。

田中　ひとつの視点としてはね。同時に、リアーナの「We Found Love」はカルヴィン・ハリスの出世作でもあって。

宇野　LMFAOの「Party Rock Anthem」が2011年、PSYの「江南スタイル」が2012年だから、2014年を頂点とするEDM時代の黎明期にも彼女は立ち会っていたということですよね。リアーナはすでに２０００年代から活躍する重要プレイヤーでもあったけど、いくつかの２０１０年代の起点にいた。

田中　２０１０年代を通してリアーナはビヨンセと同等か、それ以上に重要な存在だと思う。ビヨンセの場合、２０１８年春の「ビーチェラ」もあったし、アデルが主要3冠をとった２０１７年のグラミーでの接戦ドラマもあったし、決定的な傑作も産み落としている。リアーナの場合はわかりにくいんだよね。そもそも傑作を作ろうとする意志が感じられないし、積極的に自らロール・モデルを買って出るビヨンセと違って、どこか裏に隠れるようなところがあるから。

宇野　ビヨンセは２０１３年の年末に5枚目のソロアルバム『BEYONCÉ』をリリースするまで、ミュージシャンとしてはちょっと停滞してましたからね。意識が女優活動の方にいっていて、旧来のハリウッドのサクセス・ストーリーを追い求めていた時期があった。『BEYONCÉ』以降、ミュージシャンとしてもまた大攻勢をかけるようになるわけですけど。

田中　ただ、ＴＩＤＡＬとの関係なのか、ようやくストリーミング・サービスが浸透し始めた時期なのに『Lemonade』（２０１６年）が日本のサービスでは聴けないなんてこともあった。普段はＣＤ量販店になんて行く用事がないのに、あの時ばかりは仕方なく足を運んだからね。

宇野　一時期はドーム公演までやっていたのに、そうこうする間に日本では少しばかりプロップスが下がってしまった。渡辺直美のモノマネの十八番がビヨンセからレディー・ガガへと移行していったのが象徴的ですね。この時期のガガやリアーナの場合は、興行サイドからきちんとプロモーションされていたＥＤＭとの共振もあって、まだ日本でも共有されていた。

田中　実際、リアーナは２０１２年にサマーソニックのヘッドライナーを務めてもいるしね。ただ、リアーナの場合も２０１５年にリリースしたシングル３枚――「FourFiveSeconds」「Bitch Better

Have My Money」「American Oxygen」はどれも圧倒的な仕上がりだったんだけど、日本だとアルバムがフィジカル・リリースされないとプロモーションされないから、すっかり見過ごされてしまって。

宇野　ありましたね。『ANTI』のプロモーションのために日本のレーベルがカニエとポール・マッカートニーと一緒にやった「FourFiveSeconds」のビジュアルを模した、渡辺直美と芸人二人を使ったビジュアルを準備したのに、どのシングルもアルバムには収録されなかったという（笑）。あれはさすがに可哀想だと思いました。

田中　リアーナは本当に自由だから（笑）。『ANTI』のツアーのハイライトでもあった「Sex With Me」にしても、リリース後のデラックス・バージョンの最後にさくっと入れた曲だったりするし。

宇野　やはりアーティストたちの活動の主軸がストリーミング・サービスになったせいで、日本ではいろんな歪みが起こってしまった。あと、ガガに関しては、自分のファンを「モンスター」と称したのも先駆的でした。もちろん、日本でもアイドルやビジュアル系のバンドには、そのようにファンの総称としてニックネームを付けるという文化はあったわけですけど、それはその狭い文化圏を逆説的に証明するようなものだった。ところが、ガガの「モンスター」以降、それがポップミュージックのメインストリームにも侵食していく。

田中　リアーナの場合は「ネイビー」だっけ？

宇野　そうしたファンをニックネームで呼ぶ感覚というのは、ファン・カルチャーの時代だった2010年代後半の今にも確実につながっていますよね。

田中　ファンダム／ファン・カルチャーというのは、そもそもコミックやサイエンス・フィクション、そうしたナード文化のファンベースにおける特異な文化特性のことを指す言葉だったわけだけど、ソーシャルメディアの浸透に伴って、それだけでなくセレブリティやポップ・アイコンと彼らのファンベースとの関係を示す言葉としても広まるようになった。しかも、それぞれの作家を中心として、強固な王国が築かれることになっていく。これも2010年代の特徴のひとつ。

宇野　そうした強固なファンダムの大半が、女性アーティストと女性ファン中心に形成されたことも重要ですよね。つまり、何千年も続いてきた男性中心社会に対するバックラッシュでもあった。それこそが2010年代前半の「フィメール・ポップの時代」の真相と言えるんじゃないでしょうか？

田中　2010年代というのは、かつての1960年代後半——若者を中心とした意識改革の時代にも比する勢いの、アイデンティティ・ポリティクスの時代だったわけだけど、その皮切りは間違いなくジェンダー・ポリティクスだった。

宇野　例えばケイティ・ペリーの場合、2013年のヒット曲「Roar」が象徴的ですが、もはや異性のオーディエンスはほとんど視界に入ってなくて、同性にのみ語りかけるような曲でした。

田中　シスターフッド的な価値観だよね。女性だけで連帯していこうという。そのひとつの象徴が、テイラー・スウィフトのBFF（Best Friends Forever）。

宇野　そこで名前が挙がっていたのは、セレーナ・ゴメス、ロード、ハイムのメンバー、それから世界一有名なティーンによるブログ「ルーキー」のタヴィ・ジェヴィンソン。

田中　彼女はヴァンパイア・ウィークエンドのエズラ・クーニグが製作したネットフリックスのアニメーション『ネオ・ヨキオ』にも参加してた。

宇野　あの作品にはタヴィ・ジェヴィンソンそのもののキャラクターまで出てきますよね。

田中　シスターフッドがテーマになった映画『ピッチ・パーフェクト』が公開されたのが2012年。その続編『ピッチ・パーフェクト2』（2015年）には、やはりBFFの一員でもあったヘイリー・スタインフェルドも出演していた。

宇野　『ピッチ・パーフェクト』こそ、日本で最もタイムラグがあった作品ですよね。なにしろ、あれだけアメリカ本国で大ブームを起こしていたのに、1作目が日本公開されたのは3年遅れの2015年だった。しかも、日本ではテレビシリーズ『グリー』（2009年〜2015年）の亜流みたいに受け止めている人も多かった。

田中　『ピッチ・パーフェクト』こそ、カルチャー全体がシスターフッド的な価値観に大きく舵を切った象徴的な作品で、あの作品で示されたカジュアルなフェミニズムというのが、その後の多くの映画やテレビシリーズの雛形になっていった。

宇野　ミュージックビデオにBFFのメンバーが総出演していたテイラーの「Bad Blood」が2015年。

田中　ある意味、テイラー・スウィフトの絶頂期だよね。ケンドリック・ラマーまで客演させて。

宇野　ただ、その頃まではあまり党派性がなかったというか、『ピッチ・パーフェクト』なんてむしろシスターフッド以外の面においては保守的な価値観の作品でしたが、2016年にトランプが大統領に選ばれたことで、あらゆるマイノリティの意識の高まりと共にフェミニズムもそれまでとは違うフェーズに入っていく。2016年にビヨンセがリリースした「Formation」になると、女性同士の政治的な連帯を直接的に打ち出していった。

田中　やっぱりビヨンセとリアーナって本当にスタイルが対照的だと思う。同じ年にリアーナが出したのが「Work」でしょ。サウンド的にもかたやトラップ、かたやダンスホール・レゲエ。ビヨンセは直接的なメッセージを掲げた。でも、リアーナの場合、ドレイクに闇雲にセックスを強要する男の役をやらせて、そうした関係を断ち切ろうと決心する女性――そんな風にストーリーで語ろうとしたわけだから。ところが、二人に比べると、もはやビクトリア王朝的な価値観というか、恋愛に翻弄される女性像を体現したようなアデルが、グラミーで主要3部門を制覇することになる。ただ、いずれにせよ、2016年は完全に女性の年だった。

宇野　と同時に、フランク・オーシャンの『Blonde』とチャンス・ザ・ラッパーの『Coloring Book』の年でもあったわけですけど。

田中　つまり、いずれにせよ、白人男性の居場所はどこにもなかった。

宇野　そう考えると、ポップミュージックの世界で起こっていたことは、やっぱり社会よりも少し先んじていたと言えるかもしれない。その翌年の2017年には、ハーヴェイ・ワインスタインのセクシャル・ハラスメントに対する告発を契機に、ソーシャルメディア上でMeTooムーブメントが一気に爆発することになるわけだから。

田中　その後、ポップミュージックもまた、そうした気運とより並走することになる。デュア・リパが2017年の夏にリリースした「New Rules」もやっぱり恋愛依存から抜け出そうとする女性のストーリーなんだけど、クリップでは女性の連帯をカジュアルに呼びかけるような演出だった。サウンド的にも英国的なダンスホール解釈だったし、ビヨンセとリアーナのいいとこ取り。

宇野　2017年にはSZAのアルバム『Ctrl』も印象的でした。「コントロール」というタイトルが示す通り、いかにどうしようもない男との恋愛から抜け出すのかというテーマの作品でしたが、事実上同じタイトルとテーマだったジャネット・ジャクソン『Control』（1986年）から30年以上経って、黒人女性の主体性のあり方も大きく変わってきたことがわかる作品でした。

田中　この頃にはジェンダー・イクォーリティという流れがすっかり定着するようになっていた。やがてフェスの現場でも、ブッキングされる作家たちのジェンダー比を同じにしようとする動きにも発展していく。

宇野　ただ、それが２０１０年代後半になると、すっかりカオティックになっていくんですよね。いろんな類いのポリティカル・コレクトネスが時には過剰になってしまったり、ファンダムは負の側面が前景化するようになって、トキシック・ファンダムと呼ばれるようになったり。それがキャンセル・カルチャーへも発展していくわけだけど。

田中　でも、何よりもホワイト・ナショナリストたちがポリティカル・コレクトネスを政治利用するようになったことが大きいよね。

宇野　その象徴が第5章で触れることになるジェームズ・ガン事件。タナソーさんも次第にそういうソーシャルメディア上での出来事にほとほと嫌気がさして、ツイッターではほぼ自身のメディアやイベントの告知しかしなくなっていった（笑）

田中　だってトローリングというのはあらかじめ目的が決まってるんだもん。そんな連中にわざわざ餌をやったって仕方ないしさ。俺のアウトプットに価値を感じてくれる人は記事を読んだり、スポティファイのポッドキャストを聴いてくれたり、パーティに遊びに来てくれるわけだし。

テイラー・スウィフトがインディロックを殺した？

宇野　議論が先走ってきたのでちょっと戻すと、タナソーさんは「インディロックの息の根を止めたのはテイラー・スウィフトだ」ってことを記事や対談でよく言っていたじゃないですか。その真意を、あらためてここで話してほしいんですけど。

田中　まず、そもそも最初にテイラーに興味を持ったのはガールズ経由だったんですよ。

宇野　ガールズって、リバー&ホアキンのフェニックス兄弟みたいに、両親が信者だったせいでカルト教団の中で育ったクリストファー・オウエンズがやっていたサンフランシスコのバンドですよね。デビューアルバムの『Album』は、確か「スヌーザー」で年間ベストアルバムにも選出されていた。

田中　２００９年の年末だから、雑誌「スヌーザー」が残した最後からひとつ前の年間ベストアルバムの第１位。当時彼が何よりもシンパシーを感じるアーティストはテイラー・スウィフトだと話していて、そこから自分も熱心にテイラーを聴くようになった。クリストファーが自分とテイラーとの共通点として挙げていたポイントは、私小説的なソングライティング。つまり、社会から受けた傷やエイリアネーション（疎外感）を私小説的に語るというスタイル。

宇野　つまり、タナソーさんの中でガールズのようなザ・インディロックなバンドとテイラーは繋がっている？

田中　特にストーリーテリングという部分でね。サウンド以上にリリックにおけるストーリーテリングが主流になり始める――そんな時代の萌芽が、この時期にあったと思う。実際、テイラー・スウィフトの人気は過去のボーイフレンドに対するリベンジ・ソングを次々に発表するようになってから一気に加速し始めた。それが同性からのプロップスを高めることに繋がっていく。つまり、ファンの異性に対する性的な興味をベースにした日本的なアイドル受容とはまったく違っていたということ。

宇野　それはわかりますよ。

田中　そして、彼女の私小説的なストーリーテリングというのは、カントリーの伝統――自分自身の罪や傷について歌うという伝統に根ざしている。かたやフォークというのはそもそも大衆のためのコミュニティ・ミュージックであって個人的なことはあまり歌わない。為政者のことをからかったり、社会から道を踏み外した犯罪者や義賊の武勇伝を面白おかしく伝えたり。例えば、エド・シーランの「Shape of You」はナンパも上手くできない自分の情けなさをユーモラスに描くことで笑いに昇華させようとしてる。これはまさにフォークの伝統と位置付けるべき。
宇野　エド・シーランの最も重要なアイデンティティというのはフォークなんだ、ってタナソーさんはよく言ってますよね。
田中　彼は2010年代のレッド・ツェッペリンだから（笑）。ゼップがフォーク・バンドだという前提が日本語ネイティブの世界でどれだけ浸透してるかどうかはわかんないけど。だから、フォークがどこかユーモラスなのに対して、カントリーはエモいんですよ。
宇野　そこはエド・シーランとテイラー・スウィフト二人のキャラクターと見事に符合してる。しかも面白いのは、その二人がすごく仲が良くて、どちらも2010年代のヒットチャートを制したという事実。
田中　だから、2010年代というのは、個人のストーリーをいかに時代のナラティブとして昇華させて、大衆に共有させることができるか？――それが時代を制する一番のポイントでもあった。
宇野　ラップもまさにそうですよね。
田中　そう。ある意味、ラップはフォークとカントリー、その両方の機能を兼ね備えている。フォークと同じくコミュニティの音楽でありながら、リリックにおける自らのリアルさを競うという部分は徹底した個の表現なわけだから。
宇野　これは映画やテレビシリーズについて語った第6章とも重なってきますが、つまり2010年代というのは徹底的にストーリーテリングの時代だったってことですよね。
田中　テイラー・スウィフトやアリアナ・グランデにしろ、ケンドリック・ラマーやドレイクにしろ、自らのストーリーを語ると同時に、それが大衆の中でまどろんでいる問題意識を刺激することで、時代のナラティブを生み出す――それに成功した作家がトップ・ランナーになった。

宇野　私小説的な表現だったら、例えば宇多田ヒカルだってそうなわけだけど、それを時代のナラティブまで押し上げた。そこがポイントってことですよね。

田中　その最も代表的なのが、ケンドリック・ラマーの「Alright」（2015年）であり、アリアナ・グランデの「thank u, next」（2018年）。前者はブラック・ライブズ・マターというアクションをより広範囲に広めることになったし、後者はその後に訪れることになる局地的な衝突や分断の時代に対して、もはや過去の傷を元にした軋轢はたくさんだ、次の時代に進もう、という時代のナラティブになった。

宇野　2010年代のそうした傾向に先鞭をつけたのは、テイラー・スウィフトということですか？

田中　そうなるんじゃないかな。

宇野　まあ、ケンドリック・ラマー「Alright」には、ジェイムズ・ボールドウィンのような詩人の系譜も流れ込んでいるのでそこで一緒に語るのは抵抗がありますが。

田中　いや、俺、そもそも詩とポップソングの歌詞を比較対照するという考え方には相容れられないんですよ。話が脇道にそれるから止めるけど。

宇野　自分が面白いなと思うのは、テイラーのリリックの無闇な攻撃性と具体性で。ラップミュージック全盛の時代にテイラーがトップを走り続けてきたのも、それが理由のひとつになってると思うんですよね。

田中　なのかな。俺にはよくわからない。重要なのはむしろ、自分の経験に根ざしたリリックを書きながら、それを不特定多数のオーディエンスが自分にも当てはまるようなナラティブを紡ぎ出す、秀逸なコピー・センスだと思う。例えば、2014年の「Shake It Off」。彼女自身のストーリーとしては、メディアやネット上でひしめいているヘイターのことは気にしない、そういうリリックなんだけど、この曲を不特定多数のオーディエンスのナラティブにするために、ミュージックビデオでは見事な補助線を引いてるじゃないですか。

宇野　クラシックバレエ、ブレイクダンス、チアダンス――テイラーはどんなダンスをやっても上手くいかなくて、どんなトライブにも馴染めないんだけど、最後に、社会や学校のクラスの中でイケてないとされているような子たちに囲まれて、みんなで出鱈目なダンスを踊る。

田中　つまり、周囲にうまく溶け込むことのできないはみ出し者――何かしらのマイノリティたちの歌に昇華された。周囲にどれだけ馬鹿にされようと、それぞれがそれぞれのダンスを踊ればいい、自分のアイデンティティに忠実であればいいんだ――そういうナラティブだよね。

宇野　まあ、あれだけ長身で美人の社会的な勝者が、敗者を気取るのはちょっとあざといですけどね（笑）

田中　他にも、彼女の日本での人気を決定づけた「We Are Never Ever Getting Back Together」（2012年）。あれは本当に見事な歌詞で。本当は別れたくはないんだけれど、言語のパフォーマティブな機能に着目して、あえて「もう二度とよりを戻さない」という言葉を選んでいる時点でもう十二分に見事なんだけど、ラブソングと言えば、ラブソングなわけじゃないですか。でも、このコーラス部のリリックを彼女のキャリアというレイヤーから解釈することもできる。

宇野　つまり、もう二度とよりを戻さないんだというのは、彼女がかつてのカントリーのコミュニティからポップの領域に飛び込んだ、その決別の宣言でもある、と。そこはサウンドとも相似形、アナロジカルになってますよね。それ以前のテイラー・スウィフトというのはカントリーのコミュニティにも目配せしながら、ポップに向かってたんだけど、あの曲のビートはもはやヒップホップだし、今にも通じるラップミュージックのポップ的解釈と言うべきソングライティングをやっている。

田中　そう。ＢＰＭ86のリニア・ビートで、ヴァースもコーラスもブリッジもすべて同じ3つのコードの円環だけでできてる。で、この曲のヴァースに別れたボーイフレンドとの喧嘩を回想するパートがあるんだけど、それがもう見事でさ。《本当はあなたと喧嘩した頃が懐かしい／自分は間違ってないって私は叫んだり／そしたらあなたはこっそり隠れて自分の気持ちを落ち着かせてたりして／しかも聴いてるのはインディロックのレコード／私のレコードなんかよりずっとクールだと思ってるんでしょう》っていう。しかも、当時のテイラーはカントリーのコミュニティに背を向けて、アルバム『RED』のタイミングでポップといういかがわしい世界に飛び込んだタイミングなわけだよね。なのに、ボーイフレンドとしては、この態度はないだろうっていう。

宇野　えーと、当時のテイラーの恋人というとジェイク・ギレンホールになるわけですが、彼が本当にそうだったかは別として（苦笑）、そういうインディロック好きのつまんない男はよくいますよね。

田中　まあ、個人的にもよく似たサンプルが思い浮かばなくもないけど（苦笑）。ただ、２０００年代には文化的にも商業的にも多大なインパクトを持っていたインディロックが、いつの間にかスノッブで内向きの閉じたコミュニティの音楽になってしまった、そのことを揶揄してるみたいにも聴こえる。今ではそうした変化のアナロジーとして読み取ることさえできるんじゃないかな。

宇野　結果的に、彼女自身の私小説的なストーリーを通して、時代のナラティブとしても機能することになった、と。結果的とはいえ、インディロックの凋落、そしてその後、ポップの時代がやってくる分岐点のランドマークになった。

田中　どこまで意識的なのかはわかんないけど、彼女はそういういくつもの解釈に開かれたリリックを書く術に長けているんですよ。

ピッチフォークの功罪

宇野　次は、ここまで話した出来事と入れ替わるようにして起こったインディロックの退潮について話していきたいんですけど、逆にインディロックの到達点というと、どこになるんですか？

田中　産業的なポイントからすれば、間違いなくアーケイド・ファイアの『The Suburbs』が、アメリカとイギリスでそれぞれのナショナルチャートの1位になった年、2010年だと思う。

宇野　2011年のグラミーでも、レディー・ガガの『The Fame Monster』、ケイティ・ペリーの『Teenage Dream』、エミネムの『Recovery』を抑えて、年間最優秀アルバム賞を獲ってますよね。

田中　この本は2010年代についての書物だから、あえて深追いはしないけど、2000年代は文化的にも経済的なインパクトという点でも間違いなくUSインディの時代だった。

宇野　と同時に、ピッチフォークが音楽シーン全体に強い影響力を持っていた時代ですよね。2000年代を通じて自分がずっと違和感を覚えていたのは、特にインディ・シーンにおいて、いつの間にかピッチフォークが聖典のようなものになっていったことで。ピッチフォークの文章って独特のレトリックが多くて決して読みやすいわけじゃないんだけど、採点制のわかりやすさもあって、日本でも一定の影響力を持つようになっていましたよね。結局、2010年代にはインディ・シーンの凋落とリンクするように、ピッチフォークも影響力を失っていくわけですけど。

田中　「影響力を失った」と切り捨ててしまう前に、ピッチフォークをちゃんと位置付ける必要があると思う。まず指摘しておかねばならないのは――これはもはや当たり前のこと過ぎて言うのもはばかられるんだけど――ピッチフォークは最初から紙の雑誌ではなくネットメディアであったということ。

宇野　1995年にミネアポリスで設立されてますが、影響力を持つようになったのは1999年に本拠地をシカゴに移してからですよね。

田中　つまり、ネットでのコミュニケーションが加速度的に一般化するベストのタイミングにメディアの成長期が重なった。当時はソーシャルメディアではなく、ブログの時代でもあったでしょ。優れたライターの輩出も含め、そうした時代にも見事に最適化したということ。そこで彼らと最初に並走したのが、それまで他のジャンルに比べ、あまりプロモーションの場所を持っていなかった北米のインディロックだった。

宇野　つまり、80年代のMTVがそれまでメディアから無視されていた黒人アーティストとヨーロッパのアーティストを意識的にサポートしたのと同じような役割を果たした。

田中　その通り。それと、それまでのアメリカのプレスとは、記事の語り口、批評のスタイルの違いが明確にあった。ピッチフォークというのは明らかにイギリス型だったんですよ。

宇野　なるほど。

田中　それまでのイギリスの音楽メディア――「NME」「Sounds」「Melody Maker」というのは、当初はチャート中心の業界紙として出発しながらも、パンクの登場と共に急激に発達したという歴史がある。とにかくアーティストを過剰に持ち上げたり、こきおろしたりする伝統があった。国民性だけじゃなく時代の気分を共有したところもあるのかもしれない。あと、ジョン・サヴェージみたいな知的なジャーナリストもずっと健在だったし。

宇野　かたや、アメリカの音楽メディアの基礎を築いたのは、60年代後半のサマー・オブ・ラブの気運と共に生まれた「Rolling Stone」ですよね。同時期のニュー・ジャーナリズムとも並走しつつ。

田中　代表は、渋谷陽一のロール・モデルでもあるヤン・ウェナー。彼のビジネス的な才覚によって、70〜80年代におけるロックの産業化と共に規模を拡大し、影響力を強めていく。ただ、音楽業界と二人三脚の密接な関係を持つようになったことで、作品や作家に対して当たり障りない評論が次第に増えていくことになる。レビューはどれも大半が三つ星以上みたいな。

宇野　インタビュー記事や社会的なレポートに軸足を置いていくことになりますからね。いわゆる書き原稿の場合は、少なくとも90年代まではイギリスのプレスの方が面白かった。つまり、ピッチフォークはイギリス型の批評スタイルを初めてアメリカでやることで注目を集めた？

田中　そういうこと。ただ、それ以前のアメリカにも「Creem」みたいな歯に衣を着せない雑誌はあったんだけど。キャメロン・クロウの映画『あの頃ペニー・レインと』は、黎明期の「Rolling Stone」とその周辺で起こったことを描いた映画なわけだけど、あそこでフィリップ・シーモア・ホフマンが演じてる破天荒なジャーナリストがレスター・バングス——「Creem」の創始者なんですよ。「Creem」にはグリル・マーカスも書いていたし、俺が一番影響を受けたデイヴ・マーシュも当初は関わっていたんだけど、やがて「Rolling Stone」に活動の場所を移していく。

宇野　あの映画でも描かれているように、レスター・バングスみたいなジャーナリストは「Rolling Stone」からも音楽業界からも次第に弾かれていく。

田中　だから、大半のアメリカ人は長年、「NME」スタイルの評論には親しんでこなかった。でも、ピッチフォークは徹底的にそれをやった。

宇野　それがまずアメリカの音楽ファンにとって新鮮だった。しかも、それをオンラインでやることでグローバルにも広がっていった、と。

田中　そもそもそれ以前は、アメリカ全土に行き渡るメディアというのは雑誌しか存在しなかったわけだからね。

宇野　アメリカは新聞ですらバラバラですもんね。日本だと、朝日新聞だったら北海道から沖縄まで全部行き渡るわけだけど。

田中　FM局の大半もローカルだったしね。クリア・チャンネル以前は（第3章で詳述）。つまり以前は、北米全域をカバーするメディアがテレビのネットワーク局以外は「Rolling Stone」みたいな雑誌しかなかったということ。

宇野　あとは、「Interview」とか「SPIN」とか。

田中　90年代には「SPIN」は今よりも遥かに影響力があった。あと、90年代といえば「Ray Gun」。デヴィッド・カーソンが生み出したグランジ・タイポグラフィ――別に読んでくれなくてもいいと言わんばかりのデザインが一世を風靡した、90年代Xジェネレーション時代の徒花(あだばな)雑誌だね。実はこの雑誌を立ち上げたのは「Creem」人脈なんだけど。

宇野　ロッキング・オン社在籍時、自分は新雑誌「BUZZ」の立ち上げに駆り出されて創刊時はたった一人の編集部員だったんですけど、当時の編集長はデスクに「Ray Gun」のバックナンバーを積み重ねて、「こういう雑誌を作るんだ！」と息巻いてました。

田中　いや、俺とかはグランジ・タイポグラフィを真似しながら、そこにいくつも見出しが配置されてる、すっかりコンセプトが破綻した「BUZZ」のデザインを見て、ゲラゲラ笑ってましたよ（笑）。つまり、アメリカにおいては全国区であることが雑誌というメディアのアドバンテージだったんだけど、ネットメディアとして始まったピッチフォークは、そのアドバンテージを亡きものにしてしまった。

宇野　「ＦＡＤＥＲ」のように、雑誌からネット中心のメディアへとうまく移行できたメディアもありますよね。フランク・オーシャンにしろ、ビリー・アイリッシュにしろ、近年どこよりもきちんとしたカバー・ストーリーを作っているのは「ＦＡＤＥＲ」だったりする。

田中　雑誌だけの頃は規模的にも格下だったけど、当時からきちんと批評眼を持っていた「ＦＡＤＥＲ」が一気にプレゼンスを強めることになったのもネットの力だった。そうやって、２０００年代初頭にネットとどうつき合うかによって、音楽メディアの勢力地図も一気に変わっていくんだけど、その象徴がピッチフォークだった。

宇野　２０００年代のインディ・シーンとピッチフォークはただ並走していたわけではなく、ピッチフォークの台頭そのものがインディ・シーンそのものを後押ししていったということですね。

田中　その通り。それに、そもそもピッチフォークはインディ御用達メディアなんかではなく、目利きとしてもほぼブレたことはなかった。例えば、テイラーが「We Are Never Ever Getting Back Together」をリリースした２０１２年を代表するアルバムを思い浮かべてみて欲しい。

宇野　２０１２年というと、フランク・オーシャンの『Channel Orange』の年だし、ケンドリック・ラマーが『Good Kid, M.a.a.D City』で本格的にブレイクした年ですよね。まさに変化の年というか。

田中　この年のピッチフォークの年間ベストアルバムは、１位がケンドリック・ラマーで２位がフランク・オーシャンなんですよ。だから、ひとつも間違ってない。インディだと、テーム・インパラ、グライムス、The xx 辺りが年間チャートの上位にいる。

宇野　なるほど。どれも２０１０年代に入ってから大きな足跡を残した数少ないインディ系のアクトですね。つまり、シーン全体はポップの時代になりつつあったけれど、ピッチフォークはその時代のラップ、Ｒ＆Ｂ、インディロックそれぞれの突端をきちんとキャプチャーしていたと。

田中　『Channel Orange』は、ピッチフォークの読者チャートの年間第1位にもなってる。つまり、時代を見据えたファンダムをきちんと培っていたんですよ。

宇野　一方で、自分も80年代からよく読んでたイギリスの「NME」は、一応ネットにも対応していたものの、存在感をみるみるなくしていきましたよね。ピッチフォークが、アメリカだけじゃなく英語圏において、それまでの「NME」のような役割も果たすことになったということなんでしょうか？

田中　イギリスのメディアというと、英国的リベラリズムを象徴する「ガーディアン」の存在もあるじゃないですか。音楽系の記事もすさまじく充実してる。しかも2014年に始めたメンバーシップ・プログラムを成功させて、運営的にもポスト・インターネット時代にきちんと適応していく。その一方で、2010年代半ば以降は、ローカル色と世代観、当事者意識を強烈に打ち出した「So Young」みたいなローカルなZINEも次第に影響力を強めていく。

宇野　大手一般メディアとインディの専門メディアに挿まれる形で、何十年もの間、栄華を誇った「NME」が行き場を失ってしまったわけですね。

田中　そう。だから、まずアメリカよりも遥かに先にUKインディが凋落することになった。特にある時期からの「NME」はとにかく自国のインディロック寄りすぎて。まあ、ここ最近はようやくJ・ハス、ストームジー、レジー・スノウ、デイヴ辺りのUK周辺のラッパーたちを評価したり、レビューで満点をつけたり、それまでの偏重を是正しようとしてはいるんだけど。それに比べ、ピッチフォークは北米インディ・シーンの地殻変動を黎明期の時点できちんとキャプチャーしてた。彼らの最初の年間ベスト――1999年の第1位がザ・ディスメンバメント・プランの『Emergency & I』なんだけど、それもすごく象徴的なんですよ。

宇野　くるりの岸田君が大好きで、日本では当時のくるりの事務所からそのアルバムはリリースされてましたよね。

田中　彼らは、70年代後半にニューヨークとロンドンで同時多発的に生まれたパンクロックのその後の変節を象徴するようなバンドでもある。パンク史的には、その後80年代初頭から少しずつワシントンD.C.の〈ディスコード〉を中心とした北米全体のパンク・ネットワークが出来上がるんだけど、それが1991年のグランジ／オルタナティブの爆発によって国内外に認知されることで、一気に北米各地のローカル・シーンとレーベルが活発化することになる。

宇野　ふむ。1999年頃って、宇多田ヒカルや椎名林檎ばかり聴いてた記憶しかないなあ。ヒップホップも、初期のJay-Zや、エミネムや50セント以降のドクター・ドレー仕事にまったくのれなくて、自分はその時期が最も空白なんですよね。

田中　なるほどね（笑）。ただ、2010年代にはヒップホップの世界でも、アトランタを中心にインターネットを通じてそれと同じようなことが起こったわけじゃない？　だから、俺からすると、DIYネットワークによる地殻変動という意味ではまったく同じ興味の対象だったんですよ。

で、『Emergency & I』というアルバムは、北米全体のパンク・ネットワークの変節期である1999年にリリースされていて、サウンド的にその後のUSインディへの橋渡しみたいなレコードでもあって。だから、偶然なのかどうなのか、ピッチフォークはその変化に見事にランディングしたメディアでもあったということ。そして、翌年の2000年の年間ベストにおけるレディオヘッド『Kid A』に対する手放しの大絶賛によって彼らなりの評価軸を確立することになる。

宇野　ピッチフォークって、レディオヘッド以外のUKインディロックには概ね冷たかったですよね。で、その後は『Kid A』の余波をふまえたUSインディと二人三脚で歩んでいくようになる。

田中　商業面における最初の功績は、やっぱり2004年のアーケイド・ファイアの『Funeral』

の成功なんじゃないかな。ポップ・カルチャー全体への影響も含め、文化的なインパクトとしては、彼らが翌年2005年の年間ベストに選んだスフィアン・スティーヴンスの『Illinois』が決定的だったと思うけど。つまり、極端な話、ピッチフォークという味方さえあれば、既存の音楽業界のシステムは必要ないんじゃないか、そういう感触を大方の人々が感じるようになっていく。

宇野　権威化したのには、それだけの理由があると。

田中　そう。例えば、2017年のアーケイド・ファイアの最新作『Everything Now』のことは完膚なきまでに酷評してる。だから、別にインディ贔屓のメディアってことじゃないんですよ。宇野くんはテイスト的にアジャストできなかったからと言って、正直、USインディに対する偏見がすぎると思うし、ピッチフォークというメディアの功績にはきちんとリスペクトを払わないといけない。

宇野　そこは音楽メディアを自分で作って、それを背負ってきたタナソーさんとの違いが大きいように思いますよ。自分はそもそもメディアのセレクションに対する幻想がないんですよ。これは映画に関してもそうですけど、メディアの年間ベストとか、アワードとかに何が選ばれるかに実はそれほど関心がなくて。ただ、それらの結果がその後のアーティストやシーンに影響を及ぼすのは事実で、その点においてのみ関心があるという感じ。

田中　なるほどね。2000年代のピッチフォークは年間チャートのトップにインターポール、ザ・ラプチャー、アーケイド・ファイア、スフィアン・スティーヴンスあたりの作家を選出しながらも、同時代のラップ・シーンとも並走していた。何よりも最初期からカニエを評価していた。だから、当時の自分はピッチフォーク経由で、むしろラップ・シーンの動向を見ていたようなところがある。

宇野　ちょうど2010年代最初の年となる2010年に、カニエの『My Beautiful Dark Twisted Fantasy』が年間1位になってますが、その前からラップ・シーンに関しても目利きとしての役割は果たしていたということですね。それを踏まえて、あらためて質問しますが、どうして2010年代に入ってからピッチフォークの影響力が減じていったんでしょうか？

田中　ひとつには言わずもがな、ストリーミング・モデルの台頭によって音楽を見つける方法が抜本的に変わったこと。ただ、これはもちろん、ピッチフォークだけじゃなくて、「ガーディアン」にしろ、「NYタイムズ」にしろ、「NME」にしろ、それまで音楽的な目利きを期待されていた批評メディア全般に言えることだけど。

宇野　特に音楽的リテラシーの高い、かつ主体性の高い人々にとっては、批評に特化したメディアがなくても大丈夫になった。

田中　それに伴って、レーベルや作家がレビュー用にアドバンス音源の配布をしなくなったり、制限するようになった。これによって、音楽プレスは一般的なリスナーと同じスタートラインに立たされることになり、アドバンテージを失ってしまう。あと、今の彼らってコンデナスト・パブリケーションズが所有してるんですよ。

宇野　「VOGUE」や「GQ」や「WIRED」を発行している出版コングロマリットですね。ピッチフォークを買収したのは――2015年か。

田中　以前のピッチフォークには、さすがにこれはやりすぎだと思わずにはいられないレビューもあって。例えば、2006年のジェットのセカンドアルバム。点数は0・0点、しかも1行のテキストさえなくて、チンパンジーが自分の小便をごくごく飲んでる動画だけが貼り付けてあった。今ではさすがにそういう好き勝手なことができなくなっちゃったんじゃないかな。

宇野　イギリスの音楽メディアはそれに近いことをずっとやってましたよね。でも、ポリコレとかの文脈は別にしても、そういうメディアのやり方は今の時代にそぐわなくなってきているのは確かで、それは悪いことではないと思いますけどね。

田中　だと思う。もうひとつは、2010年代半ばになって、ラップ・コミュニティの一部からの拒否反応が顕在化するようにもなった。J・コールが《The streets don't fuck with you, you Pitchfork rappers. Chosen by the white man, you hit store rappers》（ストリートはお前らピッチフォークラッパーなんか評価しねえんだよ。白人の男に選ばれた商業ラッパーのことだよ）ってヴァースを書いたりして。

宇野　2016年の「Everybody Dies」ですね。J・コールはピッチフォークからわりと冷遇されてきたからまだわかりますけど、同じ年には散々評価されてきたカニエ・ウェストもピッチフォークのことを名指しして「White Publication」と批判ツイートをしてました。

田中　つまり、インディとラップをクロスオーバーさせようという彼らの理想や目論みをブラック・コミュニティ側が拒んだようなところがある。

宇野　ブラック・コミュニティというか、ヒップホップのコミュニティですよね。実際に、その2016年はフランク・オーシャンの『Blonde』やソランジュの『A Seat at the Table』のような、インディミュージックとブラックミュージックの最良の交配がなされた年でもあるわけで。

田中　特にヒップホップの場合、コミュニティのための音楽という側面も強いわけだから、その辺りの是非について客観的に判断するのはすごく難しい。

宇野　黒人ラッパーからのピッチフォーク批判の背景には、白人に媚びるなという黒人側のある種アファーマティブ・アクションに近いものもあったんじゃないですか？

田中　そう。だから、もし今現在、ピッチフォークがすっかり影響力を失っていると言うのであれば、そこにはさまざまな時代の変化も含めた複合的な理由がある。でも、20年近くピッチフォークは目を見張るような役割を果たした。それだけは間違いない。

レディオヘッドとLCDサウンドシステム

宇野　タナソーさん的に、ピッチフォークの価値基準と最も個人的にリンクしていたのはどの辺りのバンドになるんですか？

田中　やっぱりレディオヘッドとLCDサウンドシステムってことになると思う。まずレディオヘッドとは何かと言うと、ポストパンク的な感性だよね。ジョイ・ディヴィジョン的というか、時代の浮ついた空気に対して常に冷や水を浴びせかけてきた。ただ、そうしたスタンスというのは、常にオルタナティブであって、そもそもトップになっちゃいけなかったとも思うんですよ。

宇野　でも、彼らがすべてのインディミュージックの頂点に立ってしまった。

田中　しかも、それに続いたブルックリンのバンドを中心とする、北米各地やカナダのインディバンドたちが2000年代を席巻することになるわけだから、そこでちょっとおかしなことになってしまった。それはあるかもしれない。

宇野　インディミュージック全体がハイコンテクスト化しすぎて、若いリスナーにとってハードルが高くなったというのは少なからずありますよね。ただ、メインストリームがレディオヘッドである以上、それは必然だった。

田中　やっぱりオアシスみたいなバンドがトップとして君臨している方が健全だっていう気がするんだよね。社会全体のバランスとして。例えば、デヴィッド・ボウイのような存在と比較しても、そう思うんですよ。彼がメインストリームのトレンドに最もクロスオーバーしていた『Let's Dance』（1983年）でさえ、チャート的には全米ナンバーワンになってはいない。そう考えると、レディオヘッドが10年近く商業的にも成功を収め続けたのはかなり異例なことだと思うんですよ。ただ別な視点からすれば、それだけ2000年代という時代は文化的に豊かな時代だったってことでもあると思う。そこは経済的な豊かさとも関係してるんじゃないかな。リーマンショックによって世界経済が破綻したのが2008年の話なわけでしょ。レディオヘッドやUSインディの全盛期とも時間的にシンクロしてるんですよ。

宇野　なるほど。じゃあ、LCDサウンドシステムに対する評価軸というのはどういう部分なんですか？

田中　LCDサウンドシステムって、そもそもバンドというよりはフロントマンのジェームス・マーフィーの個人ユニットなんだけど。そもそも彼はDJであり、The DFAという名前のプロデューサー・チームの一員であり、〈DFA〉という名前のレーベルを運営してた。で、彼らにはポップミュージックの世界に92年以前の価値観を取り戻そうという明確な理想があった。ヨーロッパとアメリカが分断した最初の年が92年だというのが、彼らの歴史認識なんだけど。当時のアメリカというと――。

宇野　ニルヴァーナの『Nevermind』が91年9月、ドクター・ドレーの『The Chronic』が92年12月ですよね。

田中　イギリスに目を向ければ、プライマル・スクリームの『Screamadelica』やマイ・ブラディ・ヴァレンタインの『Loveless』の翌年だということ。

宇野　言うまでもないですが、当時の英国のチャートはアシッドハウスの影響を受けたダンスロックやダンスポップの時代でしたね。

田中　つまり、アメリカがグランジとGファンクになり、イギリスを中心としたヨーロッパはすべてアシッドハウスに端を発したダンスミュージック一色になることで、それまで大西洋を挿んで互いに刺激し合っていたカルチャーがすっかり分断するようになってしまった。

宇野　それは当時一介の音楽マニアとして現場の客だった自分としては、ものすごく実感がありますね。最近になって、90年代以降のドクター・ドレーとジミー・アイオヴィンの二人の歩みを追ったネットフリックスのドキュメンタリー『ディファイアント・ワンズ：ドレー&ジミー』を観て正確に認識できましたけど、その頃からアメリカの音楽シーンはラップミュージックとマリリン・マンソンのようなゴス的価値観を含むラウドミュージックの二大勢力が牽引していくことになって、それが現在の音楽シーンにも繋がっている。

ところが、日本の音楽メディアとリスナーの多くはイギリス寄りだったために、その文脈を追いきれてなかった。その成れの果てが、プライマル・スクリームやケミカル・ブラザーズに依存し続けてきたフジロックのブッキングに代表される、現在の日本の悪しき「洋楽」ノスタルジーを生んでしまったわけじゃないですか。１９９０年代後半に音楽メディアに在籍するようになってそういう日本的風土に加担してしまったある種の罪悪感は、自分がこの本を作ろうと思った動機のひとつでもあります。

田中　まあ、一番の理由はその後のブリットポップなんだけどね。日本だとブリットポップというのは文化的な側面ばかりを取り上げて批判されがちなんだけど、実際はクール・ブリタニア時代の英国の国策的な動きに政治的に巻き込まれてしまったムーブメントでもある。だから、俺からすると、今の宇野くんの話は文化の話であると同時に、経済や政治の話でもある。

で、話を戻すと、ＬＣＤサウンドシステムってバンドは、そんな一度分断してしまったアメリカとイギリスの音楽シーンの異種交配を目的にしていた。実際、The DFAというプロデューサー・

チームはアメリカ人とイギリス人の二人組だったんですよ。ジェームス・マーフィーはパンクバンド出身で、エンジニアとしてはボブ・ウェストンの弟子だった。

宇野 ボブ・ウェストン？

田中 シェラックはわかるでしょ？

宇野 もちろん。ニルヴァーナの『In Utero』のプロデューサーでもあるスティーブ・アルビニのバンドですよね。

田中 シェラックのベーシストで、同時にエンジニアも兼ねていて、そのサウンドを支えていたのがボブ・ウェストン。で、もう一人のティム・ゴールズワージーは、DJシャドウがジェームス・ラヴェルの片腕になる以前にアンクルのサウンドを作ってたサウンド・プロデューサー。

宇野 なるほど。ダンスミュージックとパンク、ヨーロッパとアメリカ——その両方のカルチャーをもう一度結びつけようとしたってことなんだ。

田中 二人がデヴィッド・ホルムズやプライマル・スクリームのレコーディング現場で出会って結成されたのがThe DFA。彼らがイメージしてたのが、エレクトロニックミュージック版のフィリーソウル。でも、〈DFA〉が最も期待してたザ・ラプチャーというバンドがメジャーに移籍してしまうんですよ。レーベルの看板バンドがいなくなってしまう危機に直面して、その余波でティム・ゴールズワージーもイギリスに帰ってしまう。そこで仕方なくジェームス・マーフィーはバンドのフロントマンとして立つことになる。でも、彼は何よりもプロデューサーになりたかったわけ。実際、2010年頃にはジャネット・ジャクソンからプロデュースのオファーがあったりもしたけど、断ってしまう。もしThe DFAが続いていれば、マックス・マーティンよりも先に、メトロ・ブーミンよりも先に、新たなプロデューサーとしてのスタイル、時代のサウンドを打ち立てることができたかもしれない。

宇野　そのあたりの文脈、自分はまったく追えてませんでしたね。

田中　日本語じゃ「スヌーザー」にしか書いてなかったからね。

宇野　２０１０年にリリースされた解散前のアルバム『This Is Happening』は、アメリカのナショナルチャートでトップ10入りして、２０１７年にリリースされた再結成後のアルバム『American Dream』は、ナショナルチャートで1位にまでなってる。でも、それも当然ということですね。

田中　そう。本当はもっと大きな影響力を持ってしかるべきだった。

宇野　じゃあ、ブルックリンのインディ・シーン全体については？　２０１０年代後半になると、影響力もセールスのスケールもすっかりシュリンクしちゃった印象があるんですけど。

田中　それは政治と資本の問題が関係してる。だから、章を改めたい。

宇野　そうしましょう。ただ、ここまで話してきた中でも、２０１０年代を代表するいくつかのバンドの話が抜け落ちてますよね。例えば、現実的に今日本でもドーム規模でライブができるロック・レジェンド以外のバンドというと、コールドプレイとマルーン5ということになりますよね。彼らは海外でも音楽メディアや批評の外側で支持を広げてきた、ある意味で最も２０１０年代的なバンドと言えるかもしれない。

田中　コールドプレイとマルーン5は一緒には語れないよ。マルーン5の場合は、前身バンドの時代からクイーンの「We Are the Champions」をライブでやったり、当初からポップ志向があったり、今のバンド名に改名してからはジャミロクワイを彼らなりに解釈したサウンドに向かったり、きちんとオリジナルな進化を遂げてきたわけだから。そして、いち早く外部のソングライターとコ・ライティング・スタイルを取り入れることでロックバンドの再定義をやろうとした。ラップの時代が来てからは見失ったとは思うけど。

宇野　特にコールドプレイに関しては、バンプ・オブ・チキンやラッドウィンプスのような、今ちょうど30代後半から40歳くらいの日本のメガバンドに与えた影響も、音楽的なものだけじゃなくスタジアムバンドとしての演出面において絶大で、それはひとつの文化的事象として興味深くはあるんですけどね。

田中　コールドプレイの場合は、2010年代シーンにひたすら最適化していった、それに尽きる。最初はレディオヘッド、その後はU2という偉大なロール・モデルがいて、ブライアン・イーノというまだに本音がまったく読めないヌエみたいな人に下駄を履かせてもらってエスタブリッシュされてきた。そして、さっきも名前の出てきたジミー・アイオヴィンの助力もあって、やはりU2のようにアップル・ミュージックのCMでトップに立って、やがてはチェインスモーカーズとコラボするという非常にわかりやすい道を歩んできた。

宇野　それも含めて、起業家マインドみたいなものが持て囃されてきたこの時代における、極めて2010年代的バンドということですよね。これは今もチャートで存在感を保っているEDM系のアクトでも、人気ラッパーでもそうですけど、インタビューをしていて驚かされるのは彼らの勤勉さで。売れていれば売れているほど、ひたすら音楽シーンの動向をマーケティングして、自分の手を動かし続けている。それが果たしてアートなのかは別として、コールドプレイやマルーン5のようなバンドはいつの時代にもいたし、そのやり方を自分は無下に否定する気にはなれないんですよね。愛聴してるかって訊かれたら、してないんだけど。

田中　あと、同じくポップに最適化したという意味ではエモやハードコアという出自を持っていたフォール・アウト・ボーイやパニック！アット・ザ・ディスコもそう。今のONE OK ROCKに繋がる流れだね。これも２０１０年代に起こったこと。その是非はさておき、２０１０年代を代表するThe 1975みたいなバンドがあらかじめポップを前提にしていたのとはすごく対照的だと思うな。

ジャンルの消失はいかにしてもたらされたのか

宇野　この章の最後に、２０１０年代に後退していくこととなったインディロック的な価値観というのは何だったのか、という話をあらためてしておきたいんです。というのも、ここまでの会話からもわかるように、２０００年代の時点でインディ・シーンに対するアクチュアリティをすっかり失っていた自分にとっては、そもそもそこまで重要なものだったのかという疑問もあるんですよね。それこそ、最近になってフリート・フォクシーズのロビン・ペックノールドが言っていたように、「インディロックは死んだ」というのが今では海外でも共通認識になってますよね？

田中　２０１７年初頭の話だよね。ダーティ・プロジェクターズのデイヴ・ロングストレスとフリート・フォクシーズのロビン・ペックノールドが、インスタグラム上でインディの現状をめぐって議論を始めて、世界中で話題になった。ただ、あの議論でデイヴ・ロングストレスがやり玉に上げたのはホイットニーっていうバンドなんですよ。彼は、インディロックがかつての文化的な冒険精神を失ってしまって、インディロックという商標に成り下がったと非難した。

宇野　でも、自分からするとそこでも言われていたように、当時のインディ・シーンがアメリカ東海岸の白人のお坊ちゃんの音楽ということは、あまりにも自明なことで。

田中　いやいや、インディロックの裾野は広くて、ベイエリアだけじゃなくカナダを含め北米各地にシーンがあるし、決して経済的に豊かな連中だけのヴィークルってわけでもない。だって、そもそもその出自はすべてパンクにあるわけだから。

宇野　ただ、2010年代のポップ・カルチャーのダイナミズムというのは、人種的にもジェンダー的にもマイノリティが主役になっていくことによって生まれたわけですよね？　他のジャンルに比べても担い手が若くて、産業としてのフットワークも軽い、つまりあらゆるジャンルにおいて先行指標となる音楽シーンとしては、ラップがインディロックに取って代わるのは当然の流れでもあった。

田中　もしかして今の宇野くんの話は、これまで何世紀にもわたって社会を支配してきた裕福な白人男性の表現に説得力がなくなっていった。そういう話？　それなら同意できるけど。2010年代というのは、女性やLGBTQ、もしくは、ブラックやスパニッシュが牽引した時代なのは間違いない。ただ今の文脈なら、それはインディに限った話じゃない。ジャスティン・ティンバーレイクが2018年に出した『Man of the Woods』――南部出身の男という打ち出しのアルバムなんて誰も見向きもしなかった。それに今現在、2010年代後半のインディロックはもはや白人男性中心のカルチャーじゃなくて、すっかり女性やLGBTQ、ブラックといったマイノリティが牽引するシーンにもなってきている。

宇野　必然的にサウンドも変わってきましたよね。もはやインディロックなのか何なのかジャンルが判別できない時代になってる。

田中　それに、ブラッド・オレンジにしろ、モーゼス・サムニーやイブ・トゥモアにしろ、今ではブラックのインディ作家だって少なくない。ボン・イヴェールが所属してる〈JAGJAGUWAR〉の看板アーティストが、チャンス・ザ・ラッパー周辺のR&Bシンガー、ジャミラ・ウッズだったり、モーゼス・サムニーだったりするわけだし。ただ確かに2010年代には白人男性の声が説得力を持たなくなったという話はその通りで。例えば、自分は2013年にアークティック・モンキーズの『AM』が出た時にサインマグのレビューの中でこう書いてるんですよ。「女やゲイに比べれば、何世紀にもわたってずっと社会的に甘やかされてきた男という生き物は、いつまで経っても成長しない場合が多々ある。でも、まあ、成長した男ほど退屈なものもないしな。と、最悪のエクスキューズを用意しているのが、男の甘えなのは言うまでもない」

実際、『AM』というのは、そんな風に自らトキシック・マスキュリニティを茶化したようなアルバムなんですよ。

宇野　トキシック・マスキュリニティ、つまり、有害な男性性というのは、2010年代後半になってから盛んに言われるようになった言葉ですよね。

田中　つまり、2013年の時点でもはや完全に白人男性であることを自己批判的に茶化さなきゃならなかった、そういう認識が彼らにはきちんとあったということ。で、さっきのインディロックの現状をめぐる議論については、日本におけるインディロックの受容を考える上ですごく象徴的な話なんだけど。ダーティ・プロジェクターズって完全にビッグ・イン・ジャパンなんですよ。

宇野　日本だとヴァンパイア・ウィークエンドとダーティ・プロジェクターズの知名度ってそんなに変わらないですよね。それに、デイヴ・ロングストレスって、ヴァンパイア・ウィークエンドのエズラと一緒にカニエと曲を書いたり、ソランジュとかと一緒にやったりもしてるし。

田中　そう。そういう情報もあるから、どうしても日本だと二つのバンドの規模がごっちゃになっちゃっている。でも、実はダーティ・プロジェクターズの近作2枚は、どちらも全米チャートのトップ200に一度も入っていない。

宇野　かたやヴァンパイア・ウィークエンドの場合、セカンドアルバムから最新作まで3作連続でビルボードのナンバーワンになってますよね？

田中　にもかかわらず、この二つのバンドが同じように受けとめられている。それがいいことか悪いことかは置いておいたとしても、日本国内でのインディロック受容における一断面を象徴する話なんじゃないかな。

宇野　こういうこと言うと、「セールスと作品の価値に関係なんてないじゃないか」って思う人がいそうだけど、少なくともそのバンドについて何かを語る時に、市場規模を正確に把握してるかどうかというのは重要ですからね。

田中　もちろんダーティ・プロジェクターズというバンドは音楽的な領域や限界を押し広げてきた本当に偉大なバンドだし、彼らの『Bitte Orca』というアルバムは質という点では北米インディが頂点を極めた象徴的な作品でもある。男女6人編成によるコーラスワーク、摩訶不思議なリズム面での冒険、音色やプロダクションに対する偏執的なこだわり――どこをとっても商品としてはあまりに複雑かつ緻密すぎたとも言えるかもしれない。

宇野　あの作品が2009年でしたよね。そのあたりから作品のクオリティが商業的結果には反映されなくなっていく。シーン全体がハイコンテクストになっていって、自家中毒を起こすようになった結果というか。インディ村の中に消費されていって、だんだんその外には波及しなくなっていくという。

田中　だから、やはり2008年から2009年にかけてというのは、いろんな意味で最初の分岐点というか。本当にいろんなことが起こった年でしょ。

宇野　メインストリームだと、MTVアワードの席上で、「最優秀女性アーティストビデオ」を受賞したテイラー・スウィフトのスピーチ中にカニエ・ウェストが乱入して、オバマ大統領にまで非難されたのが2009年。その後、10年近く続くことになる火種がここにあったという。

田中　インディロックの世界だと、2009年というのは、チルウェーヴの年なんですよ。ウォッシュト・アウトとか、その後のネオン・インディアンやトロ・イ・モアみたいな。

宇野　当時チルウェーヴに関しては、エスケイピズム（逃避志向）の是非みたいなことがよく語られていた。リーマンショックの後に就職難に襲われて、実家に引きこもらざるを得なかったアメリカの大学生の音楽みたいな。

田中　個人的にウォッシュト・アウトについては、リズム・プログラミングがとにかく稚拙なのが受け入れ難くて。ただ、忘れてはならないのは、チルウェーヴの作家たちはレーベルに所属しながらも、バンドキャンプみたいなプラットフォームを活用することで、インターネットを介してオーディエンスと直接的なコミュニケーションを取ろうとし始めたこと。それはすごく重要だったと思う。

宇野　サウンドクラウドが勢いを増すのも同じ時期ですよね。つまり、新たなプラットフォームの誕生によって、インディバンドもラッパーも誰もがレディオヘッドが自分たちのウェブサイトでやったようなことをやれるようになった。

田中　その通り。と同時に、サウンド的な側面からすれば、チルウェーヴはその後のインディR&Bやアンビエント R&B の誕生にも繋がっていく。つまり、何はともあれ、ザ・ウィークエンドの登場だよね。やっぱり彼の登場は衝撃だったわけじゃないですか。しかも、それが世界中で何百万ダウンロードもされた。これもまた2010年代の始まり。実際、自分がミックステープという存在を意識するようになったのはラップではなく、ザ・ウィークエンドだったんですよ。それに、最初期のザ・ウィークエンドを評価してたのは、世界中の音楽ブロガーたち、それにピッチフォーク、FACT、ステレオガムみたいなインディロック寄りのメディアだった。

宇野　そうか。ザ・ウィークエンドの最初のミックステープ『House of Balloons』が２０１１年だから、そこはしっかりリンクしているのか。
田中　とにかく『House of Balloons』の衝撃は凄かった。初めて聴いた時はこれがはたしてR&Bなのか、ポーティスヘッドみたいなトリップホップなのか、チルウェーヴなのかさえもわからなかった。その頃、確かブログインディみたいなくくりで紹介もされていて、最初はインディバンドだと勘違いしてたくらい。
宇野　当時、最も上り調子だったインディバンドがThe xxで、彼らと比較する向きもありましたしね。あと、タナソーさんはポストパンク世代だから、コクトー・ツインズやスージー&ザ・バンシーズをサンプリングしてたってことも大きかったでしょ?
田中　まあ、それは否定できない（笑）。だから、いまだに自分の中でのザ・ウィークエンドというのは「The Morning」とか「House of Balloons」だったりするという。
宇野　２０１８年後半の初来日公演が終わった直後も、確かそんなツイートしてましたよね。随分と後ろ向きなこと言ってるなと思ったけど。
田中　だって、『House of Balloons』から7年経ってようやくの初来日だよ? 初来日をそんなに待ち続けたことなんて生涯初めての体験だったからさ。俺がまだ10代だった70年代でさえ、ボズ・スキャッグスやエリック・クラプトン、ザ・クラッシュの音楽を初めて聴いてから、３年も待てばライブを観ることができたのに。
宇野　ザ・ウィークエンドも、あと彼と交流のあるラナ・デル・レイも、何度か来日ショーケースギグのアナウンスはあったんですよね。でも、近年は本国でブレイクするなど状況が変化すると簡単にキャンセルされるようになった。

田中　まあ、レコード会社とアーティストの力関係が変わってきたのも大きいよね。

宇野　そう。だから、とにかくストリーミング・サービスで再生回数を知らせて、日本でもちゃんと人気があることをアーティストサイドにわかってもらわなきゃいけないんだけど、そもそものストリーミング・サービスが数年前まで日本では整備されてなかった。だから、スポティファイが2016年の終わりに上陸するまではなかなかの地獄でした。ちょうどその頃から、タナソーさんと公の場で話す機会が増えてきましたけど、二人ともそんな状況にとにかくメチャクチャ苛々してたし、そこでたまりにたまったフラストレーションによって繋がったようなところがある。

田中　そうだね（笑）。だから、俺からすると、2018年のザ・ウィークエンドの初来日で、ようやく2010年代全体を一度に追体験してるような気分になっちゃって。「あー、こうして2010年代が終わっていくんだ」という感慨で一杯になっちゃった。

宇野　いずれにせよ、ザ・ウィークエンドの初期ミックステープ3作が『Trilogy』というタイトルで1作にまとめられて、いきなりビルボードで4位になったのが2012年。つまり、例のテイラーの曲が出た年。

田中　そして、ドレイクの『Take Care』が2011年。『Take Care』にはザ・ウィークエンドが客演してたでしょ。この辺りでいろんな地図が書き換えられていく。

宇野　あのアルバムにはザ・ウィークエンド、ケンドリック・ラマー、リアーナ、リル・ウェイン、ニッキー・ミナージュが客演していた。今思えば、まるで2010年代の青写真みたいな作品ですね。

田中　だから当時は、それまで地表の下に隠れていた地殻変動が一気に顕在化し出す、そういうエキサイティングな変化の季節だったんだよね。ドレイクとザ・ウィークエンドは、まさにその象徴的存在だった。ところが、自分の周りの同業者でまともに話が合う人間がほぼ一人もいない状態だった。でも、ちょうど同じ頃に、その後、一緒にザ・サイン・マガジン・ドットコムを始めることになる、今の俺の16歳年下の上司、小林祥晴と何年ぶりかに再会したら、二人とも小林雅明さんが電子書籍で出した『ミックステープ文化論』を読んでて、どちらもアンビエントR&Bに夢中、しかも二人ともcero、シャムキャッツ、ミツメみたいな東京インディを聴いていて、すっかり意気投合してさ。そこでようやく少し息をつける状態になるんですよ。彼も俺も同じようなインディロックを聴いてたしね。

宇野 その頃によく聴いていたインディロックというと?

田中 テーム・インパラやアイスエイジ。それぞれ南半球のオーストラリアと北欧のデンマークでしょ。UKでも北米でもないんですよ。DJで頻繁に使ってたのはThe 1975の「Chocolate」。ちょうど彼らが最初のEPを出したり、音源をフリーダウンロードでリリースしてた時期ね。実は、俺がトラヴィス・スコットを知ったのもThe 1975経由でさ。トラヴィス・スコットの曲にビッグ・ショーンとThe 1975が一緒にフィーチャリングされてて。いまだにどこで何をしてるのか、さっぱりわからないんだけど(笑)

宇野 2014年のミックステープ「Days Before Rodeo」ですね。それぞれの作品をピンポイントでキャッチしてた人は日本にもそれなりにいたと思うんですよ。ただ、そこで何が起こっているかを正確に把握するのは、少なくとも日本語の情報にしか触れていない人にはほぼ不可能だった。

田中 だから、当時起こっていたのは、メインストリームとアンダーグラウンド、インディロックとR&Bやラップ、そうした境界がどれも曖昧になっていった、そういう地殻変動だよね。それを促していたのはインターネットを介した直接的なコミュニケーションだった。だから、当時はインディからポップやR&Bやラップに興味が移ったというよりは、そういったいろんなものが境界を越えて、ひたすら交じり合っていく、そんなダイナミックな変化そのものに興奮していたんだと思う。

宇野　インディミュージックとメインストリームのラップミュージックを横断する言説が日本にはほとんどなかったですからね。そもそも、その二つの言説が完全に分かれていること自体が自分から言わせればナンセンスな話なんですけど。

田中　いや、ホントその通りよ。でも、それっておそらくはジャンルによる党派性の賜物でしょ。

宇野　当時最もそこで注目を集めていた存在がジェイムス・ブレイクですよね。2010年には英国アンダーグラウンドのダブステップのプロデューサーだった彼が、やがてチャンス・ザ・ラッパーやビヨンセと仕事をするようになっていく。つまり、現在の音楽シーン全体の動きに繋がる話ですよね。メインストリームのポップがすべてを飲み込んでいくという。2019年のグラミー賞では、トラヴィス・スコットのサポート・ミュージシャンみたいな立ち位置に落ち着いちゃってて、「それでいいのか?」とも思いましたけど（笑）

田中　まあ、彼は前に出たくない人だから。と同時に、北米インディ・シーンにはボン・イヴェールみたいな存在もいたわけだし。

宇野　彼らの存在も重要でしたよね。2010年代のUSインディを象徴するような実験的なフォークサウンドをやっていながら、カニエやフランシス・アンド・ザ・ライツ、チャンス・ザ・ラッパーとも交流しながら、サウンド自体をアップデートしていった。

田中　ヴァンパイア・ウィークエンドにしたってそうだよね。2019年の最新作『Father of the Bride』でも、ごく当たり前にジ・インターネットのスティーヴ・レイシーと一緒にやったり。やっぱりあらためて2000年代から2010年代にかけての変化を思い起こしても、インディをポップやラップの対立項に置いて考えること自体がそもそも間違ってるということ。まあ、日本語ネイティブの世界だとどうなのかはわかんないけどさ。でも、2020年代はよりそうなっていくはず。

宇野 ただ、その中でもレディオヘッドのポジションはちょっと特殊ですよね。彼らの楽曲は、それこそケンドリック・ラマーの「How Much a Dollar Cost」のインスピレーションになっていたり、ジョニー・グリーンウッドはフランク・オーシャンの『Endless』に参加していたり、今もフェスのヘッドライナーを務められるだけの巨大なファンベースはあるわけだけど、2010年代を通じてむしろバンドとしてはより孤高の存在になっていきましたよね。

田中 うーん、だから、言いたかないけど、2010年代というのはレディオヘッドに象徴される価値観が次第に端に追いやられる時代でもあったってこと。それは何かというと、2010年代を通じてさらに浸透していった多国籍企業が牽引するグローバル資本主義に、真っ向から楯突こうという意志であり、ごく身近で切迫感のある問題意識から来るマイノリティの当事者性が次第に凌駕していった社会全体を見通そうとする客観性であり、本来の意味におけるリベラリズムだということ。ただレディオヘッドというバンドは、そうした潮流――彼らの活動に直接的に繋がる部分で言えば、音楽業界における構造変化にずっと楯突いてきた。21世紀になってからの20年近くずっとね。

宇野 2010年代にチャートで勝利を収めてきた他のアーティストのように、それを利用するのではなくてね。

田中 そう。だって、レディオヘッドって、ここ3年間ぐらい単独公演はほぼやらず、主に世界中のフェスでツアーしてたでしょう。

宇野 何か具体的な理由でもあるんですか？

田中 これは第3章でも話すことになるけど、21世紀になってからの20年の間に起こった北米音楽業界の構造変化が関係してる。つまり、彼らの場合、できることならライブ・ネイションやAEG

みたいなグローバル資本の息のかかっている会場でライブをしたくないし、チケットマスターを通してチケットを売りたくないわけ。しかも、一度に何万人ものオーディエンスの前でライブをすることで、できるだけ飛行機移動を減らして、自ら気候変動に加担しないように努めている。

宇野　一時期から企業の冠スポンサーのついた会場ではライブをしないようになったし、会場内に企業のロゴがある会場で演奏することすら渋ってたという話は聞いたことはあります。いかにも彼らしいけど、それにしてもハードコアですよね。

田中　ナオミ・クラインの著作『No Logo : Taking Aim at the Brand Bullies』（邦題：ブランドなんか、いらない）を地で行ってた。ただ、世界中のフェスの大半はローカルの独立資本で運営している場合が多いから、主にそうしたフェスに狙いを定めてツアーするっていう。

宇野　だから、日本にも来る、と。スマッシュやクリエイティヴマンみたいなローカルの独立系イベンターが招聘してるから。

田中　そうやって、このディケイドの彼らは、グローバル資本主義化が進む世界で、ひたすら勝てない勝負をやり続けてきた。

宇野　それこそストリーミング・サービスと折り合いをつけるのも、メジャーなバンドとしては一番遅かったわけですからね。

田中　だから、新自由主義の時代でもあり、ポピュリズムの時代であった2010年代というのは、レディオヘッドに象徴される理想が少しずつ忘れられて、端に追いやられていくディケイドでもあった。文化的な側面だけを取り上げて、単線的に語れるような10年じゃないということ。

宇野　一般の音楽リスナーには見えない闘いをずっとしてきたのがレディオヘッドということですね。ただ、それは彼らが世界的にブレイクした『OK Computer』から『In Rainbows』まで、批評的にもセールス的にも少なく見積もっても、丸10年間トップを走り続けてきたからこそできたってことでもあるわけですよね。

田中　でもさ、それこそ『In Rainbows』をオンラインでリリースした時にも、そんなのレディオヘッドだからこそできるんだ、そういう批判が巻き起こったじゃない？

宇野　「it's up to you」（このアルバムの値段は君が決めてくれ）なんてことをやったら、エスタブリッシュされてないバンドや新人はどうすればいいんだ？ってことになった。トレント・レズナーなんて「話題作りの囮商法みたいなもので、不誠実だ」なんて激昂したりもしてましたよね。日本ではわりと称賛されてたけど、それは、ナップスターも一般的にはほとんど使用されることなく、ネットを介してタダで音楽が共有されること自体がオーディエンスの間に浸透してなかったからかもしれない。

田中　海外では右からも左からも批判だらけだったんですよ。でも、その批判は100パーセント間違ってた、それを時代が証明したわけじゃない？　だって、それと前後して、サウスを筆頭に北米のラッパーたちが始めたのがフリーのミックステープ・カルチャーだったわけだからさ。特に、その後のチャンス・ザ・ラッパーは同じやり方でゼロから成功することができることを証明した。

宇野　なるほど。『In Rainbows』のリリースが2007年10月。やっぱり2008年から2010年代は始まったってところに話は戻ってくるわけですよね。そして、ラップミュージックが2010年代を制覇していくことになる。

第２章

ラップミュージックは
どうして世界を制覇したのか

ラップミュージックが世界の耳を変えた

宇野　ラップミュージックについては章を分けました。なにしろ、２０１６年以降にタナソーさんと頻繁に仕事で会うようになってから、音楽についてタナソーさんも僕もほとんどラップの話しかしてなかったし——。

田中　俺はポップの話もしてたって（笑）。確かに２０１０年代半ば頃はラップばかり聴いてる頃もあったけど、今じゃ２０１０年代を通してのムードを何よりも的確にキャプチャーしていたのはラナ・デル・レイのアルバム『Norman Fucking Rockwell!』なんじゃないか、と思ってるぐらいだしさ。ただ間違いなく言えるのは、２０１０年代を通してラップとR&Bを追い続けるのは本当に楽しかったってこと。

宇野　いきなり過去形ですか？（笑）

田中　もし今が２０１５年や２０１７年初頭ならそんな風には絶対に言わなかったはず。テンションもまったく違っていたと思う。つまり、２０１０年代の後半の5年間というのは、それだけ変化のスピードが凄まじかったということなんじゃないかな。

宇野　２０１７年の終わりから、我々は季刊の「ローリング・ストーン・ジャパン」でシーズンごとに音楽シーンの総括をテーマに対談連載をしてますが、そこでも毎回中心になってきたのはラップの話でした。でも、少なくとも連載が始まった２０１７年の段階で、音楽シーンを語る時にラップを中心に話さないで何について話すのかという。

田中　そこに関しては100パーセント同意。何故なら2010年代というディケイドに起こったすべての中心にヒップホップとラップがあったから。そう言っても過言じゃないと思う。北米を中心としたグローバルなポップミュージックの世界においては言うに及ばず、映画やテレビシリーズといった他のアートフォームとの共振やそこへの影響、そしてもちろん、社会的な変化という意味でも北米のラップ・カルチャーこそがその中心にあった。

実際、この10年はあらゆるマイノリティの立場が見直されて、それを改善しようとするアイデンティティ・ポリティクスの時代だったわけだけど、そういった気運を猛烈に後押ししたのは間違いなくブラック・ライブズ・マターだし、その後のウォーク・カルチャーなわけだから。ブラック・コミュニティが社会全体の目を覚まさせて、社会に蔓延する見えない制度の更新を迫ることになった。ただ、その後それが局地的な対立を顕在化させたりもして、むしろ状況は渾沌としてきたのが2010年代の後半なわけだけど。

宇野　うーん、もしかしたら同じことを言ってるのかもしれないですけど、自分の視点は、ようやくこれまでポップ・カルチャーにおけるブラック・カルチャーの本来の影響力を堰き止めていた、いろんな社会的制度の箍が外れたってことに尽きると思うんですよね。そのきっかけのひとつが、ブラック・ライブズ・マターだったというだけで。

田中　いずれにせよ、もしこの10年を代表する1曲を選ぶとしたら、ケンドリック・ラマーの「Alright」の名前を誰もが挙げると思うんですよ。社会的な影響だけじゃなく、ビートやサウンド、リリックのフロウや内容——あらゆる意味で2010年代というディケイドの光の部分の象徴だと言えると思う。ただ、2010年代も終わりが近づいてきて、「ラップは本当に楽しかった」と過去形で言いたい気持ちの方が遥かに強くなってしまったかもしれない。

宇野　この章に関しては、最初にそれぞれのラップミュージックとの距離感や自分の中での位置付けについて話しておいた方がいいかもしれませんね。ちなみに自分がヒップホップと言わずラップミュージックと言っているのも理由があるんですが、それは後で話します。

タナソーさんが２０１９年の夏頃に言ってたのは、「自分にとって今のヒップホップの評価軸は二つあって、ひとつはアートフォームとしての評価。もうひとつはカルチャーとしてのダイナミズム」なんだ、と。

田中　その二つを兼ねそなえていた。もう少し補足すると、２０１０年代のヒップホップ／ラップは、「革新的なアートとしての役割」と「産業／メディアとしての拡大欲求」との間で激しく揺れ動きながら進んできたと思う。そして、その二つが合わさることによって、グローバル・カルチャーのまさに中心として発展し、絶大な社会的影響力を獲得することになった。まずはそこに素直に大興奮してたんです。だからこそ、俺の興味の中心にあったのは、従来の意味におけるヒップホップというよりは、ポップとしてのラップ音楽だし、音楽的な進化だし、第1章でも話したメインストリームとアンダーグラウンドの垣根が壊れたことで、ポップとも共振しながらもたらされた文化的な波及力だったと言えると思う。

宇野　タナソーさんがラップばかり聴くようになったきっかけは何だったんですか？

田中　取っ掛かりは２０１０年代半ば頃のトラップのサウンドフォルムにあった。だからこそ、大方の興味はむしろゼイトーベンやメトロ・ブーミン、マイク・ウィル・メイド・イット、その後のピエール・ボーンといったプロデューサーたちのビートに注がれていたところがある。60年代にロックがジャズやクラシックを音楽的に凌駕した理由は、ソングライティング以上に、リズムと音色、プロダクションの進化にあったわけでしょ。２０１０年代のサウスを中心としたプロデューサーたちは、それを至極シンプルなアイデアで成し遂げた。

つまり、ソングライティングにおける複雑さではなく、音色やプロダクションにおける緻密さというアイデア。ＢＰＭ50台から70台――テンポを極限まで落とし、１拍目にサブベースを配して、ディケイの短いTR-808のスネアとハット――特に細かいハットの刻みだよね。32で刻んだり、奇数で刻んだり、休符を意識したり――を組み合わせることによって、時間という横軸にも、音域という縦軸にも、意識的に「隙間」を作った。音色や音域という色パレットの中に「空間」という最強のカラーを持ち込んだ。拍と拍の間に限りない宇宙が出来上がるから、その隙間をどう刻むのかによって無限のヴァリエーションが存在する。

そして、それがメロディ・フロウのさらなる進化を促すことになった。トリプレット――3連で刻んだり、奇数で刻んだりすることがすっかり当たり前になって。しかも、ベースラインらしいベースラインが存在しない。もちろん、ブーンバップにしたってヒップホップのビートはキックとスネアとハットの組み合わせにあったわけだけど、ソウルにしろファンクにしろ従来のブラックミュージックにおいてベースラインはその肝とも言えるものだったわけじゃない？　そこにも革新があったと思う。で、そこが発端になって、ポップミュージック全体における音楽的なイノベーションが巻き起こるわけだよね。ポップもR&Bもインディもすべて変容を迫られることになった。

宇野　世界中の音楽リスナーの耳を変えてしまったってことですよね。

田中　その最良の結果がビリー・アイリッシュ。自分がビリー・アイリッシュを発見したのは２０１７年の年末のことで、スポティファイのヴィンス・ステイプルズのページに上がっていた「&burn」だったんだけど――自分にとっての２０１７年は、ヴィンス・ステイプルズの『Big Fish

『Theory』とJ・ハスの『COMMON SENSE』の年で、この2枚のレコードばかり聴いてたから。ただ、必要以上にビリー・アイリッシュを特別視することには加担したくないんですよ。と同時に、彼女の成功をインダストリー・プラント（巧妙につくられた商品）だと片づけるつもりもない。彼女の才能と努力を100パーセント認めた上で、やっぱり彼女は2010年代という時代の10年の蓄積が生み出したものだと思うから。彼女の未曾有のグローバル・サクセスは、まさに2010年代の終わりにふさわしい時代の総決算なんだと思う。

宇野　なんか話をまとめてばかりいますけど（笑）、要するにトラップのビートは、これまでヒップホップ・カルチャーから生み出された数々のビートに比べて、異常に汎用性が高かったということですよね。逆の視点から言うなら、ヒップホップのビートがそのオリジンであるブレイクビーツの呪縛からようやく抜け出したとも言える。

田中　ヒップホップ黎明期前後の西海岸には当時テクノと呼ばれた、よりマシナリーなビートもあったわけだから、ブレイクビーツだけをオリジンとして特定するのは難しいところもあるけどね。いずれにせよ、トラップのBPM50台前半から80にかけてのビートって、一度その虜になってしまえば、以前のビートがすべて野暮ったく思えてしまう革新性があった。

宇野　まあ、今ではあまりにもトラップのビートが蔓延しすぎたことで、ビートに関してはルーツ回帰の現象もいろんなところで起きてますけどね。

田中　そうなった理由というのも、40年代のスウィング、50〜60年代の8ビート、70年代のレゲエ、80年代ハウスのリニアビート、90年代のブーンバップ——そうした世界言語とも言えるサウンドと同じく、極めて利便性が高かったからだと思うんですよ。リズムとプロダクションの進化という意味においては同時期にジャズとヒップホップのクロスオーバーやダンスホール・レゲエもあったわけだけど、それらに比べてもトラップの基本的なフォルムというのは圧倒的に汎用性に優れていた。実際、耳さえしっかりしていて、このビートとプロダクションの構造を研究しさえすれば、誰にでも真似できるもので、だからこそ、グローバルな拡がりを見せることになった。

だから、ヒップホップ／ラップに対する自分の興味と興奮というのは、当初は「アートとしての役割」の部分で、ミックステープ・カルチャーがポップミュージック全体のルールを書き換えていったこととか、アフロ・アメリカンの歴史や現在の社会との関係、そうしたカルチャーに対する関心というのは、むしろそこから少しずつ派生的に生まれてきたものなんです。

宇野　そこは自分とまったく違うところですね。ブラック・カルチャーへの強い関心というのは、自分の場合、10代の時から常に中心にあったものだったから。そこには音楽だけじゃなくて、スパイク・リー、ジョン・シングルトン、アーネスト・ディッカーソン、ヒューズ兄弟などの同時代の黒人の映画作家の作品からの影響も大きい。例えばチャンス・ザ・ラッパーがボン・イヴェールやフランシス・アンド・ザ・ライツやジェイムス・ブレイクと一緒に曲を作ったり、フランク・オーシャンが同じくジェイムス・ブレイクやジョニー・グリーンウッドを呼んで『Blonde』を作った時の興奮も、2000年代の頭にヒューズ兄弟がジョニー・デップ主演でロンドンの阿片窟とフリーメイソンの映画（『フロム・ヘル』）を作った時のような興奮に近かった。

ただ、これは追い追い話していきたいですけど、90年代と大きく違うのは、ようやく黒人が資本を握って自分たちのアートをメインストリームにおいてもセルフ・コントロールできるようになったこと。タナソーさんはさっき「アンダーグラウンド」という言葉を出しましたが、マイノリティにとっての「アンダーグラウンド」というのは、そこに不本意ながら追いやられてきたという意味合いもすごくある。だから、アティチュードとして選び取った「アンダーグラウンド」と、結果としての「アンダーグラウンド」は分けて語るべきだと思いますけどね。

田中　つまり、デトロイト・テクノみたいな意識的な選択の場合もあった。でも、大方の彼らは意図せずしてアンダーグラウンドに押し込まれていたということだよね。それはまさにその通りだと思う。

宇野　タナソーさんにとっては、ＤＪという視点も大きいですよね？

田中　そう。だから当初は特にとにかくビートに対する関心だった。ＤＪって基本的にどういうＢＰＭのどういうテンポを自分のセットの軸にするかという発想で音楽を聴くわけだけど、90年代以降のダンスミュージックというのは、ビート、もっと言えば、テンポ自体で規定されてきたジャンルでもあるわけだよね。以前ならヒップホップのブーンバップは90台、ハウスなら１２０台、テクノなら１４０前後という風に。

ところが、２０１０年代前半にクラブ音楽のビートがすごく多様化したでしょ。それで、ＤＪをやる上で、自分の中の軸が見えなくなってしまった。それで、〈Maltine Records〉の tomad くん周辺のＤＪやプロデューサーたちが、ネット発の最先端のビートやプロダクションを追いかけていたから、刺激をもらうためにいろんな現場に顔を出していたんだけど。というか、そもそも２０１０年代初頭の日本だと、彼らと、それとはまったく別の軸で「東京インディ」と呼ばれてた人たちのやってることが最も刺激的だと感じていた時期でもあったから。

宇野　実際に現場でもトラップの遅いビートを使うようになったんですか？

田中　それは随分先の話。２０１５年になってから。最初はこのビートに合わせてどう踊るのかわからない。そもそもダンスミュージックとして機能してるのかどうかさえもわからなかった。でも、新しいビートが売れた時にはダンスが変わるじゃないですか。パンクが生まれた時にポゴダンスが生まれたみたいに。当初は、90年代にドラムンベースを初めて聴いた時と同じく、どうやってビートに合わせるのかがわからなかった。当時はＤＡＢもトゥワークも知らないしさ。

とにかくビートよりも細かく刻む、倍を感じたり——ここは日本人が最も苦手なところだと思うんだけど、８ビートにしたって拍の間を3で感じていたりするわけで——それを理解するにはすごく時間がかかった。それに、２０１５年くらいのトラックって手打ちが多くて、とにかくビートが揺れるんですよ。大抵の曲はビートレスのイントロから始まるし、突然キックが入ってくる。どの曲もハットの刻み方がまったく違うから、ミックスすることはほぼ不可能。ただ、自分の場合は縦フェーダーを使ったハウス、テクノのミックス・スタイルが基本だったから、とにかく難しい。でも、やれないことをやるのはとにかく楽しいじゃないですか。

それぞれの「ラップとの距離」

宇野　とにかく、２０１０年代の半ば頃はツイッターを見てても、タナソーさんはヤング・サグとトラヴィス・スコットとＫＯＨＨの話しかしてなくて、それを見て、タナソーさんとちゃんと話さなきゃと思ったんですよ（笑）

田中　やっぱりＫＯＨＨの存在は本当に大きかった。２０１５年年明けにキース・エイプの「IT G Ma」に出会ったこと。ＢＰＭも51しかないし、ビートもまったく跳ねてない。あと、レイ・シュリマーの「No Flex Zone」（２０１４年）。あのマイク・ウィル・メイド・イットのビートは今もフェイバリットのひとつなんだけど、とにかく「何なの、これ？　このビートにどう体を合わせるの？」っていう。

あと、KOHH経由で自分の耳と興味が大きく変わったのは、フロウに対する関心。自分は10代の頃からどんなポップソングを聴いても、メロディという要素の重要性というのがまったく理解できなかったんですよ。自分にとっての関心事はまずリズムだし、その次はコード進行。メロディというのは和声においてコードに対してあくまで従属的なもので、「誰それはメロディメーカーだ」とか言われても何のことだかさっぱりわからなかった。自分の国内のフェイバリット・ソングライターでもあるaikoの曲に関しても、ずっとそんな風に思っていた。

ポール・マッカートニーとコラボしたカニエ・ウェストの「All Day」って曲をKOHHがビートジャックして、「毎日だな」ってタイトルでやってるでしょ。普通、ビートジャックというのは有名なヒット曲のトラックを使って、オリジナルよりも自分の方がすごいライムを踏めて、すごいフロウをやれるってことを世間に証明するためのカルチャーとして発展してきたわけだけど、KOHHの場合は、そこに日本語の単語を乗せていて、言ってしまえばカニエとほぼ大して変わらないフロウ。でも、日本語の響きに合わせると本当に彼でしかない個性が生まれていて。そこでメロディ・フロウというものを生まれて初めてきちんと意識するようになった。「そうか、メロディの魅力というのは、音の高低というよりは刻みなんだ」と思うようになった。あとは、そのメロディ・フロウに対してどんな単語をあてはめるか——デリバリーだよね。だから、2014年とか2015年はそんな風にひたすらUSラップを掘りながら、自分なりの文脈を構築していくのが楽しくてたまらない時期だったんですよ。

宇野 当時、自分は国内のラップ・シーンはほとんど追ってなかったので、KOHHに関しては小学生の息子がどハマりしてるのに影響されて聴き始めたくらいなんですけど(笑)

田中 そう、当時は、宇野くんは俺とは少し違うところを見てると思ってた。もちろん俺もアクセスしてはいたけど、ディアンジェロの『Black Messiah』（2014年）からケンドリック・ラマーの『To Pimp a Butterfly』（2015年）へと連なる流れ——宇野くんの軸はそういうパースペクティブなんじゃないかと。音楽的に言えば、ヒップホップとジャズのクロスオーバーであり、何よりもブラック・ライブズ・マターと並走していた社会的な側面だね。

宇野　いや、ここは多分、タナソーさんとの最大の違いである自分の偶像崇拝的な側面の話になっちゃうんですけど、まず、ディアンジェロはデビュー時から自分にとってプリンスと並ぶ最大のアイドルで。1995年のショーケース・ライブ以来の来日となった2015年のサマーソニックでは、何時間も前から「ディアンジェロ地蔵」になって最前列ど真ん中で待機するっていう。で、ブラック・ライブズ・マターに関して言うなら、自分にとっては別に新しい視点を提供されるようなイシューではなかった。もちろん、その推移とリアクションは興味深く追ってましたけどね。

田中　きっと宇野くんとの最大の接点が生まれたのは、その翌年のサマーソニックの時だよね。ちょうど、その週末にフランク・オーシャンの『Blonde』がリリースされて、世界中が盛り上がってるかと思いきや、日本だけが違った。で、リリース翌日のサマーソニックのステージで、自分にとってどんな時も最大の刺激であり続けたレディオヘッドのライブが悲惨なことになっているのを目撃することになる。彼らの最新作からの曲では何万人ものオーディエンスで埋まったフィールドがすっかりお葬式状態で、20年以上前の「Creep」でスタジアムが爆発するという地獄のような光景を目撃することになった。「え、レディオヘッドはまた最高傑作を更新したタイミングのライブなんだぜ？　日本じゃ、92年の曲が一番盛り上がる懐メロバンド扱いになっちゃったの？」という絶望的な気分にさせられた。

宇野　でも、あれから3年経って、ピッチフォークも2010年代ベストアルバムのナンバーワンに『Blonde』を選んで、今では日本でもみんなフランク・オーシャン大好きじゃないですか。むしろ、それを理由にフランク・オーシャンを好きなことを揶揄したりするような態度こそ——実際に見かけるんですけど——最も卑屈なインディ根性だと思いますね。で、これから話すことはちょっと不純に聞こえるかもしれませんが、自分は途中、映画雑誌やサッカー雑誌などを経ながら、2008年まで音楽雑誌の編集部に在籍していて。

田中 最後にいたのは、日本のアーティストが記事の中心の「MUSICA」？

宇野 そうです。「MUSICA」は、初期の頃は海外の音楽を含めた特集も組んでましたが、基本的には日本のアーティストのインタビュー記事がメインで、海外のアーティストの作品はディスクレビューだけで扱うというところに落ち着いたんですよね。で、2008年にフリーになってからは、基本的に好きな音楽しか聴かなくなったんですね。

田中 音楽を聴くのが仕事じゃなくなった？

宇野 そこまで言うとちょっと語弊がありますが、自分は映画の仕事もやっていったので、音楽の仕事は好きなものしかやらないという状態に自然となっていったんです。

田中 そこで軸足がドメスティックから海外へと移っていった？

宇野 いや、自分の軸足はずっとブラックミュージックです。1996年にロッキング・オンに入社して、「ロッキング・オン」で最初に書かせてくれって編集長に直談判して書いたのが、トリッキーがそれまでのトリップホップのイメージを打ち破って、アメリカのビートメーカーとオーソドックスなラップアルバムを作ったタイミングのインタビュー記事を元にした特集だったくらいで。当時から巻末のディスクレビューでは、ヒップホップやR&Bのアルバムを無理やり入れてせっせと書いてたし、現場にも足を運んでいたんですけど、まあ、いかんせん媒体のイメージがあまりに

もロックだから（苦笑）

　そもそも渋谷陽一さんの会社に入ろうと思ったのも、彼のプリンスに関する仕事への愛着や、マイク・タイソンやスパイク・リーを表紙にしていた当時の「ＣＵＴ」で仕事をしたかったから。あと、渋谷さんも、70年代後半にロックの仕事に絶望せずにやってこれたのは、スティーヴィー・ワンダーとアース・ウィンド・アンド・ファイアーがいてくれたからだ、みたいなことを繰り返し原稿で書いてたじゃないですか。「うわ、逆に信用できるな」って。そういえば昔、タイラー・ザ・クリエイターの来日公演に行ったら、関係者席に渋谷さんと自分だけみたいなこともありました。タナソーさんにもそういうところはあるでしょ？

田中　同意すると同時に、今現在は自分の中のブラックミュージック至上主義的な価値観は乗り越えるべき政治的な課題だとも思っていて。いや、でも、ここは宇野くんの話を聞かせて下さい。

宇野　自分は、ランＤＭＣもＬＬクールＪもビースティ・ボーイズもパブリック・エネミーも全部高校生の時に初来日公演に行って大騒ぎしていた、完全に初期デフ・ジャム直撃世代で。それ以降も、いわゆる今でもヒップホップ・クラシックとされてるような作品は、日本に輸入盤が入ってきた週にほとんどすべて買って聴いてきた。ツイッターとかで音楽に関してはラップについてしか発信しなくなったのは、フューチャーとミーゴスとドレイクをロサンゼルスに見に行った２０１７年辺りからだから誤解されがちですけど、まずそれが前提としてあります。

　今では英国ドメスティック一色になってもう久しいですけど、80年代末期の「ＮＭＥ」も、普通にストーン・ローゼズとパブリック・エネミーが二枚看板で、メディアからの影響でいうなら自分の場合はそれが一番大きかった。で、日本のサブカル雑誌的文化圏の中から出てきた、いとうせいこうやタイニー・パンクスも全部高校生の頃に現場で見てきました。ただ、そういう異業種からラップをやり始めた人たちじゃなくて、例えばライムスターとかジブラとか、その後にラップからキャリアを始めた同じ東京生まれの人たち――その辺りはみんな同世代なんですけど――とは違って、カルチャーとしてのヒップホップにどっぷりのめり込んでいくことはなかった。当時はどの現場にも同じ人たちがいるみたいな感じだったんですけど、そのトライブ感が肌に合わなかったのと、実際に敷居が高かった。

田中　80年代までの日本ではニューウェーブとヒップホップは完全に地続きだったよね。俺の場合もそうだった。毎日のようにミック・ジョーンズが買ってくる〈シュガーヒル・レコード〉のヴァイナルからの刺激で作られた、ザ・クラッシュの『Sandinista!』がヒップホップへの入口だったし、同じ頃、ワシントン・ゴー・ゴーが盛り上がった時にトラブル・ファンクの蛍光色Tシャツを買ったりしたのもジュリアン・コープ経由だったから。ただ、１９９０年代に入った頃、ヒップホップとはちょっと距離ができてしまった。東海岸至上主義だったり、その後に東西抗争だったりもあって。

宇野　でも、ヒップホップは多くのロックミュージシャンにとって、常にインスピレーションであり続けてきたし、何よりも愛着の対象だった。当時はただの読者でしたけど、「ロッキング・オン」でタナソーさんが担当していたプライマル・スクリームの記事をよく覚えてます。ボビー・ギレスピーは『Give Out But Don't Give Up』のツアーでアメリカを回ってる時、ウォーレン・Gのアルバムがいかに画期的かって話ばかりしていた。

田中　ごめん、まったく覚えていない（笑）

宇野　学生の頃、自分はプライマル・スクリームとGファンクを同じ情熱で聴いてるリスナーだったんで、すごく勇気づけられた。あるいは、イアン・ブラウンでもデーモン・アルバーンでもトム・ヨークでもいいですけど、彼らはバンドをやり始めたかなり初期の段階から、ヒップホップをはじめとするビートミュージックにしかほとんど音楽的な関心がなかった。ニューウェーブの時代だろうが、マッドチェスターの時代だろうが、ブリットポップの時代だろうが、自分のロックミュージックへの共感の力点は常にそこにあったんですよね。

アメリカの黒人ではない我々は、それでも片想いしてやまないブラックミュージックやヒップホップをどう受容していくのかということと、その影響をアウトプットする際に付きまとうある種の不可能性ですね。それって、それこそエルヴィス・プレスリー、ビートルズ、ローリング・ストーンズの時代からずっと続いてきた、ポップミュージックにおける最大の課題じゃないですか。だから、さっき「不純な話に聞こえるかもしれない」と言いましたけど、自身の職業的な役割と嗜好のせめぎあいという点においては、ミュージシャンもジャーナリストも似たところがあると思うんですよね。

田中　ただ、その問題意識はむしろ更新されるべきだとも思う。もはやエリック・クラプトンの時代ではないわけだから。ただもちろん、戦後ずっと名誉白人として暮らしてきたことの罪悪感を払拭することはすごく難しい。

宇野　過去に戻れない以上、そう言われても個人的には更新しようがないですし、名誉白人というのもロにするのもおぞましい欺瞞に満ちた言葉だと思いますけどね。実際に海外で人種差別的な言動の標的になったことだって数えきれないほどあるし。西欧社会における日本ということなら、甘んじてその社会的立場を引き受けなきゃいけないのかもしれないですが、それだってもう大昔の話ですよね？　今や唯一の頼みの経済力だってガタガタで、すっかり三流国に成り果ててるわけだから。

田中　じゃあ、一般論として言うと、アメリカのブラックミュージックだけではなく、大方のビートはアフリカから生まれたとも言えるわけだし、欧米のポップミュージックはそれを利用することで発展してきた。でも、そのすべての発端は18世紀以前からの列強諸国による植民地政策にある。ただ、ジャズにしたってクラシックとの混交がなければ生まれなかったわけだよね？　それに、文化とは何かと言えば、政治によって引き起こされた悲劇、そこで生まれた傷や対立、分断を癒したり、赦したりするもの——そういう定義だってあるわけじゃないですか。政治によって引き裂かれ、そこで生まれた壁を越えていくものがカルチャー。

だからこそ、重要なポイントは異なる価値観を横断することでそこにブリッジを架けること、時には互いが混ざり合うことによって新たなアイデンティティを生み出すことでしょう。俺、ウェールズのバンド、スーパー・ファーリー・アニマルズのグリフ・リュスと話した時にとても感動した言葉があって。彼は「ローマに征服されたことも、もはやウェールズの文化の一部なんだ」って言ってたんですよ。だから、ナイーブすぎるかもしれないけど、20世紀のアフロ・アメリカンの音楽はもはや人類共通の歴史であり、財産なんじゃないか。そう考えたい。だって、80年代の時点でパブリック・エネミーがツアーバスでスクリッティ・ポリティを流してた、みたいな話もあるわけじゃない？

宇野　でも、スクリッティ・ポリティこそあの当時最も高度で洗練されていたブルーアイドソウルだったわけだから、いい話ではありますけど、オリジンの逆流って話でしかないような。

田中　もちろん、当事者であるブラックからすれば、全員がとても受け入れられないことかもしれないし、文化盗用という問題も依然として存在する。だからこそ、歴史と文化に敬意を払いながら、自らの罪に意識的でいながら、それでも共通の夢を紡ぐこと。90年代からのグローバル化によって

２０１０年代に起こったことはそういうことだよね。広範囲でラップは世界言語になった。世界中のヒスパニック・コミュニティでもフランスでもロシアでも東アジアでも。ポップの定義のひとつはハイブリッドであることだし、ルーツから切り離されることでメディアになることなんじゃないか。

宇野　タナソーさんの言ってることを、ナイーブだとか理想論だとか言うつもりはないですよ。ただ、それはポップ・カルチャーの性善説的な側面だけを切り取った話だと思います。

ツアーバスの話が出てきたので自分も好きなエピソードを言うと、２０１１年にスティーブ・アルビニがバルセロナのフェスに出演した際にオッド・フューチャーと同じバスに乗り合わせて、そのあまりの態度と言葉のヒドさに辟易として「オッド・フューチャーの音楽は、最低な連中による最悪な人間についての音楽だ」ってメディアを通してブチギレていたこと。まあ、今のタイラー・ザ・クリエイターやアール・スウェットシャツにしてみれば若気の至りみたいなことかもしれないけど、彼らの表現の根っこにあったのは持たざる者たちの怒りだったし、それは彼らの仲間だったフランク・オーシャンの現在の音楽にも強く感じます。

で、ある時期までのそうしたラップミュージックの持つ攻撃性や不寛容さは人種に紐づけられてきたけれど、エモラップの台頭を筆頭に、同人種間における経済格差の深刻化も背景となって今では人種の問題ではなくなっている。「異なる価値観を横断してブリッジを架ける」上での原動力は、ネガティブな感情から生まれることだってあるし、そもそも自分は「怒り」をネガティブな感情だとは全然思ってないんですよ。自分が良くも悪くもヒップホップのそういう排他性に意識的になるのは、80年代にその排他性によって弾き出されたような感覚が残っているからかもしれない。

田中　だから、そこと切り離すために、ヒップホップじゃなくてラップという言葉を使うようにしている？

宇野　そういうわけじゃないですけど、特にここ日本でヒップホップという言葉の扉はずーっと狭いままだった。国内のシーンはその扉の向こう側で浮いたり沈んだりしてきて、今は多少浮いてる時期ですけど、それにしたっていくらなんでも海外と日本のラップのシーン全体における存在感に差が開きすぎでしょ？　洋楽が日本であまり聴かれなくなったとか、そういうレベルをはるか超えて、ラップが完全にメインストリームになった2010年代に入ってから、そのギャップが許容範囲を超えてきてるじゃないですか。同じアジアの他の国と比べても、最もガラパゴス化が激しいのがラップミュージックのシーンですよね。自分がヒップホップという言葉を、その言葉でしか表せないヒップホップ・カルチャーの話以外では極力使わないようにしているのは、ヒップホップの歴史をリスペクトしてないからじゃなくて、日本でその言葉が今もある種の排他性をともなって使われることが多いからです。

田中　なるほど。実際、海外でもヒップホップという言葉が使われるのは、コミュニティが強調される場合が多いよね。

宇野　そう。で、ここまで話してきたように、特に2010年代に入ってラップはブラック・コミュニティの範疇を完全に超えた、メインストリームを代表するアートフォームになり、カルチャーになった。だから、そのことを前提とした、もっとアクセスがしやすい回路や文脈を作りたいというのが、それこそ音楽がビジネスじゃなくなって、ただラップが好きなだけの今の自分にとっての使命感みたいなものになってきたわけです。

「サウス」であった必然

田中　実際、2010年代に、ラップはこれまでのコミュニティの外側に爆発的に広がっていった。そこで少し遡って踏まえるべきは、2000年代初頭のアウトキャストの存在なんじゃないか。個人的にも久々にヒップホップにきちんとアクセスするようになったのは、アウトキャストの『Stankonia』が「VIBE」で5本マイクをとった2000年のことだった。そのアワードの現場でアンドレ3000は、「結局みんな西と東ばかりで、南は相手にされてこなかった」とスピーチした。つまり、当時の彼らは東海岸至上主義みたいな文化的磁場、あるいは、その後の東西抗争みたいな産業的で政治的な磁場の外側にいたということ。

宇野　「のけ者（＝Outkast）」と自ら名乗っていた彼らは、デビュー当時から一貫してそのスタンスをとってましたね。デビューアルバム『Southernplayalisticadillacmuzik』（1994年）で「SOURCE」の新人賞を受賞した時も、アンドレ3000は「視野の狭いやつらに飽き飽きしてる。誰もオレたちのデモテープを聴こうとしなかった。でも、ここにはサウスの主張がある」とほとんど同じことを言ってました。東西抗争のピーク期で会場には一触即発の空気が流れている中で、当時まだ二人は20歳だったから、かなりの覚悟が必要だったはずです。

田中　そして、結局彼らはグラミーで最優秀アルバム賞を受賞した初のヒップホップアクトになる。

宇野　2003年の『Speakerboxxx/The Love Below』ですね。

田中　『Speakerboxxx/The Love Below』は、2003年の「スヌーザー」の年間アルバム・チャートでも第1位にしたんだけど、それを理由に日本のレーベルが頑張ってセットアップしてくれたアンドレのインタビュー時間は5分しかなかったのを思い出した（笑）。特にアンドレ3000はジミ・ヘンドリックスやプリンスの系譜に連なるような境界を横断する存在でもあったしね。東海岸のブロンクスで生まれ、よりマシナリーなサウンドとしてほぼ同時期に西海岸でも産声を上げたヒップホップが、その後、世界各地に広がる中で、それぞれのローカルの特徴と交じり合いながら、新たなものを生み出すことになる。その最たるものがアウトキャストを生み出すことになったダンジョン・ファミリーだった。やっぱり東西ベイエリアとは別の場所――サウスだったからこそ、ヒップホップ以前の伝統という過去とも繋がり、ロックやサイケデリアを筆頭にヒップホップとは違うアイデンティティとも共振することで、彼らは新たなアイデンティティを打ち立てることになった。

宇野　まあでも、グラミーに関してはそこから2019年まで、ラップのアルバムが一度も最優秀アルバム賞を獲ってないって、一体どういうことなんだって思いの方が強いですけどね。

田中　カニエ・ウェストの『My Beautiful Dark Twisted Fantasy』（2010年）、ケンドリック・ラマーの『To Pimp a Butterfly』（2015年）と『DAMN.』（2017年）、いくらでも獲るべき作品はあったからね。そのことがブラック・コミュニティの団結を強めることになった。ただし、ここに関しては悪い意味でね。

宇野　その認識は全然違いますね。カニエ・ウェストのグラミー批判に始まって、2017年にはフランク・オーシャンがグラミーのプロデューサーたちに対して強烈なステートメントを出したり、2019年の受賞式でも壇上でドレイクが「オーディエンスがすべてだ」と話をしてましたけど、自分は「ファック・ザ・グラミー」で全然いいと思ってますよ。

田中　いや、そこは俺も中指立ててましたよ（笑）。でも、アウトキャストが示した重要なことは、外部や周縁や辺境がいかにその中心に働きかけ、そのことで双方が変容をきたすっていうメカニズムでしょ。商業的には失敗に終わったものの、バズ・ラーマンがネットフリックスの『ゲットダウン』（2016年）で描こうとしたのは、ディスコとハウス、ヒップホップとパンクの接続だよね。人種的にもブラックだけでなくヒスパニック、彼らと白人との関係の中からヒップホップが生まれたことを描こうとした。ブラック・コミュニティの外で最初にヒップホップを受け入れたのは裕福な白人パンクスだったという話もあるにはある。

宇野　バズ・ラーマンが70年代のニューヨークを舞台に『ゲットダウン』で描こうとしてたクロスカルチャーは歴史的な事実だし、それを今の視点から振り返ることには意義があったとは思いますよ。でも、ネットフリックスが当時史上最大規模の予算を組んだあの作品が視聴者から総スカンを食らって、予算を大幅削減された上にシーズン2で中途半端に終わったことは非常に示唆的で。ちょうどその時期に大きな支持を集めることとなったのは、同時代のアトランタのストリートライフをオフビートコメディとして描いたドナルド・グローヴァーとヒロ・ムライの『アトランタ』だったわけですよね。その『アトランタ』の中では、ブラック・カルチャーを称揚する裕福な白人をカリカチュアした強烈なエピソードがあったじゃないですか。

田中　シーズン1の「Juneteenth」（奴隷解放記念日）ね。あれは強烈だった。

宇野　チャイルディッシュ・ガンビーノ（ドナルド・グローヴァー）の「Redbone」で幕を開けるジョーダン・ピールの『ゲット・アウト』も、ある意味で同じテーマでしたよね。さらに、『アトランタ』シーズン1で友情出演していたミーゴスは、その後、ドナルド・グローヴァーが『サタデー・ナイト・ライブ』で自分たちのパロディを演じたことに不快感を示したりもしている。だから、何も白人と黒人の間だけじゃなくて、黒人の中にも対立と排除の動きというのがあって、そうした対立や排除の運動もまた、ポップ・カルチャーの歴史を作ってきた。
タナソーさんの話にはどうもそこの視点が抜け落ちてる気がして、なんだか自分がネガティブなことばかり言う役割になってますけど。アトランタがラップミュージックの首都になった理由はすごくはっきりしていて、要はアメリカの主要都市で最も黒人の人口比が多いからですよね。１９８９年にＬ．Ａ．リードとベイビーフェイスが、二人ともアトランタ出身じゃないのにアトランタにラフェイス・レコーズを立ち上げたのもそれが一番の理由で。ラフェイス・レコーズは本社がニューヨークでもロサンゼルスでもなく、経営者も白人ではないアメリカ史上初のメジャー・レーベルとして、ＴＬＣやシャニースやアッシャーを発掘して、90年代に入ってから次々と大ヒットを飛ばしていくことになる。

田中　ベイエリアの黒人たちが比較的裕福になる中で、その外部に取り残されたエリアで次々に貧困が拡がっていったというね。それはシカゴも同じで、その二つが２０００年代以降のラップの最重要拠点となっていく。

宇野　トピックが拡散していくので、ここではサウスの話を続けさせてください。アトランタを「メッカ」と呼ぶのは今では当たり前になってて、普通に映画やテレビシリーズの台詞にもよく出てくる。ドナルド・グローヴァーがアトランタ出身じゃないのに『アトランタ』を作ったのも、アトランタがアメリカの黒人にとってのメッカだから。『アトランタ』のシーズン２の放送中には、撮影現場で出演者たちがみんなでＴＬＣの「Creep」を踊ってる動画がオフィシャルでネットにアップされて。彼女たちが大ヒットを連発していた90年代半ばの頃は、あまり地域性を意識しては聴いてなかったけど、地元出身の彼女たちの存在が、アトランタにとっていかに大きいかがよくわかる動画でした。アウトキャストのデビューのきっかけもＴＬＣの T-Boz が作った。

当時はその地域性のなさや党派性のなさがアトランタ勢の特徴であり戦略でもあったわけですけど、やがてそこから地域性が前面に出たダーティ・サウスと呼ばれることになるサウスのヒップホップシーンが勃興していくことになる。ダーティ・サウスというと地域がアトランタから広がって、マイアミやヒューストンやニューオリンズも入ってきます。そこで2010年代に繋がる最重要プレイヤーはニューオリンズのリル・ウェインですよね。

田中　第1章の冒頭で2010年代の起点としてレディオヘッドの『In Rainbows』に続いて、カニエとの並びでリル・ウェインの名前を挙げた一番の理由は、やっぱり彼がフリーのミックステープを多発することが成功に繋がることを証明したこと。そういう意味じゃグッチ・メインもそうなんだけど、彼らは「成功のためにはまずレーベルと契約しなければならない、しかも利益の大半をレーベルに受け渡す契約書にサインしなければならない」というゲームの規則を抜本的に書き換えることになった。それは間違いなく業界政治的にも最大の偉業だし、第1章でも少し触れたように一時期は完全にそれが主流になったわけだよね。多くのラッパーがそれに続くことによって、今という状況が完全に出来上がった。そのことで作家とファンの間を塞き止めていたレーベルやメディアが急激にその存在感を薄めていくという2010年代的な状況にも繋がっていく。

リル・ウェインは毎年のようにメガヒット曲をビートジャックして、自分のラップを乗せただけのミックステープを次々と出してしまう。ラッパーにとって一番重要なのは、そのナラティブがリアルかどうか、そこにリリシズムがあるかどうか、フロウがオリジナルかどうか。その3点とも言えるわけだから、手っ取り早くラッパーが自らの証しを立てる方法を、後発のラッパーたちに示したんだよね。

宇野　ただ、当時ネットにアップロードされた音源を聴くことにまだ慣れてないリスナーには、その波をうまくキャッチできなかった人も少なくなかった。これは日本のリスナーだけじゃなくて、当時のサウスの盛り上がりは、アメリカ国内と国外で温度差がありましたよね。まだ多くの国では、ポップミュージックの主戦場がメジャー・レーベルのワールドワイドなディストリビューションからネットに移行する過渡期だった。

田中 レーベルとの契約や権利の問題というのは本当に根深くて。リル・ウェインにしてもストリート・キッズだった時代に彼を拾ってラッパーとして育ててくれたキャッシュ・マネーのバードマンとの確執によって、2012年頃からアナウンスされていた『Tha Carter V』は2018年までリリースされなかったわけだから。デス・ロウの時代に遡らずともコミュニティ内部にも搾取の構造というか、愛と裏切りのドラマは常についてまわるものだった。だからこそ、チャンス・ザ・ラッパーの『Coloring Book』(2016年)に入ってる「中間搾取するレーベルなんていらない。契約なんかしなくても何の問題もない」という内容の「No Problem」に客演してるのが、リル・ウェインと2チェインズだというのは必然だったと言える。カニエに憧れてラップを始めたシカゴ出身の彼が、アトランタのラッパーたちに限りない敬意を払っているという事実はすごく象徴的なんじゃないか。

それにやっぱりリル・ウェインはラッパーとしてもオリジネイターなんだよ。あの特異な発声もそうだし、フロウもそう。ある時期まで本人も認めていたように、リル・ウェインがいなければヤング・サグというラッパーは生まれえなかった。2010年の『Rebirth』にしたって商業的にも批評的にも散々だったわけだけど、ロックのサウンドを取り込むことにいち早くトライしていた。ほとんどグランジそのものだったキッド・カディの『Speedin' Bullet 2 Heaven』(2015年)が大コケするよりも遥かに早かった。でも2017年にはリル・ピープを筆頭にラッパーがエモロックを参照することが当たり前になるようになったわけだから。

宇野　一度整理をすると、ミックステープのカルチャー自体はヒップホップの黎明期からあるものじゃないですか。それがあらためて2000年代後半のサウスにおいて特に重要な役割を果たすことになったのは、ずっとヒップホップ・メディアからサウスが冷遇されてきたことと無縁ではないですよね？

田中　彼らはメディアだけじゃなく、まだロサンゼルスとニューヨークが中心の音楽業界の外部にいた。ポイントはやはりそこだよね。ただ最も重要なのは、ミックステープをオンラインにアップロードしたこと。しかもフリーで。それこそが革命だった。

宇野　つまり、音楽業界の外部であったという地政学的な必然と、音楽の聴かれ方が変わっていった時代の必然。その二つが重なったところでサウスのラップ・シーン全体の世界的な大躍進が起こった。

田中　例えば、ネット上で人気とプロップスを高めて、ストリーミング・サービス上で結果を出しさえすれば、それがチャートに換算され、ライブ・エージェンシーが多額のギャラを提示してくれるようになる。いまだインディバンドがやり続けているようなプロモーションのためのツアーではなく、それが実利を得るための手段になった。ネットを主戦場にすることで、それまでのレコードを売るためにツアーしなければならないというゲームの規則を書き換えることになった。

ただ、ミックステープに関して言うなら、2016年の『Coloring Book』の時点でチャンス・ザ・ラッパーが「もはやミックステープにこだわり続けているのは俺だけなのかもしれない（「Mixtape」）」とライムしていたように、スポティファイやアップル・ミュージックの浸透に従って、意味も変わっていくことになる。

宇野　もちろんミックステープ・カルチャーの重要性についてはいくら強調してもしすぎることはないと思いますが、自分はサウスという地域性にこだわりたいんです。ラップのリスナーだったらわかってることですが、そうじゃない人はいまだに音楽業界の首都といえばロサンゼルスをイメージする人が多い。実は映画界でも同じことが起こっていて、ジョージア州の税制の優遇制度もあって、２０１０年代の半ば以降、アメリカで映画産業が最も盛んな都市はロサンゼルスではなくてアトランタなんです。つまり、我々がハリウッド映画だと思って観ている映画の多くは、今ではアトランタのスタジオで撮影されて、ロケ地としても都市の記名性がどうしても必要な場合以外はアトランタで撮影されている作品が多い。ジョージア州の次にロケ地で多いのは、同じく税制の優遇制度があるルイジアナ州です。つまり、２０１０年代を通してアメリカのエンターテインメント業界全体がサウスへと移行している。それってかなり重要なことで、日本ではその大きなシフトが見過ごされているんじゃないかって。

田中　なるほど。

宇野　言ってみれば、フランク・オーシャンだってニューオリンズ出身だし、ビヨンセだってヒューストン出身だし、ラップミュージックに限らず、２０００年代以降のブラックミュージックのキーパーソンは本当にサウス出身が多い。「Nights」のテンポが変わる瞬間が象徴的なように、『Blonde』にはチョップド&スクリュードの空気感が濃厚に漂ってるし、ビーチェラのパフォーマンスを音源化したビヨンセの『Homecoming』も、まさにニューオリンズのルーツミュージックを軸にしたサウスへの帰還でした。あと、２０１８年にドレイクの『Scorpion』と並んで最も売れたトラヴィス・スコットの『Astroworld』は、ＤＪスクリューやグッディー・モブやスリー・６・マフィアへのオマージュがちりばめられた、つまりトラップを通過した後に、もう一度ダーティ・サウスのフィーリングを取り戻そうとしたアルバムでしたよね。

田中　ただ一応、自分の立場を明らかにしておくと、自分が最も興味があるのはマージナルな場所に存在するものなんです。ボブ・ディランみたいにNo Direction Homeな表現——ルーツや起源から切り離されたものがポップなんじゃないか。だからこそ、フランク・オーシャンにしても、セクシャル・マイノリティというアイデンティティよりも、彼のアイデンティティが結局のところは「個人」に帰結するしかないように感じられることにむしろ魅力を感じてしまう。ビヨンセにしても、彼女にとってのルイジアナがさまざまなアイデンティティのハイブリッドであったことに注目してしまう。自分はそんな風に考えてしまうクチなんですよ。だからこそ、サウスという記号性よりもむしろ、トラップという音楽言語がルーツから切り離され、世界言語になることで、東アジアを含め、世界各地に新たなアイデンティティを生み出したことに目を向けてしまうという。

宇野　それもわかるんですけど、サウスの重要性に関しては読者に向けてきちんと視点を提供すべきだと思うので話を続けさせて下さい。映画『ムーンライト』はどうしてフロリダが舞台なのか、主人公はどうしてアトランタに引っ越したのか、彼の車の中で流されるグッディー・モブ、その書籍化の際にフランク・オーシャンが寄せた序文。言うまでもなく、あの作品はブラックでありゲイであるというダブルのマイノリティ問題を扱った作品でもありますが、すべてはサウスというキーワードでも繋がる。

田中　じゃあ、俺の文脈から2010年代の後半にすごくエキサイティングだと感じたUKアーバン・シーンについても話させて。バッシュメント、つまり、ダンスホール・レゲエとアフロビートを合体させたサウンドの担い手たち。つまり、J・ハスやデイヴ。

英国のポップミュージックの歴史を遡れば、60年代初頭のビートルズがロンドンのバンドよりもアドバンテージがあったのは、彼らが港町リバプールに暮らしていて、アメリカから輸入されたレコードに触れ合う機会が多かったから。そこで異種交配が起こって、ブリティッシュビートという新たなアイデンティティが生まれた。あるいは、第二次大戦後の英国政府がカリブ海から大量の移民を受け入れた。その結果、白人労働階級の若者と、そこで発生したウィンドラッシュ世代の二世たちが交じり合うことによって70年代後半にはパンクが生まれた。それと同じように、２０１６年から２０１７年にかけて英国シーンで急速にプレゼンスを高めたのは、カリブ海移民だけじゃなく、ガーナやナイジェリア——アフリカからの移民の二世、三世が中心になったアフロ・バッシュメント／アフロ・スウィング。その辺りが日本ではまったく騒がれていないのが本当にムカついてたんだけど。２００８年にJay-Zがグラストンベリーのヘッドライナーに起用された時はまだ、それに対するバックラッシュという形にしろ、日本でもそれなりに話題になった。でも、２０１９年にストームジーがグラストンベリーのヘッドライナーを飾ったところで、ほぼ話題になりゃしない。

宇野　それは単純に序列と文脈の問題で、ドレイクやトラヴィス・スコットがフェスでさえ興行を打てないような国で、J・ハスやデイヴが大きな話題になるわけがないと思いますけど。

田中　からむなあ（苦笑）、怒んないでよ。でも、彼ら英国ラッパーたちをフックアップしようとしたのがドレイクであり、ビヨンセであり、ジョルジャ・スミスみたいなR&Bシンガーも含めれば、ケンドリック・ラマーだってサポートしたわけじゃないですか。西海岸のプロデューサー、マスタードがインスタでみつけて、フックアップして、今また90年代R&Bをリバイバルさせようとしているのが英国出身のエラ・メイだったりとか。２０１０年代後半になって、俺みたいに英国シーンに興味が移ったのは決して独りよがりの思い込みじゃないと思うんだけど。

だから、やっぱり重要なのは他者であり、外部であり、２０１０年代に起こったこともそれと同じなんじゃないか。ネットが主戦場になったことで、アトランタ固有のローカル言語であったサウスのラップがグローバルな拡がりを見せ、それぞれの場所でローカライズされることで、新たなアイデンティティを生み出すことになる。それを可能にしたのがサウンドクラウドであり、ユーチューブであり、ダットピフであり、インスタグラムだった。

一方で、グローバル化が強まるにつれて、むしろ個々のローカル・アイデンティティも際立つことになった。２０１０年代後半のエモラップの拠点がフロリダだった、というのも象徴的な話だしね。その二つのことが同時に起こったことこそが、２０１０年代におけるエキサイトメントの正体だったような気もするんですよ。

トラップが爆発的に広がった理由

宇野　とはいえ、２０１０年代のポップミュージックにおいて、最も支配的だったアートフォームはアトランタ発祥のトラップミュージック、及びそこから派生したビートという認識は共有してますよね？　その起源と発展についても話しておきたいんですが。トラップのオリジネイターについては、二人のラッパーによる主張が対立していて、ひとりはアトランタのＴ．Ｉ．。彼は自分が２００３年にリリースした「Trap Muzik」が音楽的にも、そしてタイトルにもしたように言葉においても定義した作品だと言っている。

でも、もともとトラップって言葉は「ゲットーのドラッグ・ディーラーのライフスタイル」という意味で、ずっと前からサウスのラッパーたちに使われてた言葉。アウトキャストの「SpottieOttieDopaliscious」（１９９８年）のリリックにすでにトラップという言葉は出てきてますし、そもそもトラップのライフスタイルを最初に提示したのはテキサス出身のＵＧＫの『Too Hard to Swallow』（１９９２年）とも言われています。

ただ、Ｔ．Ｉ．の「Trap Muzik」も含めて、少なくとも音楽的には現在トラップと認知されているビートとはかなり隔たりがあって、もうひとりのグッチ・メインが主張しているように、彼の『La Flare』（２００１年）が、トラップ誕生の瞬間だったという説の方が分があると言わざるを得ない。もちろん、当時地元のインディーズで１０００枚しかプレスされなかったこの作品を自分が最初に聴いたのはずっと後で、今聴くと「これトラップ？」とも思うんですけど。

田中　今の話は起源の話だよね。でも、俺はそもそもオリジンを必要以上に重視するという考え方自体に少なからず違和感があるんですよ。それを尊重することはとても大切なこと。ただ、あるひとつのフォルムやアイデアが発明されて、二度目に発見された瞬間にそれはメディアになる。重要なのはその瞬間なんじゃないか。シネマの起源をエジソンに置くのか、リュミエール兄弟に置くのか。でも、俺は後者に立ちたい——これもまた自分自身のポップという定義によるものなんだけど。

宇野　いや、ここではポップの個人的な定義の話をしているのではなく、現実にそういう論争があるという話です。だって、「そもそもトラップって何？」って人と、その先の個別の作品やラッパーについての詳しい解説、特に日本語で読めるものはその両極端に分断しちゃってるじゃないですか。サウンドフォルムとしては、別に２０１０年代に入って生まれたものではないという事実は示しておく必要がある。

田中　了解。ただ、トラップというサウンドフォルムがオーバーグラウンドに浮上したきっかけは明確にあるじゃない？　バウワーの「Harlem Shake」（２０１２年）の存在。

宇野　ＥＤＭとの融合というか、トラップとＥＤＭがベースミュージックとしてのバックグラウンドとTR-808のサウンドで繋がった。

田中　「Harlem Shake」は、当時フィルシー・フランク名義でユーチューバーとして活動していた、日本人R&BシンガーJojiが投稿したダンスビデオが火付け役となって、その年のメガヒットのひとつになった。トラップという呼称と、ベースミュージックとしてのサウンドフォルムが世間一般に爆発的に広がったのはこの曲の存在だと言ってもいいと思う。それに、2010年代初頭に盛り上がっていたのは、サウンドクラウドやバンドキャンプ、タンブラーみたいなネット上のシーンだった。ヒップホップもインディロックもダンスミュージックもすべて新しいことはそこで起こっていて、トラップもアンビエントR&Bもフューチャーベースもジャージークラブもヴェイパーウェーヴも、すべてが渾然一体となって盛り上がっていた。

だから、トラップにしても、ハドソン・モホークやラスティ――もう少し遡れば、ジェイムス・ブレイクの「CMYK」とか、そういう文脈もあった。カシミア・キャットがやったミゲルの「Do you...」のリミックスとか、2012年にSeihoがフリーでシェアした「I Feel Rave」辺りはその象徴だと思う。当時、Seihoの『ABSTRAKTSEX』のリリース・パーティでやってた、okadadaとKeita Kawakamiの二人がterror fingersという名義でやってた1時間ほどのセットは、当時のグローバルなネットシーンの集大成だったと思う。いろんな刻みのいろんなビートのトラックを使うんだけどずっとBPM70というテンポなんですよ。

だから、起源については明確なことは言えないとはいえ、トラップの隆盛はそんな風にいくつもの文脈が交錯したオンラインの場所があったからこそ、起こったことなんじゃないか。

宇野　2014年から始まったUltra Japanでも、トラップ寄りのビートを主体とするプレイをするDJが年々増えていきました。でも、例えばDJスネイクが延々とトラップの曲を続けたりすると、現場の熱はだんだん下がっていった。少なくとも日本のオーディエンスからは、完全に受け入れられてはいなかった印象はありますけどね。

田中　日本のＥＤＭのオーディエンスはＥＤＭにしか興味のない人も多いから、そこは仕方ないのかも。実際に自分が目撃した瞬間だけでもいくつも思い出せる。２０１７年のサマーソニックでカルヴィン・ハリスがトラヴィス・スコット「Antidote」を使った瞬間に何万人ものフィールドがいきなり静まり返ってたし、スクリレックスが２０１８年のフジで使ったＸＸＸテンタシオンの「Look at Me!」にしても、彼のセットの中で唯一フィールドが凍りついた瞬間だった。

宇野　２０１７年には、海外ではカルヴィン・ハリスやスティーブ・アオキのような人気ＤＪが、自分のアルバムのフィーチャリングにトラップ系のラッパーをズラッと並べるような動きもあった。作品の音楽的到達度が違うのであまり一緒くたにして語りたくはないですけど、海外ではそれだけＥＤＭとトラップは演者もオーディエンスも近い場所にいたってことですよね。

田中　でも、その頃にはもうＥＤＭの現場は文化的な役割は完全に終えていて、産業的な役割しか担っていなかったと言える。チャートからはほぼ姿を消して、完全にその舞台を興行へと移していった。ＥＤＭのＤＪというのは、２０００年代半ばのニューエレクトロ以前のＤＪカルチャーと違って、自分の曲をかけることが必須だったわけだけど、その頃にはもうトラヴィス・スコットの「Goosebumps」やケンドリック・ラマーの「HUMBLE.」がかかった瞬間が一番盛り上がることになってた。

宇野　「アトランタのラッパー以外はトラップじゃない」みたいなことを、例えば21サベージのようなストリート出身のラッパーたちは言ってましたが——まあ、その21サベージがイギリスからの移民だったというオチもついてしまったわけですけど——アトランタという地域性とは別に、世界で同時進行的にビートの変化が起こっていて、リスナーの耳も、ビートへのノリ方も刷新されていった。日本のラップミュージックも、その変化以前のラップをやってるのか、その変化以降のラップをやってるのか、現在ははっきりと分かれてますよね。

田中　それと、トラックについてだけでなく、やっぱりラップのフォルムの変化自体についても話さないといけない。2010年代のラップにとって最も重要なのは2014年から2015年にかけて起こったことだと思う。つまり、ヤング・サグのことなんだけど（笑）

宇野　ヤング・サグはめちゃくちゃ重要です。

田中　彼のミックステープ『1017 Thug』であり、リッチ・ギャングの「Lifestyle」。あるいは、ドレイクがヴァースを提供した、ミーゴスの「Versace」のリミックス（2015年）。個人的にはヤング・サグの「Picacho」がなければ、こんなにも2010年代のラップにのめりこまなかったと思う。リル・ウェイン経由の不思議な声、発声もそうだし、変幻自在のフロウ。しかも何の内容もないリリック。「俺がつけてるダイヤモンドはピカチューみたいにピカピカ」って何だよ？っていう（笑）。でも、彼の場合、本当にどうでもいいことをライムしても、そこに不思議な説得力を宿してしまう。それって理想的な表現者だとも思うんですよ。表現にとって、最も重要なのは内容ではなく、形式とニュアンスなんだ、という前提に立ち返らせてくれる。

宇野　フォルムの格好よさだけですもんね。ヤング・サグについては完全に同意します。

田中　まあ、ヤング・サグは特異点ではあるとしても、トラップというビートがフロウ全般を新しくしたことは言えると思う。BPMがひたすら遅くなって、音の隙間が生まれたことによって、より休符や裏拍を意識したさまざまな刻みのフロウが生まれるようになった。もはや言うまでもないけど、代表的なのはミーゴス三人のシグネチャーでもあったトリプレット——3連のメロディ・フロウだよね。しかも、これも汎用性が高かった。

ビートにしろフロウにしろ、そうした新たなフォルムが誰もが活用しうるメディアになったことで、2010年代半ば以降、ポップミュージック全体に及ぼした影響が顕在化するようになって、もはやヒップホップが生み出した進化に無視を決め込むことが産業的にも文化的にも不可避になっていく。それこそが、ラップ・コミュニティ内部で起こったこと以上に重要な変化だったんじゃないかな。

例えば、3連のメロディ・フロウという意味では、2017年のチャーリーXCXの「Boys」にしろ、2018年のアリアナ・グランデの「thank u, next」にしろ、サウストラップのメディア化がなければ絶対に生まれなかった。それだけはどれだけ強調しても強調しすぎることはないと思う。ただ同時に、とにかくラッパーに客演してもらって、トラップ風のサウンドをやりさえすればいい、みたいな動きの方が大勢を占めてたところもある。一番わかりやすいのはケイティ・ペリーだよね。2016年の「Rise」ではいきなりTR-808風のスネアとハットを使い出して、2017年の「Bon Appétit」ではミーゴスを客演に起用したり。ミーゴスの『Culture』がメガブレイクした2017年前後なんて、そんなのばかりだったでしょ。マルーン5がシングルのリミックスにケンドリック・ラマー、フューチャー、グッチ・メインと次々にラッパーを起用した時にはさすがに鼻白むものがあった。音楽的な必然なんて1ミリもないんだもん。

宇野　そうなんですけど、ヴァースを高値で売り飛ばすことはサクセスしたラッパーの権利の行使みたいなものじゃないですか。実際にケンドリック・ラマーはワン・ヴァースで50万ドルとか、具体的な数字も表に出てくる。昔のように搾取されていたのではなく、むしろ彼らはメインストリーム・ポップを搾取した側になったことは言っておきたいですね。

あと、これはトラップに限った話ではないですけど、2010年代以前と以降の最も大きな変化は、リスナーとのコミュニケーションのあり方ですよね。送り手よりも受け手側が主導していって、ネット上でミーム化することによってヒットしていく。一番象徴的なのはレイ・シュリマーの「Black Beatles」（2016年）で。純然たるトラップソングとして初めて全米ナンバーワンになったのはあの曲だったわけですけど、きっかけはマネキン・チャレンジというネット上のミームだった。

田中　それ以前にケンドリック・ラマーも「ブラック・ビートルズ」という言葉をリリックに使ってはいたりもするわけだけど、ポール・マッカートニーまであの曲でマネキン・チャレンジをやったことで、レイ・シュリマーの二人とグッチ・メイン、マイク・ウィル・メイド・イットの4人合わせてブラック・ビートルズだという主張にお墨付きを与えることになって、さらに爆発することになった。

宇野　それに重要なのは、トラップは新しいビートの乗り方を生み出したこと。ブラックミュージックの歴史を紐解いたら、新しいサウンド、新しいリズムには常に新しいダンスがあったわけですけど、トラップはミーゴスが「Look at My Dab」（2015年）で広めた、肘の内側でコカインを吸う姿を模したDABをはじめとしてさまざまな新しいダンスを生み出していった。

田中　ただ、一番の分岐点は、BPM55〜80前後のビートを縦で感じるポゴダンス的な受容が、フェスの現場で一気に拡がっていったことかもしれないよね。2016年には全世界的にすっかりそんな風になってた。

宇野　そうですね。ビートのノリ方が変わったというのが、2010年代に入ってからラップミュージックのシーンが巨大化した最も大きな理由だったかもしれない。ドレイクやトラヴィス・スコットのオーディエンスのノリは今や完全にモッシュだし、そのビートのノリ方は今やビリー・アイリッシュなどのポップアクトのオーディエンスにも共有されている。

マンブルラップは時代の徒花か

田中 フロウの話からの流れで、マンブルラップについても語っておきたいな。

宇野 クラウドラップやエモラップとの線引きが曖昧ではありますが、リル・ウージー・バート、リル・ヨッティ、プレイボーイ・カーティあたりが、2016年頃から突然ヒットチャートをジャックするようになりました。

田中 ポイントはやっぱりフロウだよね。代表的な曲をひとつ挙げるとするなら、リル・ヨッティの「One Night」。モゴモゴした発声で何を言ってるのかわからない。刻みも休符も裏拍も意識してなくてベタッとした、リズム感のないフロウ。大したライムも踏まない。下手すると同じ単語を繰り返すことでライムの代わりにしてしまったりする。いわんやリリシズムなんてどこにもない——言ってしまえば、ラキムの時代から世界中のラッパーが切磋琢磨することで積み上げてきたラップの倫理観を踏みにじるようなスタイル。言うなれば、ヒップホップという倫理の破壊者たち。

宇野 リル・ヨッティは「自分はラッパーではない」と言ってましたしね。「2パックとビギーの曲は5曲も知らない」という挑発的な発言もしてました。ただ、マンブルラップへの批判に関しては、ラキム自身が「自分に嘘をついていない限り、自由にやらせるべきだ」なんて発言もしてますからね。

田中 俺、マンブルラップ大肯定派なんですよ。ここはヒップホップ好きにどんなに顔をしかめられても構わない。リル・ウージー・バートの2枚目のミックステープ『Lil Uzi Vert vs. the World』（2016年）とか当時はホントよく聴いたし、プレイボーイ・カーティの『Playboi Carti』（2017年）もそう。彼の『Die Lit』（2018年）はいまだにフェイバリットだし。

宇野　ただ、2020年代になったら、すっかりあれは時代の徒花だと思われてしまう可能性もあるかもしれない。実際に自分も「XO Tour Llif3」の頃は、リル・ウージー・バートに入れ込んでましたけど、総じて彼らはライブがつまらなくて、それがだんだんバレてきたのが2010年代の終盤だった。ライブのバックトラックでの既存音源の多用はマンブルラップだけの現象ではないですけど、彼らはあまりショーアップにも興味がない。そういう意味では、ストリーミング・サービスで聴かれることに過度に最適化したジャンルと言える。

田中　でも、ポップには「いかがわしい使い捨て」という側面もある。それも面白さのひとつじゃないですか。実際、リル・ヨッティが客演したドラムの「Broccoli」なんて2016年を代表するポップソングだと思うし。何よりマンブルラップはライムすることに対する敷居を低くした。あのモゴモゴした発声は、間違いなくフロウや単語の響きに新たなエッセンスを加えたと思う。それに、ロックの歴史を遡っても、当初は「何を歌ってるのかわからない」と痛烈に批判されたシンガーはいたわけじゃない。その代表格はブルース・スプリングスティーンとR.E.M.のマイケル・スタイプだよね。どちらも70年代と80年代という時代を築き上げたナンバーワンの作家。つまり、彼らはそれまでの伝統を再定義して、新たなスタイルを更新することに成功した。それと同じ。

宇野　それは言い過ぎだと思いますけど（苦笑）

田中　そうかも（笑）。ただ、もともと超絶的にラップが上手いフューチャーがマンブルラップっぽくなってからというもの、あのオートチューンをかけまくった「グシャグニャグニャ」っていう倍音混じりの響きによって、さらに魅力を強めたところだってあるでしょ。あと、リル・パンプの「Gucci Gang」や「Racks on Racks」みたいな同じ単語をひたすら繰り返すというアイデアも大発明だと思ってて。俺はトレッキー（熱狂的な『スタートレック』のファン）だから「コバヤシマル・シナリオ的発想」と呼んでるんだけど、既存のルールの規則そのものを疑うことで、そこからの抜け道を見出して、誰も思いもしなかった偉業を成し遂げた、とも言える。まあ、これもちょっと大袈裟なんだけど（笑）

ただ、制約とどんな風に向き合うか？——それこそがクリエイティヴィティの基本だよね。彼らはこれまでのラップの倫理からの抜け道を見つけ出すことで、従来の価値観さえも相対化した。結果的に彼らはゲームの規則を書き換えたとも言えるし、新たなポップの形式を打ち立てたとも言える。そりゃあ、ケンドリック・ラマーに比べりゃ、その足下にも及ばない。ただ、歴史というのは一握りの天才が作るものではない。10年経ったら、歴史に名前を残すことなく忘れられてしまうモブが築き上げるものでもあるわけじゃないですか。俺が『スター・ウォーズ』シリーズの中で『ローグ・ワン』のことがたまらなく好きな理由もそういうことなんだけど。ルーク・スカイウォーカーの生涯よりも、『ローグ・ワン』で描かれた数限りない名もなき人々の営みの方が魅力的なんじゃないか、っていうこと。

宇野　それで言うならブルース・スプリングスティーンやマイケル・スタイプはジェダイだと思いますけど——いや、やめましょう。もともとラップにロックのアナロジーを持ち込むのはあまり好きじゃないし、さらに『スタートレック』や『スター・ウォーズ』のアナロジーまで入ってくるとどんどんわけがわからなくなってくる。

田中　すいませんね。ただ、俺が言いたいのは、マンブルラップがもはやヒップホップとは別物だと考えた方がいいってこと。でも、その別物同士が互いにテンションを与え合うことで、また別の新しいものが生まれたりする可能性だってある。これは第5章でも話すことになるかもしれないけど、「MCU映画を映画として評価するのか？」「MCU映画は映画なのか、映画ではないのか？」みたいな言説というのも、そもそも問題の立て方が間違っていると思うんですよ。そうした文脈には俺は加担しない。映画として優れている作品もあれば、ゴミもある。ただ、MCU映画総体としては、表現という点でもオーディエンスとの関係性という点でも、従来の映画とは違う新たなアートの形式を打ち立てた。ポイントはそこだと思うんだよね。伝統には最大限の敬意を払うべき。ただ同時に、神話やドグマは破壊されるべきだとも思うんですよ。じゃないと、革新は起こらない。

宇野　執拗にアナロジーを続けますね（笑）

田中　いや、何かを評価する場合には、その評価の文脈をできるだけ明らかにすることが重要だと思うんですよ。以前よりもそれを痛感するのは、2010年代というディケイドは誰もがあらゆる事象を自分自身の価値観という文脈に引き寄せて、しかもそれを感情で判断してしまうオルタナティブ・ファクトの時代でもあったから。だからこそ、本当にこの10年はできるだけ評価の文脈を明らかにすることの必要性を痛感するの。

宇野　ドラッグの話もしておく必要がありますよね。アトランタの貧困地域で流行ってたコデインが、トラップというビートを生んだというのは歴史的な事実です。

田中　コデインシロップ、要は咳止めシロップね。

宇野　リリックによく出てくるパープルというのは、コデインシロップをファンタに混ぜた飲み物のことですよね。フューチャーのミックステープ『ダーティ・スプライト』（2011年）、『DS2』（2015年）のダーティ・スプライトというのはコデインシロップのスプライト割りのことでした。

田中　日本では法律で禁止されているという理由だけで、科学的な根拠もなくイリーガルなドラッグがタブー視される風潮にあるわけだけど、歴史的に見ても20世紀前半のジャズの時代から大半のポップミュージックはドラッグ・カルチャーと密接に結びついてきた。ビートルズの9年間だって、初期はスピードで、ボブ・ディランと知り合った時期からマリファナになって、その後はＬＳＤ。彼らの歴史をどれだけ美しく語ろうとしても、その音楽性の変遷の裏にはドラッグの存在が確実にあったのと同じで。特に新たなビートが生まれる時には、ある意味、ドラッグとの関係は不可避だったと言えなくもない。

宇野　ＥＤＭがアメリカでヨーロッパから20年近く遅れて流行ったのも、ＭＤＭＡがヨーロッパから一周遅れで入ってきたからだった。

田中　その通り。ＭＤＭＡはハウスのリニアビートとの親和性の高いドラッグでもあったから、特にゲイ・フォビアが強かった時代のラップ・コミュニティにはなかなか相いれなかった。ＭＤＭＡがあからさまな形で参照されたのが、ミッシー・エリオットの『Miss E… So Addictive』（２００１年）だった。

宇野　そうか、ティンバランドの高速ビートとも繋がってるのか。特にビート主体のポップミュージックの場合は、それがテンポとして顕著に出ますよね。ヒップホップ・シーンとコデインの関係でいうと、90年代にはテキサスのＤＪスクリューが発明したとされているチョップド＆スクリュードがあった。シカゴでドリルミュージックのシーンが活性化するのは、時期的にはトラップのちょっと後ですよね。それぞれ音楽としてのフォルムは違うけれど、共通しているのは全体的にビートが遅いこと。

田中　トラップとドリルはプロデューサーも被ってたりもするし、明確な線を引くのは難しいんだけど。実際、ドリルというのは、シカゴ発のギャングスタ・ラップとしか言いようがないところがあって、サウンドで定義できるジャンルでもないから。ただ、コデインとトラップのビートという組み合わせには、とにかく重低音の響きと、拍と拍の間が開けば開くほどビートに対する渇望感とそれが満たされた瞬間の恍惚感というコントラストを際立たせる作用があった。

宇野　コデインは、言ってみれば貧者のドラッグですよね。プッシャーとしてコカインやメスは売るけど、自分たちではあまりやらない。あと、コデインには肝臓で一部成分がモルヒネに変換されるという、非常に強い依存性がある。それが手に入りにくくなって、オピオイド系の鎮痛剤や、ザナックスに代表される抗鬱剤に変わったところで生まれたのが、その後のエモラップですよね。

田中　エモラップが処方箋ドラッグと結びついてるという事実は、自分があまりエモラップに乗れない理由のひとつなんですよ。すっかりドラッグがカジュアル化してしまった。デザイナー・ドラッグにしろ、処方箋ドラッグにしろ、下手すりゃイリーガルなドラッグよりも危険だし、ニコチンやアルコール並みに中毒性も高い。それと、処方箋ドラッグが流行り出した理由のひとつが、セレブリティ連中がコカインみたいなイリーガルなドラッグをやることがダサくなったからみたいな部分もあるにはあるわけでしょ。政治的な理由からもどうにも気に入らない。

宇野　いずれにせよ、医療系ドラッグの乱用であるところがよりシリアスですよね。貧困層や若年層による薬物乱用のハードルがコカインやクラックやメスの時代と比べてどんどん下がってる。

田中　しかも、それがメンタルヘルスの問題と密接に繋がっている場合も多い。

宇野　あと、これはエモラップの隆盛にも言えることですけど、トラップのビートってダークでヘビーなムードとの親和性が高いじゃないですか。ヒップホップ至上主義、ヒップホップ中心史観の視点からは、あまりこういう文脈が語られることはないですけど、いつだってダークさとヘビーさというのは、ポップミュージックの主流のひとつだった。そう考えると、ハードロック、ヘヴィメタル、グランジやラウドロックと綿々と続いてきた流れが、EDMやラップメタルといったそれぞれ別の回路を経由して、トラップやエモラップへと帰着していったっていう流れは押さえておくべきだと思うんです。

田中　特にアメリカはそうだね。EDMが流行る以前に、ジャスティスがヘヴィメタルの現代的解釈として受け入れられたり、それに続くスクリレックスみたいなブロステップはもはや完全に2010年代のメタルやロックと言うべきだろうし。

宇野　2010年代半ばにピークを迎えたEDMのフェスは、わかりやすいカタルシスという点でスタジアムロックの現代版のようでもあった。それを部分的に引き継いでいるのが、まるでDJのプレイのようにキメのフレーズを中心に曲がどんどんチェンジしていくドレイクのライブや、仕掛けだらけの異常に巨大なステージセットを組んだトラヴィス・スコットのライブという見方もできる。あるいは、各アワードの受賞式でエアロスミスやレッド・ホット・チリ・ペッパーズと共演したのに続いて、遂にオジー・オズボーンとまで共演したポスト・マローンとか。

田中　そういう見方もできなくはないよね。70年代から80年代にかけてロック・ショーの規模が肥大していって、スペクタクル化していったことに近いものがある。

ブラック・ライブズ・マターとは何だったのか

宇野　ここまでサウスやトラップの話を中心にしてきましたが、ブラック・ライブズ・マターについてもあらためて触れておきましょう。アメリカでの黒人に対する暴力というのは、それまでもあらゆる土地で絶え間なく続いてきたわけですけど、きっかけとなったのは2012年2月にフロリダ州サンフォードで起こったトレイボン・マーティン射殺事件。その事件で17歳のトレイボン・マーティンを撃った自警団員に翌年無罪判決が出た時に、ソーシャルメディアで「#BlackLivesMatter」が初めて拡散された。そして、2014年8月にミズーリ州ファーガソンで18歳のマイケル・ブラウン射殺事件が起こると、今度はその判決を待たずにその翌日から現地で暴動が起こった。

田中　マイケル・ブラウン射殺事件でも彼を射殺した白人警官は不起訴になって、ブラック・ライブズ・マターというスローガンを掲げた抗議運動はさらに拡大していった。1963年に公民権運動の中で起こったワシントン大行進以来とも言える黒人による社会運動と、1992年のロサンゼルス暴動以来の激しい破壊活動、それが全米規模で同時に起こるという歴史的な出来事となった。すごく皮肉なメカニズムだけど、そうした本来は起こってはならない悲劇を背景にした社会的な動乱が、間違いなくヒップホップ／ラップというアートを研ぎ澄ませ、猛烈に駆動させることになった。

宇野　これは言っておきたいんですけど、特に日本だと人種問題がポリコレの一環みたいに語られることが多いじゃないですか。でも、ブラック・ライブズ・マターは文字通り「黒人の命」に関するアクションであり、公民権運動から50年以上経って結局何にも変わってないという長年蓄積されてきた怒りの爆発だった。ポリティカルだとかコレクトだとか、そういう話じゃない。

　同じくソーシャルメディアのハッシュタグで広がったMeToo運動などと並列で語るのは、どっちの運動の意義も曖昧にするだけだと思うんですよね。もちろんMeToo運動の背景にもフェミニズム運動の長い歴史があるわけですけど、それを一緒に語ると、どちらもその歴史的な文脈を見失いかねない。あと、もちろん人種問題にはジェンダー問題などと同様に、雇用均等や賃金均等の側面もあるわけですけど、ブラック・ライブズ・マターに関して言うなら、そういった「権利」以前の生命の危機に関わる運動だったということ。

田中　なるほど。つまり、タナハシ・コーツの『世界と僕のあいだに』の作中人物が息子に語ったように、黒人として生まれた瞬間に誰もが死に直面しているというアメリカの現状をどれだけリアルなことと感じられるか、ということだよね。基本的人権以前の恐怖が日常的に存在する、そういう想像力をマジョリティ――白人だけでなく我々日本人はどの程度持っているのかという。タナハシ・コーツは「黒人男性の肉体は、アメリカの歴史を支えてきた〝資源〟であり、今も一方的に支配されたままなのだ」と書いてる。だから、ブラック・ライブズ・マターという動きは、フェミニズムの文脈で言うと、リベラル・フェミニズムというよりはラディカル・フェミニズムの領域だということ。だからこそ、宇野くんの言うことはわかる。

宇野　自分が言ってるのは、まさにそうやって別の運動と文脈を安易に繋げることへの危惧なんですけどね。

田中　ただ、マイノリティの話というのは、むしろマジョリティ側の問題なわけじゃないですか。社会の問題であり、個々の国家や文化圏に蔓延するインビジブルな制度の問題だよね。だから、アメリカのブラックの現状を解決することは急務なんだけど、長い時間をかけて社会全体のさまざまなインビジブルな制度を正しい方向に向かわせることもまた重要なことだと思うんですよ。被害者という個人は常に存在するわけだから。

実際、この10年のおかげでマジョリティ――白人や男性はいろんなことに自覚的にならざるをえなくなった。自分にしてもかなり変わったという実感があるんですよ。例えば、10年前はエレベーターの中で男性と女性が二人きりになった時、女性が必ず感じるだろう恐怖や不安について想像したことがなかった。これは自分にとってすごくいいことだと思っていて。今の社会はいろんなレイヤー、いろんな規模で間違いなく膿がたまっていて、一概にどれがプライオリティとは言えない。でも、誰もが様々なイシューを自分自身に近づけることでプライオリティを決めてしまう。そのプライオリティを決める時点でまた新たな衝突が起こっている。だから、今の話については、どの問題も大切なんだ、としか言えないな。

宇野　どの問題も大切なのは前提として、自分はそれぞれの運動も、そしてその運動の中で起こっている様々な出来事も、ひとつひとつ切り分けて検証することの重要性について語っているだけです。現実として、その運動の90パーセントのイシューが正しかったとしても、明らかに常軌を逸していたり、単なる政治利用としか思えないような残り10パーセントのイシューによって運動全体の足が引っ張られているようなことがいろんなところで起こっている。２０１９年に顕在化しているのは、むしろそういうネガティブな側面の方ですよね？

田中　もちろん、それはまさにその通りだと思う。異論はない。ただ、大前提として俺は基本的にポリティカル・コレクトネス推進派なんですよ。誰もが共有する建前としてポリティカル・コレクトネスはひたすら推し進めなければならないと思ってる。ただ、それは個人の言動に向けられるべきで、個人の人格や社会的立場に向けられるべきではない。「憎むべきは個人ではなく、その向こう側にあるインビジブルな制度だ」ということ。だから、キャンセル・カルチャーにも反対だし。と同時に、アートが政治的に精査されることも、政治的な文脈でのみ読み取られてしまう２０１０年代的な風潮にも反対なんです。アートは内容よりも形式とニュアンスによって受け取られ、語られるべきだと考えているから。

宇野　さっきタナソーさんの言うことをナイーブだとか理想論だとか言うつもりはないと言いましたけど、「ポリティカル・コレクトネスはひたすら推し進めなければならない」というのはあまりにも大雑把だし、理想論でしかないと自分は思います。それに、我々は神ではないんだから、個人の言動としてはそれぞれが身近なイシューに取り組む以外に方法はないんじゃないですか？

そして、それぞれの運動を推進する動き、それを検証する動き、さらには逆行する動きまで含めて、ニュートン力学の三体のようにすべての運動が干渉し合うことでポップ・カルチャーはかたち作られている。どんなに時代が変わっても、ラップミュージックのリリックから「Nワード」や「Fワード」がなくなることはないし、女性ラッパーが使うのも含めて「ビッチ」なんてむしろ増えているし、ミュージックビデオの女性たちは大きなお尻を振っている。ラップのメインストリームはいつの時代もそっち側にあったし、20年後もラッパーたちはビッチとラップして、ミュージックビデオの女性たちは大きなお尻を振っているのは間違いないでしょう。それは形式でもニュアンスでもなく様式の問題ですが、善悪の価値基準を超えた様式こそが、そのカルチャーを駆動させているという側面は無視できないでしょ？

田中　OK。今の意見はしっかり受けとめます。じゃあ、ブラック・ライブズ・マターに話を戻しましょう。音楽シーンからのリアクションとしては、まずディアンジェロの『Black Messiah』（2014年）があった。

宇野　アルバム単位で全面的にブラック・ライブズ・マターをバックアップした最初の作品が、よりにもよってディアンジェロの約15年ぶりのアルバムだったのは本当に驚きでした。実際にディアンジェロはブラック・ライブズ・マター運動を受けて、本当は翌年リリース予定だった作品を急遽仕上げてリリースしたと語っています。その後にまた沈黙期間に入ったことを考えると、ブラック・ライブズ・マターがあったから、奇跡的にああやって作品が世に出たのかもしれない。まあ、ラップミュージックの章でディアンジェロにどれだけ話を割くべきなのかって問題はありますけど。『Black Messiah』でひとつ注目すべきなのは、あのブラック・ライブズ・マターにおけるデモの群衆のようにも見えるジャケットのアートワークが、アフロパンク・フェスティバルの写真だということです。

田中　アフロパンク・フェスティバルというのは、バッド・ブレインズとかスーサイダル・テンデンシーズのような、白人ではないパンクバンドの周辺で始まったフェスだよね？

宇野　ジェームズ・スプーナーというブロンクスのタトゥー・アーティストが２００３年に撮った東海岸の黒人や人種混合バンドによるパンク・シーンのドキュメンタリー映画が発端になっていて、その映画にはバッド・ブレインズの他にフィッシュボーンや24－7スパイズやデッド・ケネディーズやＴＶ・オン・ザ・レディオが出演していた。言わば、東海岸のストリート・カルチャーとインディ・シーンとコンシャスネスが融合したような磁場ですね。近年ではブロンクス以外の場所でも開催されていて、ラップのアクトも多く出演してますけど、基本的には人種間の融和を目的とするイベントと言っていい。パリやロンドンやヨハネスブルグといったアメリカ国外で積極的に開催しているのも象徴的です。

ブラック・ライブズ・マター関連では、２０１５年4月にメリーランド州ボルチモアで黒人の青年が警官に拘束された後に死亡して、暴動に発展した際に、プリンスがその直後に「Baltimore」という曲をリリースして、現地でコンサートを開催したりもしていた。総じて、ベテランの方が進歩的でリベラルな思想を掲げていて、若い世代はむしろ意識的に距離を置くアーティストが多かった。その結果、まだ若手と言ってもいいケンドリック・ラマーの『To Pimp a Butterfly』が象徴的な作品となっていったわけですが、あの作品に収められていた曲の詩的で多層的なリリックも、決してストレートに白人社会を糾弾するものではなかった。父親が地元でオバマの選挙運動に関わっていたこともあって、リベラルだと思われがちなチャンス・ザ・ラッパーも、ブラック・ライブズ・マターのピークのタイミングで「政治的な発言はしたくない」とはっきり表明していました。

田中　うーん、それぞれの作家をそれぞれの政治的な立場で仕分けすることに関してはあまり気が乗らないかも。リル・ウェインが「ブラック・ライブズ・マターには繋がりを感じない。俺はヤング・ブラック・リッチ・マザーファッカーだから」と発言したことで謝罪に追い込まれるなんてことも確かにあったわけだけど、それぞれのアイデンティティとそれぞれの政治的な立場を結びつけることにも気が乗らない。それこそ、カニエが「黒人はみんな民主党に投票しないといけないと思われている」と嘆いたみたいな話と地続きだから。

宇野　いや、自分がここで提示したい視点は、ブラック・ライブズ・マター運動とラップミュージックのシーンは、2010年代半ばのちょうど同じ時期に最も活性化していたから、「ラップミュージック全体で盛り上がってる」みたいなところで、特に日本だとなんとなく一緒に語られたりもしますけど、実はあまりリンクしていないってことです。そういう意味では、世界中で最も多くの人に受容されたブラック・ライブズ・マター的作品と言えるMCU作品『ブラックパンサー』も、そのサントラをケンドリック・ラマーがプロデュースしていたことも含め、ブラック・ライブズ・マターのムードだけは濃厚に漂わせてはいましたけど、実は肝心なところをぼかしてる作品でした。

田中　ただ俺としてはあの『ブラックパンサー』という作品は、むしろアクションが一枚岩として商業的にはそれが正解だったんでしょうけど。

高まる過程で、さっきのリル・ウェインの話みたいに政治的な立場や経済格差、世代の違いでブラック・コミュニティが分断してしまうことに警鐘を鳴らした部分が一番の肝だと思ってるんですよ。それこそが為政者や富裕層の思う壺、それこそが分割統治だろうという。ただ、確かにあの作品は、ブラックパンサーよりもヴィランのキルモンガーに共感した人が多かった。特に黒人の観客はそうだったんじゃないかな。それはその通りだと思う。

宇野　逆に言うとそうしたねじれこそが、ブラック・ライブズ・マターがカルチャーに及ぼした影響だったと言える気がします。実際にブロードウェイで作品の全編を見たわけではないので確信的なことは言えませんが、ブラック・ライブズ・マターと最も深くリンクづけられたアート作品は、アメリカ建国の父アレクサンダー・ハミルトンの生涯を黒人のアクターとヒップホップで語り直したミュージカル『ハミルトン』（２０１５年〜）でしたよね。そのように東海岸や西海岸の比較的裕福な家庭で育った黒人のインテリ層――そこにはドナルド・グローヴァーや映画監督のライアン・クーグラーやバリー・ジェンキンズやジョーダン・ピールも含まれますが――がブラック・ライブズ・マターをアートで婉曲的に表現してきた一方で、90年代の東西抗争の時と同じように、２０１０年代は政治から距離を置き続けてきたサウスのラッパーたちが、白人も含むより多くの大衆から支持を広げていった。

カニエ・ウェストという特異点

宇野　当然のようにここまでもちょくちょく名前が出てきましたが、カニエ・ウェストについては何を語るべきでしょう？　ドレイクのような新しいタイプのラッパーの道を拓いた『808s &

Heartbreak』（２００８年）を経て、『My Beautiful Dark Twisted Fantasy』（２０１０年）で始まり、トラヴィス・スコットをはじめとする数々の才能を発掘してきたカニエ・ウェストの２０１０年代ですけど、今なお最重要ラッパーであると同時に、もはやラップミュージックの範疇で語りきれない存在ですよね。

田中　そうだね。そもそも彼はラッパーである以前にプロデューサーだし。しかも音楽的な役割としてのプロデューサーだけじゃなく、革新的なコンセプト・メーカー。ロックの世界に喩えると、デヴィッド・ボウイとポール・マッカートニーを足して、さらにエキセントリックにしたような存在だよね。２０００年代のカレッジ三部作でプロデューサーとしての名声を確立した時期には最も知的なラッパーと呼ばれさえしていたという。

宇野　今とはまったく逆の評価ですよね。

田中　その後の『808s & Heartbreak』では、かつてのアンドレ３０００以上にラップと歌の領域を曖昧にし、ラッパーでも泣き言をライムしていいんだということを証明することで、その両方の方法論をバトンとして受け取ったドレイクが２０１０年代の覇者になることを用意した。しかも、『My Beautiful Dark Twisted Fantasy』以降のアルバムでも、常に革新的な音楽性を更新してきた。やっぱりカニエは唯一無二のマッド・サイエンティスト。

　で、彼にフックアップされたトラヴィス・スコットもまたある部分を彼から受け継いでいる。彼の場合もプロデューサーとしてキャリアを出発させているし、ラッパーとしてもリリシストとしても特に飛び抜けているわけでもない。でも、彼は自分自身のアイコン性をトータル・プロデュースできる才能は飛び抜けている。新たなスターの形というか。それに、もちろんチャンス・ザ・ラッパーも、カニエのフォロワーだよね。だから、２０１０年代という時代はドレイク、チャノ、トラヴィス・スコットと、カニエが蒔いた種がいくつもの大輪の花を咲かせたディケイドでもあったとも言える。

宇野　一方で、カニエ・ウェストとテイラー・スウィフトの茶番めいた確執が象徴的ですけど、ソーシャルメディアがゴシップを栄養源とするセレブ・カルチャーを加速させて、音楽シーンでその恩恵を最も受けてきたのが前章で語ってきたフィメール・ポップシンガーと、この章で語っているラッパーと言ってもいいと思うんですよ。特にラッパーはビーフ合戦や暴行や逮捕や収監などの警察沙汰も多いのでゴシップの格好の餌になる。つまり、わかりやすい上昇志向とある種のエキセントリシティを持った人間ばかりが大きな成功をするという図。だから、カニエ・ウェストは間違いなく天才的なアーティストだと思いますけど、あまりにもその種の話題が多すぎてこの10年間何度もうんざりしてきたというのも正直なところで。とはいえ、やっぱり作品がリリースされれば毎回盛り上がるんですけどね。

田中　何度も言うけど、カニエがこだわり続けてきたのはビートルズの『Sgt. Pepper's Lonely Hearts Club Band』以来の、アルバムという単位で自らの証しを立てるという価値観だよね。そして、今もそれにこだわり続けている。最新作の『Jesus Is King』にしたって、全11曲27分しかないのに1曲ごとの密度が凄すぎて。大半がベースライン主体で808風のハットが入ってる曲なんて1曲しかない。彼が2018年にプロデュースした5枚のアルバムもどれも30分以内だったわけだけど、『Jesus Is King』は1枚通して聴くともうドッと疲れるでしょ。個人的にはクリスチャニティ、信仰がテーマになっている時点でちょっと腰が引けるんだけど。

宇野　子供の頃は毎週教会に通っていた元クリスチャンの立場から言うと、カニエがやろうとしていることってなんとなくわかるんですよ。カニエって、普段からスニーカーやウェアのデザインをしていて、新しい素材を探しに日本の地方にある工場まで行ったりしてるでしょ？　自分の車も、いつも既製車ではなくて特注カラーと特注仕様でカスタムしている。２０１９年に入ってから毎週のように全米各地でやってきた「Sunday Service」とその成果として生まれた『Jesus Is King』は、カニエが教会とゴスペルを自分の好みにリデザイン&カスタムしたものなんじゃないかって。

いろいろあって精神的にやられちゃって教会に行きたいけど、自分の行きたい教会はない。ゴスペルの高揚感の中で崇高なフィーリングを得たいけれど、既存のゴスペルは野暮ったい。実際、『Jesus Is King』を最も特徴づけているのは、ゴスペル的な陶酔が訪れる前にスパッと次の曲に移行していく不思議なエディットと、現行シーンのどのラップアルバムとも似ても似つかない、中域がやたらクリアで、大きな教会にいるかのように音に取り囲まれる音響が施された不思議なミックスで。つまり、ビートやフロウやデリバリーの新しさではなく、デザインの新しさ。

田中　２０００年代までのカニエの活動には、その年に産み落とされた傑作アルバムがその時代を代表するというメカニズムが前提としてあった。「アルバム」が時代のメルクマールとして機能していて、それを聴くことで、ある程度、時代のムードを感じたり、作家のことを理解する手助けになっていたところがある。それは「アルバム」という単位を通して、アートが産業と最適化を果たしていたということでもあるわけだと。でも、２０１０年代——ミックステープ・カルチャー以降のラップの世界ではそれがあまり重要視されなくなってしまった。

宇野　２０１０年代にラップ・シーンの中でカニエが孤立化していったということなら、わかりますけど。

田中　うん、そういう話。ひとつには、もはやソーシャルメディアでの言動も含めて「作品」になってしまったようなところがある。それともうひとつ、２０１０年代のラップというのは、シーンやコミュニティ全体が主役、カルチャー全体のうねりこそが主役だったようなところがあるでしょ。例えば、このディケイドにおける最良の年——2016年を例に取ると、この年にはフランク・オーシャン、ビヨンセ、チャンス・ザ・ラッパー、ソランジュと飛びきりの傑作アルバムが4枚もあった。ただ、この年を定義するには、この傑作4枚では事足りないと思うんですよ。

要は、彼らはジェダイなわけじゃないですか。でも、2010年代というのは『ローグ・ワン』の時代でもあったと思うんです。この4枚とは違う場所で起こっていたこと、そうした大小いくつものピースが有機的に合わさったり、離れたり、その形状が刻々と変化する巨大なパズルとしての、カルチャー全体の面白さだったと思うんです。だから、これまでも現時点でも、これから先も、カニエは偉大な作家であり続けるだろう前提で言うんだけど、もしかすると、一度その役割を終えたのかもしれない。

メディア・コングロマリットとしてのラップミュージック

宇野　そのちょっと前の2015年ぐらいから、「ラッパーは現代のロックスターなのか?」みたいな記事が海外メディアではいくつも書かれるようになりましたよね。それについてはどう思います?

田中　実際に現象としてはその通りだったと思うし、俺自身もヤング・サグみたいな人にはそれを感じたこともある。2016年の時点では「ヤング・サグは2010年代のボウイであり、ディランであり、プリンスだ」と半ば本気で思ってたところもあるしね。それに、2017年初頭にレイ・シュリマーやミーゴスが相次いで全米№1ヒットを飛ばして、フューチャーのアルバムが2枚連続して全米№1に輝いたタイミングとかは本当に無邪気に興奮してたんだけど、その年の終わり頃には「いや、これはもう違うんじゃないか」と思うようになってしまった。

宇野　自分からすると、タナソーさんの「人気が出すぎると引いちゃう」っていうへそ曲がりな姿勢はポストパンク世代ならではの呪縛にも見えますけどね。セルアウトという概念から完全に自由になったことが、今のラップミュージックの面白さじゃないですか。

田中　うーん、それは同意できない。というのも、2010年代のラップがもたらした興奮というのは、限られたアイコンの存在よりもラップ・シーン全体の大きなうねりだったと思うから。カルチャー全体と言ってもいい。カニエ一人の時代ではなくなったというのはそういう意味でもある。自分にとっての明確な分岐点は2017年というタイミング。メトロ・ブーミンが上半期で最も売れたプロデューサーになった年ね。

宇野　彼がプロデュースしたミーゴス「Bad and Boujee」、ポスト・マローン「Congratulations」、コダック・ブラック「Tunnel Vision」、ビッグ・ショーン「Bounce Back」――上半期だけで何曲も大ヒットを飛ばしてますからね。

田中　どれも死ぬほど聴いてた曲だし、その頃までは「If Young Metro don't trust you, I'm gon' shoot ya」っていう彼のプロデューサー・タグを耳にしない日はなかったくらいなんだけど。ただ、あの年の暮れ辺りから2010年代を通して書き換えられたゲームの規則がすっかり定着してしまった、もしくは、あまりにバズるための方法論が独り歩きし始めて、時としてそれが極端になってしまったって風に感じちゃったんだよね。

例えば、2017年の年間ベスト・ソングに「FADER」が17歳のテキサス出身のラッパー、テイ・ケイの「The Race」を選んだこと――不法侵入と強盗殺人の容疑をかけられて、ニュージャージーまで逃亡した時の体験をライムしてる曲で、しかもクリップは自分の指名手配写真の前でマリファナを吸ってる絵から始まる。そりゃ、バズるだろうけど、いくらリアルであるとは言え、どうにも不健康だとも思ってしまった。同じく２０１７年の後半から２０１８年にかけて一気にブレイクしたのが6ix9ineだよね。彼が辿ったストーリーというのは、２０１０年代における最も影の部分というか。彼は目立つためなら本当に何でもやった人でしょ。

つまり、クラウドラップがインスタ映えする話題作りに腐心してばかりのインスタラップになってしまった。しかも、自分のキャラクター作り、箔付けのためにわざわざギャングに入って、犯罪で捕まって収監されたあげく、自分の減刑のためにギャング仲間をスニッチ（密告）したり。そういう状況ってどこかアラブの春を連想してしまうところがあって。どちらもインターネットによるエンパワーメントが引き起こした事象であると同時に、旧態然としたシステムを転覆させることに成功した。それも急激な速さで。ただ、ご存知の通り、その後の中東は革命後の体制を整えることができなくて、むしろさらなる混乱に突入することになった。だからこそ、その翌年の夏、チャイルディッシュ・ガンビーノが「Feels Like Summer」のクリップで浮かべてた、当時の現状に対するブルーな表情に自分もなってしまうところがあるんですよ。

宇野　２０１７年の年末にタナソーさんは「今年はスポティファイのプレイリスト『ラップキャビア』の年だった」と言ってましたよね。スポティファイのプレイリストがあまりにも強い影響力を持つようになって、それまでアンダーグラウンドからの突き上げによって進化してきたラップミュージックが、ラップキャビアによって完全にポップミュージックのメインストリームになった。でも、それこそが「カルチャーとしてのダイナミズム」じゃないですか。ロックとラップを対比させることは分断を煽ることにもなりがちなのであまりしたくないんですけど、カウンター・カルチャーとして若者に支持されることで世界中で爆発的に広まったロックは、パンクやニューウェーブやグランジといったムーブメントの中で何度かリセットを図りましたが、結局は誕生から40年ほどでカウンター・カルチャーとしての役割は終えた。
一方で、ラップはそのアートフォームの成り立ちそのものにカウンター性を内包していたから、売れることでカウンター性を失うどころか、むしろ売れることによってカウンター性がさらに強化されていく。自分がいかに大金を稼いでるか、高い車に乗ってるか、いい女をはべらせているかというのを見せびらかすこと、それだけで白人男性によって作られてきた社会に対するひとつのカウンターになる。その構造は、社会が抜本的に変わらない以上、どんなにラップがメイン・カルチャーになったとしても変わらないわけで。

田中 うーん、それって俺にはミイラ取りがミイラになった、みたいな話にしか聴こえないけどな。俺の理想のモデルはネルソン・マンデラだから。ただ、俺なりに宇野くんの今の文脈に乗るとしたら、モータウンの時代からデスティニーズ・チャイルドの時代まで、あるいはエディ・マーフィーにせよスパイク・リーにせよ、どんなにブラック・カルチャーがメインストリームで受け入れられても、結局のところはユダヤ系、ヨーロッパ系、中東系の資本が所有するエンターテインメント企業の手の平の上であからさまに搾取されてきたわけだよね。でも、ラッパーやプロデューサーたちによって、そうしたシステムがこの2010年代にようやく書き換えられ始めた。それは間違いない。

宇野 ようやく同意点が見つかりましたね。そこに極めて意識的だったのが90年代以降のプリンスだった。彼はワーナーの副社長にまでなったのに、自分の頬にSLAVEと書いて、自作の権利の所有を主張してきた。そして、結局メジャー・アーティストでは誰よりも早くネットでの音源販売に移行していった。

田中　そう。だから、ひとつはJay-Zが示したように、自身がプレイヤーでありながらもビジネスマンとして成功して、スポーツ・マネージメントや飲食ビジネスも含む多国籍企業の経営をしていくという道。もちろんそれは多くの黒人エンターテイナーにとって偉大なロール・モデルになっているわけだけど。

宇野　TIDALはずっと苦戦してますけど（笑）

田中　でも、あのプリンスが珍しくTIDALには協力的だったのも、ずっと搾取され続けた側にいたJay-Zのビジネスだったからだよね？

宇野　そう考えるのが妥当でしょうね。TIDALはハイレゾのストリーミングをやってたりもして、音質がいいことを最大の売りにしてますけど、そもそもプリンスはあまり音質にこだわりがない人だから、おそらくポイントはそこではない。

田中　そんなJay-Zに対し、カニエはビジネスだけでなく、アートの力によって白人主導の社会やシステムを変えようとしてきた。これもまたひとつのモデルだよね。だからこそ、ヒップホップ界隈で2010年代に起こった数ある悲劇の中でも今もどこか心に引っ掛かっているのは、それまでずっと義兄弟のようだったカニエとJay-Zが袂を分かったことなんですよ。あれは本当につらかった。映画『ブラックパンサー』じゃないけど、コミュニティにおける重要人物二人の間に亀裂が入ってしまったじゃないか、これは搾取側の思う壺じゃないか、と。

ただ、2010年というのは、さまざまなオンラインのプラットフォームの発展もあって、Jay-Zほどビジネスに特化せずとも、自分の作品の版権やマーチャンダイズを管理できるし、プロモーションにしても自分のソーシャルメディアで発信することができる。象徴的なのは2016年にフランク・オーシャンがやったこと――まあ、業界内からは批判もあったわけだけど――『Endless』でメジャー・レーベルとの契約を消化した、たった1週間後に自分のレーベルから『Blonde』をリリースすることで世界中を驚かせた。

宇野　あの時期を境に多くのミュージシャンがそうやって誰にも搾取されずにセルフ・コントロールできる体制を作るようになった。メジャーに所属してる若い黒人のラッパーやシンガーも、今はかなり有利な契約条件を引き出すようになったって話をよく聞きますよね。それに、SZAやスクールボーイQが所属しているケンドリック・ラマーのTDEのように、そもそもレーベルのボスが同じ黒人のアーティストであることも多い。L.A.リードとベイビーフェイスのラフェイス・レコーズや、リル・ウェインのヤング・マネー・エンターテインメントといったサウスの流儀がアメリカ全土に浸透したってことですよね。

田中　そうだと思う。まあ、かつてはシュグ・ナイトのような人もいたわけだけど。

宇野　シュグ・ナイトは完全に反社会的勢力でしたからね（笑）。それに、当時は親会社のメジャー・レーベルからのコントロールもきつかった。あの時代、2パックにしてもアイス・キューブにしても、やっぱりスターになるためには映画に出なくちゃいけなかった。でも今では、ファレルやドレイクなんて映画やテレビシリーズに出資する側ですからね。2019年、リアーナが世界最大のファッション・コングロマリットであるLVMHで経営者として自身のブランド、FENTYを立ち上げたのなんて、来るところまで来た感がありますね。それって素晴らしいことじゃないですか。プリンスがワーナーと戦ってきたり、マイケルがソニーと戦ってきたりした、その先でようやく彼らは自分たちのやり方を見つけたわけですから。

田中　そういう意味からすれば、2010年代は間違いなく革命のディケイドだった。アメリカのポップミュージックの歴史というのは、ジャズの時代もブルーズもリズム&ブルーズ／ロックンロールの時代もソウル、ファンク、ディスコ、ハウス、テクノの時代も90年代にヒップホップの黄金期が訪れてからもずっと、アフロ・アメリカンたちの音楽を非ブラックの企業や作家が文化的にも経済的にも搾取し続けることで発展してきた歴史以外の何物でもないわけでしょ。大半の日本人がどれだけ意識的かどうかわかんないけど、ＪポップもＪロックもその大半はアフロ・アメリカンの音楽がなければ生まれなかった。あえて大袈裟に言えば、彼らの血塗られた轍の先で、我々は音楽を享受してるわけだよね。でも、そうした歴史の大きな分岐点が２０１０年代にようやく訪れたんだと思う。

宇野　章の終盤にきて、ようやくタナソーさんから現在進行形のラップ・シーンに関する前向きな言葉が引き出せましたよ（笑）

田中　そうしたすべての起点はやっぱりミックステープ・カルチャーだと思うんだよね。彼らはこれまでの腐ったシステムとは別の、オルタナティブな回路をネット上に築き上げることで旧来のシステムを再定義した。やっぱりリル・ウェインやグッチ・メインが偉かったんだね（笑）

ただ発想や方法論としては70年代パンクや80年代ＵＳハードコアが必死になってやってきたことと大きくは違わないとも思うんですよ。違いがあるとすれば、インターネットをフル活用したということ。だからこそ、第1章でレディオヘッドがインターネットを使って直接オーディエンスに届けようとした『In Rainbows』を、２０１０年代の起点のひとつとして挙げたところもある。

宇野　でも、自分は「ラッパーは現代のロックスターなのか？」という視点も重要だと思っていて。これは、アメリカでフューチャーやミーゴスやドレイクのライブを体験してきたことからの実感ですけど、実際にそうなんですよ。そういう、偶像崇拝的な、そしてある意味では新自由主義的なスターの持つエンパワーメントの効果ってめちゃくちゃ大きいし、ラップがここまで大きくなった背景にはそうしたヘゲモニーの移行が間違いなくあると思います。

田中 そこでいうエンパワーメントってなんのこと？

宇野 あえて身も蓋もない言い方をすると、成功に対して、高級車に対して、ハイファッションに対しての欲望ですね。もともと「持たざる者」の欲望として歴史的、社会的に正当化されていたはずのラッパーたちのそうした欲望が、今では「持てる者」の欲望となっていて、ちょっと偽悪的になってでも、欲望を加速させているラッパーが特に若い世代から支持されている。個人に引き寄せれば、自分もそこに同調してるのかもしれない。アイデンティティ・ポリティクスがこれだけ幅を利かせている時代に、ラップミュージックが逆説的にある種のユートピアとして大衆にとって機能している今の状況はすごくよくわかるし、自分もそこに加担しているという自覚はあります。ガソリンを撒き散らす速い車とか大好きですしね。

田中 うーん、少なくともそこに関してはまったく賛同できないというか、自分の中からは絶対に出てこない文脈だな。

宇野 それはわかって言ってますよ。でも、タナソーさんはそういう偶像崇拝的な、要はスターのメカニズムを見くびりすぎている気がする。

田中 いや、その力が無限大だからこそ扱いが難しいという話。渋谷陽一の言葉を借りるなら、ポップ・アイコンというのは我々の不幸の集積でもあるわけじゃないですか。だからこそ、それを個人に担わせてもいいのか？という思いもある。それに、自分にとってアートというものは常に社会によっても自分自身にとっても変化の触媒だと思ってるんですよ。それに触れてしまったら二度と昨日までとは同じでいられなくなってしまう危険な触媒。だからこそ、アートに期待することは二つ。

ひとつは、時代のオルタナティブであること――つまり、古い価値観を再定義することで、新たな価値観を生み出すこと。もうひとつは時代のポップであること――つまり、いくつもの価値観の間にブリッジをかけることで、新たな価値観を生み出すこと。50年代から60年代にかけてのリズム&ブルーズ/ロックンロールがまさにそうだった。パンクもそう。念のために言っておくけど、リズム&ブルーズとロックンロールはまったく同じもの。リズム&ブルーズを白人に売りつけるためにアラン・フリードが作った言葉。そして、リズムとブルーズ、あるいは、ロックとロールの間にある「&」――つまり、異種交配こそが重要なポイントだった。ただ、それが70年代になってロックとして様式化された時点でアートとしてのアクチュアリティを失ってしまう。様式化がもたらすものは何かと言えば、それは産業化だよね。それが80年代のロックに起こったこと。

で、今の宇野くんの話に対して俺が言えるのは、２０１０年代にヒップホップに起こったことも同じなんじゃないか?ってこと。ヒップホップが再定義され、グローバル言語としてのラップが生まれた。でも、それがほんの数年で様式化され、産業化されてしまった。つまり、２０１０年代の後半の数年の間に、70年代のロックと同じことが起こったのではないか。だって、宇野くんが言ってるのは、ラッパーが70年代的なロックスター化したということだよね?

宇野　そう。だから時代のプレイヤーの多くが黒人であるということを除けば、時代意識としては逆行しているとも言える。

田中　そもそも宇野くんが言うようなロックスター像は、70年代後半にパンクが一度破壊したものだし、ロックがすっかり産業化してスペクタクル化した80年代の後半には、ニルヴァーナやソニック・ユースが再度それを否定しようとしたし、レディオヘッドがその頂点にあった２０００年代にはまったく存在しないものだったわけだから。

宇野　だからこそ、まさにその2000年代にロックからラップへとヘゲモニーが入れ替わったんじゃないですか？　「全部レディオヘッドが悪かった」というのは冗談としても、実は同じことを別の角度から言ってるようにも思えますけど。

田中　なのかもしれない。ただ、やっぱり自分はシーンやコミュニティこそが何よりも大切だと考えてしまうタチなんだよね。だから、例えば、ここまで語りきれなかったシカゴのラッパーたちの2010年代における変遷を思い出しても、それを感じるんですよ。カニエやコモンが第一世代だとして、17歳の時にカニエにフックアップされたシカゴ・ドリルの代表的ラッパー、チーフ・キーフが第二世代にあたる。個人的にチーフ・キーフは大好きなラッパーで、彼が多額の契約金と引き換えにインタースコープとディールした『Finally Rich』（2012年）は、今でもフェイバリットなんだけど、当時シャイラクとまで呼ばれた暴力的なシカゴのサウスサイドのイメージで売り出されて、そのたった1枚で契約を破棄されてしまう――実はそれ以降、最近のミックステープもすごくいいんだけど。でも、それってまさに旧来の音楽業界に使い捨てにされる典型的なストーリーだよね。

そして、彼と入れ替わるように出てきた第三世代が――年齢的にはチーフ・キーフの方が年下ではあるんだけど――チャンス・ザ・ラッパーやヴィック・メンサ、サバ、ノーネームといったセイブマネーの面々なわけだよね。彼らは地元シカゴのオープンマイク・セッションを拠点に集まったクルーで、それ以降もローカル・コミュニティと密接な関係を持ち続けて、ベイエリアの大資本に惑わされることは一度もなかった。

で、2017年に大ブレイクしたジュース・ワールドが第四世代――まさか彼が2019年の終わりに亡くなるとは思わなかったけど。彼の場合、セイブマネーの面々とは違って、チーフ・キーフと同じインタースコープと契約する。ただ、彼がブレイクしたのは、「Lucid Dreams」でしょ。

そのクリップを撮ったヴィデオ・ディレクターがまだ20代前半のコール・ベネットという白人なんだけど、彼はもともとリリカル・レモネードというブログをやってて、自分が撮ったクリップをユーチューブで公開する際も、そのリリカル・レモネードのチャンネルからアップするんですよ。で、そこをきっかけにリル・ザン辺りのラッパーがブレイクすることになる。つまり、資本と関わり合いながらも、同世代の若者がやってるインディペンデントなプラットフォームと穏やかなネットワークがあって、若い世代のラッパー同士のコミュニティに属しているようなもので。だから、この10年の間でそんな風に上の世代の成功と失敗をしっかり踏まえた上で、下の世代がきちんと新たなシステムやコミュニティを構築してきたという流れがある。

宇野　やっぱりシカゴでいうと、チャンス・ザ・ラッパーの存在は大きかったですよね。もっとも、彼は家族とともに、今やラップ・シーンだけじゃなく音楽産業の中心地であるアトランタに引っ越しをすると最近のインタビューで話してましたけど。

田中　チャンス・ザ・ラッパーは徹底していた。サウンドクラウドが経営破綻しかけた時に救いの手を差し伸べたり、オーディエンスが地元FM局に自動的に曲をリクエストすることができるプラットフォーム、ラッパーズ・レディオを作ったり、既存のシステムとは別のオルタナティブな回路によってオーディエンスと直接繋がろうとしてきた。つまり、システムの民主化だよね。

それに、『Coloring Book』を作った時、以前みたいに自分のサウンドクラウドからフリーでシェアするんじゃなくて、その数週間前にアップル・ミュージックに先にミックステープの音源を提供した。でも、そのことで彼らからアドバンスを受け取ったことをツイッターで公にすることで、本来ならオーディエンスには知る機会のないシステムの透明化を図った。アンダーグラウンド・レジスタンスみたいな90年代デトロイト・テクノのように既存の資本や権威とは決して交わらないというハードコアなスタンスじゃなくて、そこと共存しながらも自分たちで１００パーセントコントロールすることのできる回路を常に担保する体制を作り上げた。だから、すごくスマートだよね。今も大半の資本の流通をグローバル企業が握っていることには変わりはないんだけど、２０１０年代のラッパーたちが築き上げた状況というのは、それとは別にきちんと自立することが可能な個人商店や中小企業がたくさん乱立したような状態でもあるわけだから。

宇野　最後にヒップホップかラップかってところに立ち返ると、もちろん今の時代もヒップホップは重要なカルチャーとしてある。同じアーティストのメディア化といっても、亡くなってしまいましたがニプシー・ハッスルのように地元でアパレル・ショップを展開して、貧困地域に雇用を生み出して、地域の発展や教育の足場にしていくという動き。あれはまさにコミュニティの音楽としてのヒップホップの役割ですよね。

田中　そう。まさにそう。

宇野　そう考えると、日本でヒップホップを育ててきたアーティストやジャーナリストが「ヒップホップとは？」みたいなことを延々と繰り返している理由も、よくわかるんです。日本でヒップホップに関わること、まさにそのアイデンティティを確立するのがヒップホップのカルチャーなわけだから。あるいは、ブラック・ライブズ・マターの意義について、その当事者ではなくても考えることは重要なことだし、自分も少なからずこれまで論考なども書いてきました。ただ、ラップというアートフォームはそうした地域や国や人種のアイデンティティを超えたところで今も世界中で拡大していて、特にサウスのラッパーたちは非政治的であることでその急先鋒に立ってきた。すべてが政治化していったこの２０１０年代にあって、自分がラップミュージックに惹かれ続けた最大の理由もそこにあったような気がしてます。

第３章

スポティファイとライブ・ネイション
――民主化と寡占化

日本の音楽環境のガラパゴス化はいつ始まったか？

宇野　２０１０年代の変化の象徴のひとつとして、この章ではスポティファイとライブ・ネイションを見出しとして立てました。その二つの企業を象徴とする、グローバルにおける音楽業界全体の変化について語っていきたいと思います。

田中　最初に結論を言ってしまうと、北米を中心とした音楽業界というのは21世紀初頭からメディア、興行、マネージメント、流通――あらゆる業態において抜本的な構造変化があった。その結果として２０１０年代の音楽業界というのは、かつてとはほぼ別物になったと言えるかもしれない。

宇野　つまり、日本ではいまだその是非が取り沙汰されたりもしている「フィジカルＣＤからストリーミングへ」という変化はそのひとつに過ぎないわけですよね。

田中　その通り。そして、この20年、日本の音楽業界の大半はそうした大方の構造変化にまったく歩調を合わすことができなかった。結果的にそうやって世界から取り残されたことは、業界内部だけでなくオーディエンス全般の音楽生活にまで深く影を落とすことになった。ここが一番のポイントだよね。つまり、この本でも冒頭から宇野くんがずっと苛立って話している、北米や南米、ヨーロッパや日本以外の東アジアを中心とした海外と、この日本という国との間に起こった、文化的なねじれ現象の原因はそこにあったということ。

宇野　僕ひとりが苛立ってるみたいな言い方はやめて下さいよ（笑）。タナソーさんだって、ずっとイライラしていたじゃないですか。

田中　まあね。

宇野　じゃあ、まずその文化的なねじれ現象、音楽環境のガラパゴス化はいつから始まったのか、というところから話をしていきましょうか。つまり、誰の責任において、ボタンのかけ違いが始まったのか？

田中　おいおい、俺は戦犯じゃないよ。

宇野　じゃあ、一体どこからボタンのかけ違いが始まったんだと思います？

田中　「スヌーザー」が終わった年からでしょ、そりゃ（笑）

宇野　いやいや、そこは自己批判的でいて下さいよ（笑）。バックストリート・ボーイズとかブリトニー・スピアーズとか、そういう白人ポップミュージックのマーケットは日本にも一方でありつつ、自分もそうですけど特にタナソーさんは、音楽雑誌メディアが主導する日本独自の洋楽マーケットの風土みたいなものを形成してきた当事者の一人であることは間違いないわけだから。

田中　まあね。

宇野　90年代以降で言っても、日本ではオアシスやブラーはものすごく多くのリスナーを獲得した。ニルヴァーナもアメリカからはちょっと遅れてものすごく大きな存在になった。その流れで、2000年代に入ると、どの雑誌もレディオヘッドを大きく扱うようになっていく。もちろんレディオヘッドは重要なバンドですが、当時の時代を形づくる重要なことは他にもいろいろ起きていた。そうやって90年代以前のやり方でメディアを運営していったツケが、10年後に2010年代が始まると同時にドッときたというのが自分の歴史観なんですけど。

田中　いや、申し訳ないけど、それは「ロッキング・オン」や「クロスビート」みたいな雑誌の話でしょ。「スヌーザー」は常にオルタナティブという価値観にアジャストしていたし、次世代の価値観を未来のオーディエンスに向けて発信していた。

宇野　でも、ストロークスにせよ、アークティック・モンキーズにせよ、明らかにレディオヘッド以降に日本の音楽雑誌が持ち上げてきたバンドって、これまでのような広いファンベースを形成するまでに至らなかったじゃないですか。世代にかかわらず、自分の周りにもアークティック・モンキーズが分水嶺になっている人が多くて。その頃から、洋楽ファンやロック・リスナーという括りがもはや同時代的には通用しなくなって、インディ・リスナーと呼ぶしかないような状況になっていった実感があります。

田中　例えば、アークティック・モンキーズをインディロックという枠組だけで語ろうとすること自体、間違ってると思う。2006年の彼らのファーストアルバムにしたって、ザ・ストリーツの『Original Pirate Material』（2002年）、ディジー・ラスカルの『Boy in da Corner』（2003年）という流れに位置付けるべきじゃないですか。

宇野　グライムの文脈ってことですか？

田中　そう。そうした文脈があまりにも抜け落ちている。実際、コードの展開よりもむしろギターのリフを軸にしたソングライティング、リズムに対する意識の高さ、何よりも英国特有のカルチャーに根ざしたリリックの内容とメロディのフロウは間違いなくグライムに対する回答だった。彼らが全世界的にブレイクできなかったのは主に言葉の問題——あまりに英国的すぎるリリックの内容と発音だから。リリック面での彼らの最大のレファレンスだったザ・ストリーツが、ヒップホップの本場である北米で成功しなかったこととまったく同じ。特に初期においては英国的な生活や文化がリリックの内容に反映されすぎていて、海外では意味が通じなかった部分が多分にある。

でも、アークティック・モンキーズの『AM』(2013年)は全米ナショナル・チャート6位だし、ゴールドにもなってる。それに『AM』はドクター・ドレー的なGファンクとブラック・サバス風のリフを組み合わせるという破天荒なアイデアだったわけじゃないですか。リリックの方向性にしても、初期ドレイクのシグネチャーでもあったエックス・ガールフレンドに対して未練がましい身振りを見せる情けない男、そんなペルソナを模倣してた。だから、時代を読むセンスにも長けてるし、ずっとそれをきちんと独自な形に反映させてきたバンドなんですよ。

宇野　まあ、確かに2013年にドレイクが『Nothing Was the Same』を出した直後に「Hold on, We're Going Home」のカバーとかもやってましたよね。

田中　それに彼らが北米でより成功を収めたのは、むしろ『AM』からなんだけど、逆にその時期に日本では人気が下がってしまっている。そこにこそねじれがあるんですよ。だからこそ、日本にもライブで呼べなくなった。

宇野　じゃあ、問題があるとすれば、日本語ネイティブの音楽メディアの怠慢だし、それを鵜呑みにした日本のオーディエンスが彼らの音楽をロックとして消費したがっていたことにあった?

田中　そうした形で文脈が抜け落ちたり、歪曲させられたりしたことは想像以上に大きな文化的な問題だと思う。しかも、この2010年代にはこれまでの英国的な表現がグローバルには通用しないという定説も書き換えられつつあるわけでしょ。ドレイクやケンドリック・ラマーが英国のラッパーやシンガーをフックアップしたこともそうだし、2017年に英国のコメディアン、マイケル・ダパーがビッグ・シャック名義でリリースした「Man's Not Hot」が、北米のラップ・コミュニティでもウケまくったことで、英国特有の発音やスラング、フロウにも注目が集まるようになった。今もそんな風に次々と状況は進化している。

でも、日本語ネイティブの音楽メディアの場合、自らのロック雑誌としての既得権益を守るために新たに生まれ続ける文脈をねじ曲げ続けてきた。「これがロックの新たな救世主だ」みたいなさ。だから、日本のオーディエンスにしてもアークティック・モンキーズにしても彼らの犠牲者なんじゃないかな。

宇野 じゃあ、さらに5年ほど遡ってストロークスはどうですか？「ロックンロール・リバイバル」というコピーでストロークスが出てきたじゃないですか。そもそもリバイバルする必要があったのかという。あのコピーは海外音楽メディア発祥のものですけど、やっぱり日本のリスナーにはすごくわかりにくかったと思うんですよね。そもそも、ロックンロールの何をリバイバルしているのかという。

田中 生々しさや直接性、シンプルネスの復権。ある意味、複雑さに向かっていった『Kid A』（2000年）以降のレディオヘッドに対する反動。あと、シャッフルビートの再定義かな。

宇野 ただ、そもそもリバイバルだったら新しいものの方が聴きたいよねって自分は思うし。何かそういう根本的なところで、少なくとも日本のリスナーにはあまりリアリティがなかったんじゃないかなって。

田中 これはずっと言ってきたんだけど、リバイバルという言葉を使って、新しい世代の作品を貶めようとすることほど馬鹿馬鹿しいものはないんだよね。だって、ポップミュージックというのは引用と参照によるアートフォームなわけじゃないですか。それに、ブラックミュージックなんて絶え間ない断続的なリバイバルの連続でしょ。常に更新され続けるいくつもの過去のタペストリーなわけ。進化というのはリニアなものじゃないわけですよ。螺旋状に進む。だから、問題があるとすれば、むしろ特定のムーブメントを特定のアイコンに代表させることで納得したり、それを商業化しようとするロック・ジャーナリズム的な価値観でしょ。

宇野　ふむ。

田中　それにいわゆるロックンロール・リバイバル含め、2000年代以降に起こったことの大半は、2000年代初頭に文化的にも産業的にも新たな時代を定義することになった『Kid A』と『Amnesiac』という2枚のアルバムに対するリアクションという文脈で位置付けることができる。

宇野　まあ、コールドプレイにしたってそういうことですよね。

田中　そういう表面的で露骨なフォロワー以外でも代表的なものが三つあった。ひとつは主に第1章で話してきたスフィアン・スティーヴンスに代表されるようなUSインディ。音楽性はまったく違うけれども、音楽的な参照点の範囲をより広げて、よりハイクオリティで、という流れ。

宇野　まあ、そのせいでよりハイコンテクストになってしまったわけだけど。

田中　彼のようなUSインディが音楽的に優れていたのは、フォークミュージックとクラシカルミュージック――つまり、20世紀以前の白人音楽の再定義だった。この50年、どちらもほぼきちんと音楽的に再定義されたことがなかったわけでしょ。そもそもボブ・ディランにしたってフォークミュージシャンじゃなくて、フォーク・リバイバルの余波から出てきた人なわけだから。

宇野　そうかそうか。

田中　それ以前のフォークロアミュージック――要するにブルーズとヒルビリー音楽が交じり合ってリズム&ブルーズ／ロックンロールになる以前のフォークというのを、USインディのバンドたちは自らのアイデンティティとして2000年代に再定義するんですよ。で、ヴァンパイア・ウィークエンドになるとまた話が違ってくる。彼らは2008年デビューで2000年代USインディの第二世代。当初は、フォークと、バッハみたいなバロック・ミュージックと、80年代のポール・

サイモンやピーター・ガブリエルを経由したアフロポップを融合させていった。

宇野　あくまでもポール・サイモンの『Graceland』（1986年）やピーター・ガブリエルの『3』（1980年）的な。そういう意味で、彼らは非常に意識的に今では「文化盗用」とされかねない白人によるアフロミュージックを再定義してますよね。で、二つ目は『OK Computer』以降、彼らが試みてきたビートミュージックとの交配？

田中　直接的なレファレンスとしては、むしろ『Amnesiac』。で、彼らのそうした部分を受け継いだのが、2010年代半ばのジャズとヒップホップのクロスオーバーじゃないですか。ロバート・グラスパーの『Black Radio』が2012年だから、随分時間が経ってしまってるわけだけど、それ以前もグッディー・モブのメンバーだったシーロー・グリーンとデンジャー・マウスのナールズ・バークレイによるレディオヘッドのカバーも刺激になった。

宇野　うーん、そういうブラックミュージックによるロックミュージックへのレファレンスはいつの時代もあった気がしますけど。むしろもっと重要なのは、ブリアルとかジェイムス・ブレイク、ダブステップのアーティストの非ダンスミュージック化の過程でのインスピレーションになったことの方だと思いますけど。ケンドリック・ラマーによる「Pyramid Song」のサンプリングや、フランク・オーシャンの作品へのジョニー・グリーンウッドの参加も、そっちの文脈の方が強いんじゃないですか？

田中　あ、ごめんごめん。2000年代への影響について話すはずが、つい気持ちが先走って2010年代の話になっちゃった。それに、もちろん、そこは宇野くんの言う通り。つまり、この20年間、彼らからの影響は英国やヨーロッパではなく、むしろ北米で広がっていったということ。

宇野　で、レディオヘッドへのリアクションの三つめは、バンドミュージックのサウンドが複雑化したことの反動としてのロックンロール・リバイバルということですよね。

田中　その通り。ニューヨークのブルックリンから出てきたストロークス、オーストラリアから出てきたヴァインズ、北米デトロイトから出てきたホワイト・ストライプス、スウェーデンのハイヴス――それぞれ出自も違うんだけど、北半球からも南半球からも、ロウで生々しい、シンプルネスに立ち返ろうという動きが出てきた。こうしたシンプルネス、直接性への回帰は、螺旋状に進む歴史の中では必ず何度でも起こる。そもそも70年代前半のグラムロック――T・レックスやデヴィッド・ボウイ、これは最初のロックンロール・リバイバルじゃないですか。

宇野　パンクよりも前のね。ひたすら複雑化に向かっていった当時のプログレッシヴロックへの反動だった。

田中　そう。あと、パンクはロックを否定するムーブメントだったと言われたりもするけど、グラムロックに続く二度目のロックンロール・リバイバルとしても位置付けることができる。そういう生々しさや直接性への回帰というのはそれぞれの時代における絶対的な必然として必ず起こる。特に上の世代が作り上げた価値観が、彼らにとってはハイコンテクストすぎて、アジャストできないティーンにとっては絶対に必要なもの。で、それが生まれることで新陳代謝を促す。だから、むしろ30代以上のリスナーにはわからなくて当然。ただ、日本における海外のポップミュージックの受容のねじれ問題のひとつは、欧米よりもファンベース年齢がひと回り以上も高いという話なんだけど。そこがまた悩ましい。

宇野　マイ・ケミカル・ロマンスのようなエモ・バンドが出てきた時も、本国での初期のファンベースって13歳とかだったわけだけど、日本では20代や30代が聴いてた、みたいな話ですよね。

田中　そう。あと、２０００年代のロックンロール・リバイバルを２０１０年代に置き換えると、マンブルラップにあたるかもしれない。第2章で話した通り、リリックが韻を踏んでなくても、センテンスの語尾に同じ言葉をひたすら続けても構わないし、リリックにリリシズムなんてものがなくてもいいという価値観。つまり、上の世代が築き上げたヒップホップ的な倫理が複雑すぎたからこそ、彼らを単純さに向かわせた。でも、それを若い世代が支持することでドグマを商業的にもひっくり返すことになった。しかも、それをやったのが10代や20代前半のラッパーで、大方のファンはティーンだという。構造的にはほぼ同じなんですよ。

宇野　そうなると、日本のティーンはいつから洋楽をあまり聴かなくなったかって話になりますよね。洋楽という大嫌いな言葉をあえて使いますが。

田中　それに関しては、やっぱり2000年代後半以降のことだろうね。そこからの10年間、いろんな蓄積の過程ですべてが邦楽一色になってしまって、海外のポップミュージックにアクセスする回路が断たれてしまった。ただ、それは、レコード会社、イベンター、雑誌、FM局といった音楽メディア、CD量販店というリテーラー、そしてオーディエンス——すべてに原因があるんじゃないか。ただ、その諸々の背景には世界経済全体の構造不況もあるわけだけど。

メディア化したフェスの弊害

宇野　これは自分がこれまでいろんなところで書いたり話したりしてきたことですが、1998年をピークに日本中でCDがバカみたいに売れていて、当時はまだ洋楽もその中でマーケットの規模感もかなりあったわけですけど、その時代に日本のポップミュージックの質的な向上が進んだ。それが、やがて2000年代に日本のポップミュージックだけで自足するリスナーを増やしていったという仮説。それについてはどう思いますか？

田中　そこに関しては概ね同意します。90年代半ば――国内のタワーレコードが我々の世代にとってのＭｏＭＡ（ニューヨーク近代美術館）だった時代と呼んでるんだけど――当時まだ大量の旧譜カタログを取りそろえていた時代、いまだＣＤ量販店がアクチュアルな文化発信地だった時代に起こったことでもあるから。それを最も的確に象徴するのが、フジロックに触発されて、99年に初開催されたライジング・サン・ロックフェスティバル。特にそこに名前を連ねていたラインナップだよね。

宇野　あのラインナップは見事でしたね。サニーデイ・サービスもナンバーガールもスーパーカーもドラゴン・アッシュも椎名林檎もいた。

田中　あそこに、フィッシュマンズとくるりがいれば、ほぼ完璧だったかもしれない。

宇野　そして、当時は自分もタナソーさんも確かにその文化圏の中にいた。

田中　それは100パーセントそう。実際、宇野くんの著書『1998年の宇多田ヒカル』（新潮新書）というタイトルは、1998年が最もＣＤが売れた年であると同時に、「スヌーザー」が提示した「98年代の世代」というタームを引き継いでくれたものでもあるわけだよね。

宇野　もちろん意識してましたし、次の著書の『くるりのこと』（新潮文庫）では直接「98年の世代」についても言及してます。

田中　当時の経済的な余裕を背景に、文化的な充実が花開いた時代を自分自身も無自覚に謳歌していたのは間違いないと思う。「スヌーザー」では、ナンバーガール、くるり、スーパーカーの三組がその象徴だった。

宇野　現在と違って、オルタナティブという価値観が成り立った時代でしたよね。つまり、今名前の挙がったバンドたちを筆頭とする日本の音楽シーンの多様化によって、それまで国内の音楽に失望して海外のポップミュージックばかり聴いていた若い世代——つまり大昔のタナソーさんであり自分でもあるわけですが——にとって、その外的要因が薄れてきたという。

田中 個人的にも、同時代の海外の音楽と、今名前が挙がった作家たちの作品だけを聴いていても十二分に自分の好奇心は満たせるようになった。それでもうお腹一杯だし手いっぱいでもあった。だから、2000年代の自分に対する反省があるとするなら、そのせいで日本のメインストリームで起こっていることにほぼ耳を貸さなかったこと。

宇野 タナソーさんは、あれだけ大好きなaikoでさえ後追いですもんね。初めてきちんとaikoの存在を認識したのがいつだって言ってましたっけ?

田中 2012年1月1日。AKB48が「フライングゲット」でレコード大賞をとった翌年の元日の午後のこと。だから、雑誌を終わらせるまでは、ジャニーズもAKBもLDHもほぼまったく聴いたことがないという完全なフィルター・バブルの中に暮らしていた。

宇野 それはいくらなんでもフィルター・バブルが過ぎますよ(笑)

田中 だから、反省したんだよ。それで当時、手始めとしてやったのが地上波のテレビ、「王様のブランチ」と「ミュージックステーション」を録画して観ること(笑)。しかも、自分はそうしたオルタナティブ的な視線で雑誌を作ることを仕事にしていたわけでしょ。自分のやってる雑誌がシェルターになってしまっていたところはある。それで、「スヌーザー」が終わる前の年、2010年の年間シングルチャートのトップ10を嵐とAKB48が独占したことを知って、すっごい驚いたんですよ。「そんなことになってるんだ?」って、ようやく。

宇野 でも、日本ってもともと芸能界の国で、結局80年代までに戻っただけとも言えるわけで。

『1998年の宇多田ヒカル』では、それを浮き彫りにするのがひとつのテーマだったんですけどね。

田中　なるほど。ただ、日本が2000年代以降、過度にドメスティック化したことに関しては、興行の世界で起こったことが何よりも大きいんじゃないか。初年度のライジングが開催された99年を契機に、それまでの地上波、FM局、音楽雑誌ではないオルタナティブな音楽メディアが誕生することになるわけだから。

宇野　邦楽フェスの存在ですよね。それが急激に肥大化していき、巨大メディアに発展することで、ドメスティック化を推し進めることになった。実際にロック・イン・ジャパンを主催しているロッキング・オンは、「フェスはメディアだ」と明言してます。

田中　最大のメディアは地上波テレビであり、その次がフェス。で、完全に置いていかれたのがFM局と雑誌。

宇野　それまでもラジオ局は協賛という形でライブ興行に関わってましたが、自社イベントなどに力を入れるようになったり、自社フェスを立ち上げたりする動きが目立ってきましたよね。

田中　そう。で、そうなると社内では編成よりも営業の力が強くなって、自社イベントに招聘したいアーティストの曲を優先的に番組でかけるようになる。その結果、海外のポップソングが編成や番組、チャートからすっかり追いやられてしまった。

宇野　たまにラジオ番組に呼ばれる立場からも、それはめちゃくちゃ実感がありますね。もともとJ-WAVEなんて、洋楽中心のプログラムの中で、いかに違和感なく邦楽を流すかということを開局時のコンセプトにしていて、そこから生まれたのがJポップという言葉だったのに、2000年代以降その軸が完全に入れ替わっていった。

田中　ラジオだけじゃなくて、テレビの有料放送局もそうだよね。スペースシャワーのようなケーブル局も、放送事業よりもイベント事業やマネージメント事業にすっかり軸足を移していく。

宇野　ライブ番組の製作では定評のあるＷＯＷＯＷも、特定の芸能事務所との結びつきをどんどん強めていきました。いずれも企業の生存戦略なわけだから、それを批判するつもりはないですけど、邦楽中心を超えてほとんど邦楽占有状態にしていないと回らない状況になっていった。

田中　ただ、そもそも日本でバンドミュージックが欧米のように文化として根付かなかった理由――長年にわたるもっと根源的な理由は、端的に言って、ベニュー（ライブ会場）の問題なんだけど。

宇野　海外にはライブハウスという概念自体がなくて、クラブやパブでバンドが演奏するというかたちですからね。

田中　向こうではベニューがバンドをブックした時点で、その動員とは関係なくオーガナイザーが食事とギャラを保証してくれる。というのも、プロモーションはオーガナイザーの仕事だから。ただ、ステージにはまともな機材もない。だからバンドが最初にやることは、機材とアンプと車を買うってこと。

宇野　日本ではそれがイベンターとライブハウスという、また別の業態になる。

田中　しかもライブハウスはノルマを取る。機材は完備してるけど、それを借りるにはレンタル代を払わなきゃなんない。それと、地方の営業所を持たない日本のレーベルは、ローカル・エリア・プロモーションをイベンターに頼るしかないわけだけど、イベンターは収益性の高い大きな興行のプロモーションに手いっぱいで、とても小さな興行までは手がまわらない。でも、もしチケットが１枚も売れなくても、発券されたチケット枚数分だけ手数料を取られる仕組みになってる。つまり、そもそもバンドに自立の機会が与えられていないし、バンドはそれが当たり前だと思ってしまうという悪循環が長年続いてきた。
だから、「98年の世代」というのは、バブルの名残りという経済的な余裕と、それを背景にしたタワーレコードやＨＭＶといった外資系大型ＣＤチェーン店が、首都圏のみならず地方にも出店したことによる文化的な豊かさがもたらしたものだったのかもしれない。

宇野　結局ここでも、90年代から２０００年代前半までが異常だったという結論に落ち着きますね。

田中　ただ、80年代前半までの日本の歌謡曲やニューミュージックも文化的にはすごく豊かだったよね。つまり、まだＣＤという、レコードよりも遥かに高収益のフィジカルが存在しなくて、シンガーたちの収入を主にテレビ出演のギャラとレコード収益の組み合わせが担保していた時代の話だけど。

田中宗一郎が雑誌をやめた理由

宇野　ところで、「スヌーザー」の最終号が出たのは２０１１年でしたよね？

田中　２０１１年の春。東日本大震災から２ヶ月後に発売した号が最後。97年5月にレディオヘッドのサードアルバム『OK Computer』のリリースに合わせて創刊して、３・11の年に終わった。最終号の表紙は5人になる直前のくるりで、巻頭のコラムが『Goblin』をリリースするタイミングのタイラー・ザ・クリエイター。ジェイムス・ブレイクやボン・イヴェールのインタビューが載ってる。

宇野　第1章でも話題にしましたけど、「レディー・ガガに勝てない日本のロック」という特集をしたのが、その前年の2010年ですよね。このコピーは二重にねじれていて、まずレディー・ガガは確かに広まったけど、ジャスティン・ビーバーと並んで日本中の誰もが知ってる最後の海外ポップスターとなってしまった。あと、ちょうどこの頃からまた日本の音楽シーンがちょっと面白くなってきた。

田中 その通りだね。ちょうど「スヌーザー」が終わる前後には個人的にも大興奮することのできる日本音楽の新しい流れが起こりつつあって。ひとつは、当時東京インディと呼ばれたcero、シャムキャッツ、王舟、ミツメ、森は生きている、そういったバンド群。もうひとつは、tomadくんがやってるネット・レーベル、Maltine周辺のプロデューサーやDJ。

宇野 そういう意味でも、まだ「スヌーザー」にはやれることがあったんじゃないですか？

田中 飽きっぽいんだから仕方ないじゃん（笑）。でも、「レディー・ガガに勝てない日本のロック」特集号に関してはよく覚えてる。あの号の表紙はMGMTだったけど、本当はちょうど同じタイミングでセカンドアルバムをリリースしたヴァンパイア・ウィークエンドをどうしても表紙にしたかったんですよ。でも、できなかった。それには理由があってさ。

宇野 MGMTはソニーだったけど、ヴァンパイア・ウィークエンドはホステスという新参のレーベルだった。

田中 いや、厳密なことを言うと、ホステスはレーベルじゃないんですよ。国内ディストリビューションを持たない輸入盤のディストリビューターなの。少なくとも最初期はそうだった。

宇野 え、どういうことですか？

田中 ちょっとややこしいんだけど、ドミノみたいなインディ・レーベル、あるいは、ベガーズ・バンケットみたいないくつものレーベルを束ねた会社と、個別の作品の日本国内での流通とそのプロモーションを請け負う代理店業務をやりつつ、社外のディストリビューション会社に委託はするんだけど、リテーラーに輸入盤に帯や歌詞、対訳をつけた輸入盤の卸し業務をやってた。と同時に、ほぼ同じ資本でイーノスというイベンター会社もあって、イベンター業務も兼ねていた。

宇野　単発公演もやれば、ホステス・クラブ・ウィークエンダーみたいなイベントもやってましたよね。

田中　と同時に、レディオヘッドやベックみたいに、海外のマネージメントと直接契約をして、所属アーティストの作品のリリースとプロモーションを請け負うレーベルでもあった。だから、規模は小さくとも、さまざまな事業を同時にやっているコングロマリットだったんです。

宇野　何となく理解はできますけど、読者にはちょっと伝わらないかもしれない。すごくややこしい。

田中　そう。でも、そのややこしいところがホステスの新しさだった。彼らっていろんな形で日本の洋楽業界の慣例をひっくり返した会社だったんですよ。欧米の業界の構造変化を理解していて、彼らなりのスタイルで日本独自の因習を無理やり壊していった。ただ、俺みたいな媒体の人間としては一緒に仕事をするのが本当に大変だった。

宇野　具体的に言うと？

田中　うーん、業界の話じゃなくて、アートの話がしたいな。

宇野　この章はそういう章なんだから話して下さい。

田中　じゃあ、話すから最後まで聞いてよ。現存してる三大メジャー、ソニーやユニバーサル、ワーナーという日本のレーベルの大半は海外のレーベルの子会社という位置付けだよね。彼らとしては担当者単位、レーベル単位の月のトータル売り上げ、年間のトータル売り上げで黒字を出すことがとりあえずの基準なわけ。そうなると俺たちとしては、例えば、彼らが用意してくれたひとつの作品の宣伝費で、同じレーベルの他の作家のインタビューもやったりするわけよ。あるいは、いくつかの作品の宣伝費を合わせて予算を捻出してもらいつつ、レーベル推しの作品はさらっとやって、ほぼ予算のない自分たちが推したい作家に思いきりページを割いて記事を作ったりもする。

宇野　なるほど。つまり、ある一定の予算を前提にして、レーベルからの期待と雑誌側のやりたいこと、その二つの折衷案を探ることができるんだ、と。

田中　そうそう。だから、ある程度、レーベルの期待に応えさえすれば、最後まで自分たちが作りたい通りの雑誌を作り続けることができた。ただ、サード・パーティと言って、彼らメジャーが別のインディ・レーベルと契約したり、そのレーベルの作品を単発でリリースするケースもあるでしょ。その場合、個々の作品の予算ですべてを完結しないといけなくなる。

宇野　そうなると、レーベルもいきなり大予算をかけて、勝負に出るみたいなことができない。

田中　ただ、俺たち雑誌としては、この作家はどうしても大きくやりたいし、これまで協力し合いながらやってきたんだから、このひとつぐらいはドカーンと大きくやるか、みたいな気分にもなるわけ。でもホステスの場合は、言ってみれば、個々のすべての作品がメジャーが単発で契約したサード・パーティみたいなものなわけ。

宇野　つまり、どの作品も予算が少なくて、でも、どの作品もきちんとした記事を作って欲しい、みたいな話になるってことですか？

田中　だから、ホステスというのは親子でやってる商店街の小さなお店をいくつもクライアントに持ってる駅前の広告代理店みたいな感じ。で、彼らがクライアントに求められているのは売り上げの額ではなく、利益率と効率と詳細なマーケティング・リサーチ。つまり、そもそもリスクを背負って、赤字覚悟でアーティストや作品を育成しようという発想がない。だから、ヴァンパイア・ウィークエンドが表紙を飾るよりも、10アーティストすべてが2ページで載ってる状態の方が彼らとしては望ましいわけ。すると、あちらとこちらの思惑がまったくかみ合わないのよ。しかも彼らはレーベルではなくディストリビューターだから、1枚に対する利益率も小さい上に国内の別会社のディストリビューターを使っているから、さらに自分たちの取り分が小さくなる。でさ、当時のフィジカルCDの時代は、いかに発売日のイニシャル枚数を増やし、店頭を賑やかして、最初の数週間でどれだけ売るかじゃん。

宇野　だからこそ、とにかく積む――つまり、初日の入荷枚数をどれだけ受注するかがポイントですよね。返品されて、赤字を出しても、それでも前作より高い実績を作ることでアーティストは育成されるわけだから。

田中　でも、ホステスの場合、むしろ返品が怖いわけ。だから、イニシャルも無茶しないんですよ。とにかく個々のクライアントにいいレポートがしたいから。しかもアーティストに取材稼働させて負担をかけることを極力嫌う。でも、とにかく露出媒体の数だけは欲しい。だから、表紙の取材であろうが、「スヌーザー」も「ロッキング・オン」も30分。

宇野　うわ(笑)。だって、表紙取材ならインタビューに90分、撮影に50分は絶対に欲しいってところからレーベルに交渉するって、前にタナソーさん言ってましたよね。

田中　しかも、素人さんがやってるファンジンも30分。最初の質問が「日本の印象はどうですか？」で、最後の質問が「読者にメッセージを下さい」で終わるんだけど、時間が余ってる、みたいな。

宇野　撮影は？

田中 ひとりのオフィシャル・カメラマンが撮った写真を10媒体で分ける。

宇野 それはさすがに無理ですね（笑）

田中 しかも彼らの場合、別会社でバンドを招聘することですべてを囲い込もうとしたんですよ。

宇野 企業のアイデアとしては正しいけど、当然、他のイベンターとの関係は微妙なことになりますよね。

田中 発想としてはどれも新しかったとは思うんだけどね。だから、彼らの存在は当時の悩みの種だった。それ以外でも、とにかく「スヌーザー」の最後の1年間って作るのが大変だったんですよ。雑誌の志向性と、音楽業界からの期待がすれ違うようになって。この時期の自分の興味の対象は、ひとつはUSインディ。

宇野 一部の音楽リスナー以外はわかりにくいところですが、海外では「インディ」ってバンドの音楽性を表すジャンル名になっていて、実際にはメジャー・レーベルに所属しているバンドも含むわけですよね。

田中 そう。ジャンルとしてのインディ。で、その大半の美味しいところをホステスが持っていた。

宇野 泣かないで下さいよ（笑）

田中 どうにもならないのよ。で、メジャー・レーベルとはこれまで通りやってきたんだけど、だんだんシーンの主流にいる重要なバンドが、海外のインディ・レーベル中心になっていった。でも、日本で権利を持つことになった小さなレーベルには、メジャーのようにリスク込みで大きく打って出るという経験も発想もない。せいぜいがCD量販店に何十万もの展開費を払って1枚でも多くフィジカルを入荷してもらおうとすることぐらいで。ただ、雑誌プロモーションがないとわかると、CD量販店も自力だけで売るというリスクを請け負いたくないから、入荷を渋ってしまう。となると、自分たちが雑誌に載せたい作家のフィジカルＣＤが、海外の状況とはかけ離れたごく限られた枚数しか店頭に並ばなくなってしまう。いくら雑誌で記事を作っても、地方では店頭に１枚も入荷されていなくて、読者が実際に聴くことさえできないという状況が出来上がることになった。

宇野　要するに、これまでの洋楽中心の雑誌のビジネスモデルが完全に崩れたということですね。

田中　だから、当時の俺の仕事の中心は、海外のバンドが海外のレーベルと契約すると、その権利を持っている日本のレーベルにすかさず連絡して、フィジカルをリリースしてくれるよう働きかけることだった。

宇野　そんなことまでやってたんですか？

田中　やってたよ！（笑）。と同時に、もはや自分たちのテイストと興味は、リアーナやテイラー・スウィフトといったポップに向かっていた時期でもあって。

宇野　つまり、自分たちの関心に忠実なまま、本を作りたいし、海外のトレンドにも乗りたかった。でも、そういう方向性と、日本のレーベルからの期待がかみ合わなくなった？

田中　いくらテイラー・スウィフトをやりたいと言っても、「いやいや、『スヌーザー』さんは違うでしょ。Ｕ２やって下さいよ」みたいなことになるわけ。例えば、２００８年10月号の表紙はダフィなんだけど、覚えてる？

宇野　ポスト・エイミー・ワインハウスとして出てきましたけど、結局アデルにすべてを持って行かれた感じでしたね。

田中　で、アデルのレーベルはベガーズ・バンケットだった。

宇野　つまり、日本だとホステスだから、当然やれない？

田中　だから、ダフィを表紙にしたのはアデルがやれなかった雪辱戦のようなところもあった。彼女を表紙にすることで、自分たちの興味と関心が彼女たちフィメール・シンガーに向いているという態度を示したかった。

宇野　アデルって、2008年のデビューアルバムの時点でグラミー2冠を取るという空前の新人だったわけだけど、日本ではなかなかビッグにならなかったですよね。自分も初来日プロモーションの時にわりとじっくりインタビューしたんですけど、あっという間に雲の上の人になってしまった。彼女の場合、ツアーをほとんど行わないっていうのも大きかったように思いますけどね。

田中　それはどの国でも同じじゃない？

宇野　じゃあ、それだけ日本の洋楽リスナーが減っていたってことでしょうね。

田中　違うよ。レーベルのプロモーションの失敗だよ。

宇野　（笑）。いずれにせよ、だんだん雑誌ができることが限られてきた。ケイジャン・ダンス・パーティをいきなり表紙にするような冒険はできても、アデルはやれないという。

田中　ケイジャン・ダンス・パーティの場合、さっき話したようにいまだレーベルがリリースに踏み切れていないタイミングから、こちらから働き掛けることで表紙までの準備に何ヶ月も費やしたのよ。クラクソンズの場合もそう。日本のレーベルはフィジカル・リリースを見送ることをほぼ決めていて、担当ディレクターさえいなかった。だからこそ、まずクラクソンズをいきなり表紙にすることで、CD量販店が店頭での反響に驚いて、急いで彼らがレーベルに問い合わせる——そんなまわりくどい回路を作る必要があった。ただ、それもこれも世間では誰も知らない新人をいきなり表紙にしても、雑誌とCDの両方を同時に買ってくれる、俺たちの目利きを信頼してくれる読者がいたからこそできたことなんだけど。

宇野　でも、その後、雑誌の方向性と読者が求めるものが次第にずれていった？

田中　例えば、ダフィが表紙の号にはケイティ・ペリーの初インタビューも載ってるんだけど、どちらも読者にはそんなには受けなかった。まあ、俺が至らぬせいだよね。ただ、そんないろんな要因が重なって、このままじゃ作りたい本が作れなくなるってことになって、さっさとやめた。レーベルが売りたい作品に合わせただけの雑誌を作り続けるなんて無理だもん。２０１０年秋にキングス・オブ・レオンを表紙にした号の表紙コピーは、「洋楽文化絶滅カウントダウン」だったの覚えてる？

宇野　覚えてますよ。自爆テロみたいなことをしてるなって思ってました（笑）

田中　でも、一度は完全にその通りになったわけでしょ。実は、あの時にはもう「スヌーザー」をやめることをほぼ決めて、その準備に入っていた段階だった。多分、あの時以外は「洋楽」という言葉を自分自身が誌面で使ったことはほぼないはず。だから、そこも意識的だったんです。

ライブ・ネイションとAEGによる興行の独占

田中　いずれにせよ、２０１０年代、音楽業界ではレコード会社、興行、メディアとあらゆるポイントで抜本的な構造変化があった。でも、日本の音楽業界はその構造変化にまったく歩調を合わせることができなかった。日本におけるドメスティック化という現象の原因はそれに尽きると思う。自分もそれなりにあがいてはみたものの、まあ、もとから勝てない戦いというか、途中で諦めてしまったわけだけど。

宇野　では、その、21世紀初頭からの北米を中心とした音楽業界の構造変化について話題を移しましょう。

田中　まずはクリア・チャンネル。覚えてる？　21世紀初頭にトム・ヨークがインタビューに答える度に癇癪を起こしながら、必ずクリア・チャンネルについて話してたんだけど。

宇野　クリア・チャンネルに関して、簡単に説明してもらえますか？

田中　まず少し時代を遡ると、例えばビートルズは1965年にアメリカでブレイクした。それに続いたローリング・ストーンズ以降の第一次ブリティッシュ・インベイジョン、この動きに火をつけた直接的なきっかけは『エド・サリバン・ショー』だよね？

宇野　CBSの超人気バラエティ番組ですね。要するに、テレビのネットワーク局がそれだけ力を持っていた時代。

田中　その後、70年代にはザ・フーやレッド・ツェッペリンがアメリカで大成功する。そこで重要だったのは全米各地のローカルFM局。これが独自でDIYの力を持っていた。レッド・ツェッペリンはイギリスのバンドだけど、アトランティックというマルチカルチュアルな歴史を持った北米のレーベルに所属していて、全米各地のローカルFM局と全米ツアーの組み合わせによって大きくなっていった。やっぱり北米でのブレイクのためには、メディアとの密接な関係が不可避なんですよ。

宇野　そして80年代はケーブル局のMTV。

田中　その通り。新興メディアだったMTVは、当時人気のあったアーティストのクリップなりライブ映像を使いたくてもなかなか使わせてもらえない。じゃあ、その頃、アメリカの音楽業界から爪弾きにされていたのは誰だ？　そこに彼らは目をつけた。ひとつは北米でツアーしようにもなかなかその足がかりを作れないでいたイギリスのニューウェーブ・バンド、もうひとつはブラックミュージックの作家やパフォーマーたち。

宇野　特にブラックミュージックに関しては、当時まだ放送局に人種差別も根強く残っていて、特にテレビではなかなか放送できなかった。それを打ち破ったのがマイケル・ジャクソン。どんなスキャンダルやバッシングがあっても、一貫して黒人ミュージシャンが彼のことを擁護し、尊敬しているのは彼が本当の意味でのパイオニアだったからです。それに続いたのがライオネル・リッチーやプリンス。イギリスのアーティストでは、カルチャー・クラブ、デュラン・デュラン、カジャグーグーといった第二次ブリティッシュ・インベイジョンと呼ばれたイギリスのビジュアル重視のバンドですね。

田中　つまり、アメリカの音楽業界から爪弾きにされていた三者が手を結んだということ。そんな風に音楽業界におけるメディアの変化が文化と表現の形を左右してきた。そこでクリア・チャンネル。彼らが何をやったかというと、全米で1800局以上のローカルFM局を買収した。つまり、1800局ものローカルFM局は以前のように独自の選曲ができなくなっていく。

宇野　ただ逆に言うと、全米各地のFM局で一極集中の選曲が可能になるわけだから、全体としては巨大な影響力を持つことになっていくわけですよね。

田中　それに対して、当時のトム・ヨークはガンガン怒ってたわけ。あそこから、今にいたるすべてが始まったと言えるかもしれない。

宇野　そのちょっと前、同じようにパール・ジャムのエディ・ヴェダーがチケットマスターに対して延々と怒ってましたね。チケットマスターの問題は、チケット販売の一企業による占有化だった。

田中　そう。その流れの中で、もうひとつ重要なのがJay-Zのロック・ネイション。自分たちで全部マネージメントをやりますという。Jay-Zのすごかったところは、白人社会との同化という部分も受け入れながらも、結局のところ、ビジネスがすべてを変えるんだっていう発想を持っていたこと。

宇野　前章でも触れましたけど、アート至上主義のカニエ・ウェストとも、逆の意味で人種主義的なサウスのラッパーたちとも違うやり方ですよね。

田中　で、2000年にクリア・チャンネルが買収したのが、ライブ・ネイション。

宇野　おお、そうか、そこで合体するのか。

田中　で、クリア・チャンネルと合体したライブ・ネイションは、2008年のロック・ネイションの設立に手を貸すことになり、2010年にはチケットマスターも傘下に収めることになる。

宇野　なるほど。メディアと興行とチケット・ビジネスとマネージメントが、事実上合体したわけですね。メジャー・レーベルを頂点とするこれまでの音楽業界のピラミッド構造が、そこで完全に変わったわけだ。

田中　すっかりコングロマリット化するんですよ。あと、FMラジオ事業だとアイハートメディアという企業があるでしょ。二大ストリーミング・サービスの台頭もあって、彼らは2018年に破産宣告をするんだけど、その関連企業はライブ・ネイションだけじゃなく、例えばクリア・チャンネル・アウトドアという会社も所有していて、そこは北米の街頭広告や交通広告をほぼ独占している。

宇野　ああ、街中の巨大ビルボードのことですね。映画『スリー・ビルボード』に出てくる広告代理店じゃないですけど、ビジネスとしては随分オールド・スクールなものにも思えますけど。

田中　そうだよね（笑）。ただ、ストリーミングの時代になって何が重視されているかというと、ひとつはもちろんネット広告。で、もうひとつは街頭広告や交通広告なんですよ。例えば、スポティファイでビリー・アイリッシュがナンバーワンになったり、アップル・ミュージックで彼女のキャンペーンビデオが独占公開されると、それが主要都市の巨大ビルボードにドカーンと打たれる。

で、同時に、その街頭広告の動画がネットで拡散されるという仕組み。と考えると、今風でしょ？

だから、2010年代に起こったことというのは、ポップミュージックの産業インフラが、クリア・チャンネル及びその関連企業によって寡占状態になったということでもある。

宇野　日本でライブ・ネイションの名前が最初に大きく広まったのは、2007年にマドンナがワーナーからライブ・ネイションに移籍して、10年間の360度契約を結んだ時でした。ただ、作品はその後もワーナーから出続けてるし、「ライブのプロモーターに移籍ってどういうこと？」「360度契約って何？」と、自分も含め当時そのことの意味がよくわからなかった人も多かった。

田中　フィジカル、ダウンロード、ストリーミング、ライブ、グッズ、CM出演料といった、あらゆるアーティスト活動の売り上げから、360度すべてコミッションを取る契約が360度契約。かつてはワーナーのCEO、その後、いろんなラッパーともめたりもしてる自身のレーベル〈300エンターテインメント〉を設立して、現在はユーチューブの音楽部門のグローバル責任者を務めていて、ヤング・サグの育ての親でもあるリオ・コーエンが広めたことでも知られている。当然、非難も多い。

宇野　要するに、フィジカルからの利益が立たなくなった後も、音楽産業が生き延びる方法だったわけですけど、ライブ・ネイションのようにインフラを押さえている企業と360度契約を結ばれると、その外からは付け入る隙がまったくなくなるということですよね。

田中　ここ数年よく耳にしたのは、これまで契約をしていたエージェンシーだと、大きなフェスではいいスロットが取れない、出演したくてもブックされなくて、より大手のライブ・エージェンシーや、ジャンルに特化したライブ・エージェンシーに移った、みたいな話。で、今現在、ライブ・エージェンシーの世界は、ライブ・ネイションとAEGという最大手2社による寡占状態にある。

ちなみに、全米最大のフェス、コーチェラを主催してるゴールデンボイスもＡＥＧの一部門。

宇野　ＡＥＧは、もともとスポーツ関連のイベントを主催していた企業ですよね。90年代にアメリカでメジャーリーグ・サッカーを立ち上げたのもＡＥＧだった。

田中　ロサンゼルスの会社で、グラミー受賞式でお馴染みのステイプルズセンターもＡＥＧが所有している。

宇野　ステイプルズセンターといえば、むしろスポーツの殿堂のイメージが強い。普段はＮＢＡやＮＨＬの試合を行ってるアリーナですからね。その大企業が音楽産業に本格的に乗り出してきたわけだ。

田中　ライブ・ネイションは、ロック・ネイションやアイハートメディアとの連携もあって、アーティストに近い場所にいるわけだけど、ＡＥＧはむしろコンサート会場との距離が近い。ロンドンにあるＯ２アリーナもＡＥＧが運営してる。

宇野　２００７年にあのアリーナができてから、ロンドンでのデカいコンサートは大体あそこですよね。会場の外周がショッピングモールみたいになってて、めちゃくちゃ金がかかってる。完全に多国籍企業ってことですね。

田中　今ではニューヨークのマジソン・スクエア・ガーデンを抜いて、Ｏ２アリーナは世界で最も稼いでいるベニューとしても有名になった。Ｏ２はイギリスの携帯電話キャリアだけど、そうやって地元の大手スポンサーにネーミング・ライツを売って、ヨーロッパの複数都市に大きなアリーナを持ってる。

宇野　そうだ、いろいろ記憶が繋がってきた。２００９年にマイケル・ジャクソンが全50公演連続でやる予定だった「THIS IS IT」公演、あの会場がまさにロンドンのＯ２アリーナで、マイケルが巨額の契約をした相手がＡＥＧだった。
田中　訴訟問題にもなってたよね？
宇野　そもそも、あれだけ長いブランクがあったのにいきなり50公演同じ会場でやらせるとかムチャクチャですよ。しかも、マイケルの直接的な死因となった薬を処方した専属医を当てがったのもＡＥＧだった。
田中　それはまったく知らなかった。それと、特にインディ・シーンでも大きな話題になったのが、２０１６年4月にニューヨークの小さなベニューがいくつもＡＥＧに買収されたこと。
宇野　あ、クラブ規模のベニューも傘下に収めていったんですね。
田中　東海岸ベイエリアで、５００くらいの小規模ベニューから中規模のベニューまで、いくつものベニューを運営してる会社を傘下に収めた。結果的に、それまでずっとインディの登竜門的な存在だったベニューが彼らの所有物になることになる。つまり、90年代からずっと、北米各地に広がるＤＩＹネットワークによって支えられていたインディ・コミュニティが、大手資本から弾き飛ばされるかたちになって、その力を借りなければツアーを組むことさえできなくなってしまった。イギリスとニューヨークとの間の移動の利便性から考えれば、ＵＫインディにとっての全米への最初の入口も敷居が高くなることに繋がっていく。
宇野　なるほど。それがブルックリン・シーンの地盤沈下にも繋がってるんだ。
田中　もちろんそれだけじゃなく、ニューヨーク各地のジェントリフィケーションによる地価の高騰によって、暮らす場所、練習する場所、演奏するベニューそれぞれが近接していた、ローカル・コミュニティが次第に失われていったことも関係してるんだけど。例えば、Tekashi 6ix9ine のようなラッパーもブルックリン出身だけど、ラップの場合、主戦場はあくまでオンラインであって、もはやギグというのはギャラを釣り上げるための場所なわけだよね。インディロックみたいに小さなベニューで繰り返し演奏し続けて、少しずつファンベースを広げていくカルチャーとはまったく違っている。つまり、インディ全体がそういう新しい音楽産業の枠組の外側へと追いやられていった。そう言えるかもしれない。

メジャー・レーベルの再編成とインディ・コングロマリットの誕生

宇野 ライブ・エージェンシーという観点から、激変した2010年代の音楽シーンがかなり読み解けるのがよくわかりました。一方で、メジャー・レーベルの資本関係がめちゃくちゃなことになっていって、これまでのいわゆる「レコード会社」のあり方とは役割が変わっていきましたよね？

田中 資本関係がめちゃくちゃになったのはもう少し前の話。カナダの酒造メーカーのシーグラムがMCAを買収してユニバーサルが発足した1996年が発端で、それからタイム・ワーナーからインタースコープを買い取って、オランダのフィリップス（ポリグラム）を買収、2000年にフランスの通信企業ヴィヴェンディと合併して、ユニバーサル・ミュージックが世界最大のレーベルになった。これが大きかったね。下手すると、まったく音楽に興味のない人々が実権を握るようになったわけだから。

宇野 そのあたりの経緯は、スティーヴン・ウィットの『誰が音楽をタダにした?』に詳しく書かれていました。

田中 各レコード会社が多国籍企業化していって、市場の投資マネーがそこにドカンと入ってきた。

宇野 もともとメジャー・レーベルのエグゼクティブって、映画やテレビシリーズでも悪役として描かれることが多いですけど、ますます顔の見えない存在になった。レコード会社間のマネーゲームやら引き抜きやらで、トップの人事も頻繁に変わるようになっていったし。そんな狂騒状態から抜け出して、ドクター・ドレーとヘッドフォン会社を立ち上げたジミー・アイオヴィンのような人も出てきた。

田中　例えば、90年代の前半にMCAビクターというレーベルがあったでしょ？　この時は外資のMCAが49パーセント、日本資本のビクターが51パーセントで株を持っていた。これは日本の洋楽業界では革新的だったわけ。たった1パーセントにせよ、初めて日本資本の方が上回っていた。つまり、日本側がイニシアティブが取れる。

宇野　ゲフィンもインタースコープもみんなここでしたね。

田中　そんな、当時の最重要レーベルの主導権をむしろ日本が持っていたこともまた、当時の日本国内における洋楽シェアの高さを担保していたところがある。日本の洋楽最盛期というのは、日本のスタッフがイニシアティブを持っていたということも間違いなく大きかったからね。

宇野　逆に言うと、本社での資本関係が変わっていったことと、CDマーケット全体の縮小も重なって、加速度的に洋楽のシェアが下がっていったと。

田中　と同時に、70年代後半に始まったラフトレードを筆頭とするインディ・レーベルを束ねた、ベガーズ・バンケットみたいなレーベル企業がメジャーと同じぐらいの力を少しずつ持ち始める。で、さっき話したみたいなことも起こった。

宇野　そう考えると、そんな中でも一応洋楽主体のフェスを続けているスマッシュとクリエイティヴマンはよくやってますよね。ブッキングに関して、つい不満を言っちゃうこともあるけど。

田中　本当に奮闘してる。今もライブ・ネイションとAEGの存在には戦々恐々だとは思うけど。

ただ、それ以前にレーベルとの協力体制も以前に比べると目減りしていくようになった。例えば、2014年にアーケイド・ファイアが日本でフジロックに出演した年というのは、確か初年度からの最低動員数だったはず。原因は、当時の彼らって日本でプロモーションするのがすごく難しかったから。彼らがブレイクしたのは2007年のセカンドアルバム『Neon Bible』で、当時はインディロックの全盛期。日本だとそこでメジャーになるんだけど、アーケイド・ファイアって良くも悪くもカナダのパンク・コミュニティ出身の、DIYメンタリティがちがちのバンドだから、とにかくフィジカルCDを日本ローカライズするのは勘弁してくれと。

宇野 ああ、「ライナーノーツや歌詞の対訳なんてつけるな」と?

田中 それどころか、英詞も帯もダメ。となると、レーベルにしては輸入盤との差別化ができないわけだから、日本盤リリースを取りやめざるをえなくなる。

宇野 一番インディロックが盛り上がってる時に、その中心にあった作品のリリースさえできなかった?

田中 笑えるでしょ?（笑）。当時はストリーミング・サービスもないから、日本盤のフィジカルCDがないと、プロモーションの予算も捻出できなくなる。となると、俺たちとしてもどうにもならなくて。それでも彼らの取材をしようとするんだけど、レーベルからは「そんな面倒なバンドのことはいいから、広告も出すのでこちらのバンドは是非インタビューしてくれ」みたいな。やりたくない、広告もいらないと言うと、どこそこの雑誌はやってくれるのに、みたいな反応が返ってきたり。

宇野 なるほど。本国でメジャー・レーベルの地位が相対的に低くなっていったことで、アーティストの発言権が増す。そのこと自体は悪いことじゃないように思えるけれど、それが日本のような独自のマーケットを持つ国では障害になっていったわけですね。
田中　一気にしんどくなったのは、CD量販店なんじゃないかな。それまでずっと、入荷枚数と引き換えに、レーベルに看板や展開スペースを作らせて、その展開費とフィジカルCDの実売で二重に儲けてたわけだから。だから、次第に邦楽中心にシフトせざるをえなくなっていく。その余波として「バウンス」みたいなフリーペーパーも次第に存在感を失っていくという。
宇野　自分もHMVやWAVEのフリーペーパーでよく原稿を書いてましたけど、2000年代後半になるとみるみる本が薄くなっていきましたね。

ストリーミング・サービスが主流となった必然

宇野　ここまで話してきた段階を踏まえて、ようやくストリーミング・サービスの話になるということですね。「日本が海外の音楽シーンから遅れをとってきたのは、ストリーミング・サービスの普及が遅れたから」という、いろんなところで語られてきた認識は、歴史修正主義的というか、それ以前に音楽産業で起こってきたことをいろいろ見過ごしている。
田中　かなり複合的だし、かなり段階的だったと言える。そのいくつもの原因が重なり合い、積み重なってきた結果だった。
宇野　一応、事実関係を整理しておくと、第1章では「2010年代が始まったのは2008年だった」というテーゼを示しましたが、スポティファイのサービスが始まったのがまさに2008年。日本に入ってきたのが、そこから実に8年遅れての2016年。アップル・ミュージックが始まったのが2015年で、その時は同時に日本でもサービスが開始された。ただ、日本では最初の頃はもう本当にインディのアーティストしかいないみたいな状況だった。
田中　あえて意地悪な言い方をすると、１９９０年代までの日本は、北米、イギリスに次ぐ音楽産業が盛んな国だったせいもあって、かつて築き上げたシステムがもたらす既得権益にしがみついた結果がストリーミング・サービスの上陸を遅らせることになった。
宇野　マーケットの規模としては、北米に次いで世界2位でしたからね。
田中　保護貿易みたいなもんだよね。海外のストリーミング・サービスでは音源を開放していても日本では聴けない邦楽作品というのは珍しくなかったわけだから。ところで、日本で音楽のストリーミング・サービスって、いくつあると思う？
宇野　スポティファイとアップル・ミュージックに加えて、アマゾン、グーグル・プレイ・ミュージック、ＡＷＡ、ＬＩＮＥミュージック、ぱっと思いつくのはこの6つですね。
田中　自分が確認しただけでも14個は存在する。世界中でストリーミング・サービスがそんなにもある国はおそらくこの国しかない。半数近くが日本資本だし。国内の音楽業界の総意として、海外のストリーミング事業のローンチをずっと塞き止めていた結果、こんな歪（いびつ）なことになった。
宇野　スポティファイは、日本でのローンチの際に、日本でサービスを開始しようとしてから、実際に開始するまでに7年かかったと言っていましたからね。
田中　ストリーミング事業としてはスポティファイが先行企業だったにもかかわらず、日本ではアップル・ミュージックのローンチが先だった。しかも、２０１８年の年末からオリコンがストリーミングをチャートにカウントし始めるという発表があったけど、そこにはスポティファイは含まれてない。どう考えても、これは政治的な理由だよね。何故なら、スポティファイとアップル・ミュージックの最も大きな違いは、スポティファイにはフリーモデルがあるから。つまり、フリーモデルを日本の音楽業界全体が受け入れたくないということ。

宇野　自分が「サブスク」ないしはサブスクリプションという言葉を絶対に使わないのもそれが理由です。サブスクリプションという言葉は、新聞や雑誌の定期購読をはじめとするレガシー・メディアの時代からあった用語だし、その言葉ではフリーモデルの存在を無視していることになる。それに、日本で圧倒的に最も使用されてきた、そして今後もそれは変わらないであろうストリーミング・サービスはユーチューブじゃないですか。

田中　まさにその通り。ただ、一応、ユーチューブ・プレミアムというサブスクリプション型のサービスも2018年に始まったには始まったわけだけど、正直、数年後にはどうなっているかはわからない。

宇野　今も多くの人が特に大きな不自由なく、フリーでユーチューブを使用している。音楽に関しても、権利元はそこでの収益化に成功している。売れているアーティストに関しては、ですけどね。

田中　でも、フリーモデルだからこそ、業界側からの反発もあったんだけどね。そことサブスクリプション型サービスの導入も関係してる。ごめん、話の腰を折っちゃった。

宇野　ひとつ確実に言えるのは、海外では、ストリーミング・サービスが整備される前に、まずはナップスターの時代があったわけですけど、日本の場合は一部で違法サービスが野放しにされながらも、「着うた」みたいな有料サービスにレコード会社各社が注力してその時代をやり過ごしてきた。要は、音楽業界の総意として「ただで聴かれるよりはまし」というストリーミング・サービスの大義みたいなものが生まれにくいようにしてきた。

田中　そうなんだよね。ナップスターがまさにそうだけど、欧米でのイノベーションというのは、まずは革新的な技術やアイデアを使ったイリーガルなシステムから始まって、それが次第にリーガルな新たなビジネスに発展していく場合が多い。最も象徴的なのが、60年代半ばのイギリスの海賊ラジオ。当時、英国の国営放送局BBCレディオには、一日24時間、ある一定の時間しかレコードを流せないというルールがあった。BBCに60年代バンドのスタジオ・ライブ音源が山ほどあるのは、その法規制が理由なんですよ。レコードは流せないけれど、スタジオ・ライブは流せるから。そこから、BBCセッションズというスタジオ・ライブ音源がアーカイブされていった。

宇野　BBCセッションズには、70年代以降のパンクバンドやニューウェーブ・バンドの貴重な音源もたくさんありますよね。そうか、その名残りだったんだ。

田中　そんな60年代に生まれたのがパイレーツ・ラジオ、いわゆる海賊ラジオ局だった。

宇野　映画『パイレーツ・ロック』を観ればよくわかりますけど、法規制から逃れるために、当時は本当に船の上からオン・エアしてた。

田中　そうそう。それが爆発的に人気を博すことで、イギリス国内でビートルズを筆頭にビート・バンドの大ブームが訪れる。じゃあ、ラジオのあり方も変えなきゃならないという議論になって、ラジオ業界やそこでの法規制が見直されていくことになる。そもそも法律やシステムというのは企業の利益を守るためじゃなくて、社会全体の安全かつフェアな状態を保つためにあるわけだから、時代が変われば、それに則した形で変わらなきゃいけない。

だからこそ一番の鍵は、市井の人々の欲望なんだよね。「今のシステムはもう古い」「現状に則していない」「おかしい」っていう。そうすれば、きちんとした議論が巻き起こって、権利をクリアにすることでマネタイズするシステムの開発へと発展していく。でも、日本の場合、そういう過程すべてに蓋をしてきたという歴史がある。

宇野　道徳観の違いというか、言葉は悪いけど、権力や大企業に対する奴隷根性がしみついてるっていうのも大きいと思いますけどね。ナップスターをやったら捕まるだろうみたいな。

田中　当時、ナップスターやった？（笑）。でも、ドラッグも同じだよね。法に触れるものはすべて悪、みたいな。あと、チケットの違法転売サイトについても同じことが言えると思う。それを法によって規制するのは重要なこと。でも、そんなロビー活動をやってる暇と資金があるなら、その労力をむしろ技術とシステムの開発に向けるべき。きちんとした転売の基準と、それを可能にするシステムを構築すれば、そこにも新たなビジネスが生まれるわけだから。そんな風に考えると、ナップスターはその後訪れる民主化のプロセス、その最初の火付け役だったんじゃないか。ある意味、フランス革命と同じ。フランスは血を流しながら民主制をかち取った国なわけで。そういうプロセスが欧米の多くの国にはあるんだけど、日本にはないという。

宇野　文庫版に自分も解説を寄せましたが、『誰が音楽をタダにした？』でも著者の視点がどっちかというと法律を破った側に寄り添っているんですよね。

田中　俺があの本の中で一番面白かったのは、業界の判断もあって10年近くmp3という新しい技術が封印されてきたという話。

宇野　そういう意味では、海外にも既得権益を守ろうとする勢力というのはある。

田中　当然ある。でも、そうした古い因習を打ち破ろうとする人々が必ずいる。そういう意味では、サウンドクラウドとバンドキャンプこそが、音楽の世界におけるネット革命を象徴するプラットフォームだったんじゃないか。今までの既得権益、レーベルなり音楽出版社なりを介さないでアーティストとオーディエンスがダイレクトに繋がるという、インターネットの一番ポジティブな側面を証明したわけだから。ラップやダンスミュージック、インディ――あらゆるインディ・アーティストたちがその新たなプラットフォームを活用することになる。

宇野　やはり特にラッパーたちですよね。前章でも語った話ですけど、かつてのミックステープの役割がそのままサウンドクラウド上に引き継がれていくわけだから。

田中　ナップスターとストリーミング・サービスの間には、サウンドクラウドというアーティストとリスナーが共に育んだカルチャーの民主化の動きが確実にあった。第2章でも話したけど、チャンス・ザ・ラッパーがかっこよかったのは、アップル・ミュージックとのやりとりを公にしたことだよね。と同時に、それまで培われてきたカルチャーが終わりつつあるという問題提起をしてみせた。

宇野　実際、チャンス・ザ・ラッパーはその後にジェレマイと作ったクリスマスアルバムは最初サウンドクラウドだけでリリースしてたし、2017年にサウンドクラウドの経営危機が公になると、メジャーなアーティストでは誰よりも早くその支援に乗り出しましたからね。

田中　広義の意味においてのフッドを何よりも大事にするという、まさにヒップホップ的な行動原理。

宇野　2010年代に入ってからも、サウンドクラウドは若手ラッパーたちの登竜門であり続けてきた。日本だとわかりやすいからエモラップやマンブルラップって言葉で使われがちですが、そのあたりの総称として海外ではクラウドラップという呼び方が一般的に使われている。要するに、白人でも黒人でも、ラッパーとしてのスキルがあってもなくても、誰でもビートを組んでラップをして曲をアップできて、そこでちゃんと支持を得れば人気者になれるという。ポスト・マローンのような大スターも、サウンドクラウドにアップした「White Iverson」が、最初に注目されたきっかけだった。そういう意味でも、ラップは時代を味方につけたんですよね。バンドミュージックの場合、サウンドクラウドにアップするにせよ、音を作るのにもっと手間と時間がかかるから。

田中　ただ、こうした古い因習を飛び出して、オーディエンスとの直接的な回路を自ら作り上げるという発想そのものは、70年代パンク時代から綿々と続いてきたものでもあって。パンク・ムーブメントは音楽だけじゃなく、音楽ビジネスの構造全体を革新しようというムーブメントでもあった。例えば、ラフトレードのジェフ・トラヴィス。仲間と一緒に、レーベルを作り、自分たちでショップを作り、流通の会社まで作ることで、仲間のパンクやニューウェーブのレコードをイギリス全土に広めようとしたというね。

宇野　時間差はあったけど、日本でも起こったことですよね。

田中　うーん、日本のインディの場合、メジャーに対するオルタナティブではなく、ただのマイナーなメジャーという場合も少なくないから、そこは微妙なんだけど（笑）。ただ、そうやって全部のシステムを変えたところに、「サウンド」や「NME」や「メロディメーカー」といった音楽メディアが乗っかってきて、それまでのメインストリームのチャートじゃない、インディ・チャートが作られることになる。売り上げとしては明らかに差があるけれど、インディ・レーベルが作ったレコードのチャートを作ったことで、その存在が一気にオーディエンスに可視化されることになる。例えば、ジーザス&メリー・チェインが初めてライブをやった時に暴動になったみたいな話にしたって、そこには200人もいなかったわけでしょ。でも、それを「NME」が表紙でレポートすることで、オーディエンスの潜在的な欲望が掻き立てられて、一気に大きくなる。それと同じようなメカニズムだよね。そうしたオルタナティブな回路という意味では、USインディもよく似たことをやってきた。レーベルは各ローカルで作りましょう、自分たちの流通網をネットワークしましょう、ライブサーキットも互いに協力し合いましょう、というね。

宇野　80年代のCMJ（カレッジ・メディア・ジャーナル）やカレッジ・ラジオやカレッジ・チャー

トも同じことですよね。高校生の時に見に行きましたけど、だからこそ、R.E.M.の初来日公演は早稲田大学の学園祭だった。

田中 80年代後半から90年代にかけて、北米のパンクやオルタナティブ・バンドたちの資力によって、全米各地にコミュニティがあり、互いにそれを繋ぐネットワークが出来上がった。そこが基盤にあったからこそ、2000年代のUSインディの隆盛もあった。

宇野 なるほど。サウンドクラウドしか場所がなかったクラウド・ラッパーたちとは、そこも大きく違っていた。

田中 でも、時代を遡れば、彼らもまた、最初は何も持っていなかったわけだから。でも、どちらにも共通しているのは、誰よりも持たざる者が時代を作ったということ。しかも互いに支え合ってね。そこが感動的なわけじゃないですか。

宇野 あと、これはストリーミング・サービスにも通じる話ですが、インディからラップへという覇権の移動は、mp3音源の特性との相性の問題もありますよね。バンドミュージックの繊細なアンサンブルや、ギターやベースやドラムといったアナログ楽器のサウンドよりも、基本ビートとラップという構成要素が少なくて中域の薄い音楽の方が、mp3の再生環境に適しているという。

田中 なるほど。バンド音楽の世界でも、80年代はデジタル・サウンド一色だったのが、90年代初頭から少しずつアナログ回帰という流れが進んでいった。それで言うと、やはりホワイト・ストライプスの存在は大きくて。彼らが4作目のアルバム『Elephant』を、ロンドンのリアム・ワトソンのスタジオで録音したでしょ。英国のガレージ・バンド、ジー・ヘッドコーツの作品をずっと録ってたエンジニアなんだけど。

宇野 くるりも『NIKKI』で一緒にやったエンジニアですよね。

田中　それ以前にミッシェル・ガン・エレファントも彼と一緒に7インチを作ってる。そんなこんなで2000年代以降、「サウンドはアナログだろ?」という価値観がすっかりデフォルトになった。それ以前は、80年代からずっとデジタル環境でのレコーディングが一番高品質なんだという流れがあったわけだけど。

宇野　間にレニー・クラヴィッツのウォーターフロント・スタジオとか、ベックに代表されるローファイのブームはありましたけどね。でも、そう考えると、ジャック・ホワイトは罪深いですね。

田中　いやいや(笑)。もはやジャック・ホワイトの活動と、アナログ・レコーディングとヴァイナル・レコードというのは切っても切れないわけだけど——。

宇野　アメリカ議会図書館のレコーディング保護協会の委員を務めたりもしている。もはや文化事業ですね。

田中　ただ、それは美学的なこだわりであると同時に、そこには政治的な意味合いもある。例えば、レコード・ストア・デイ。これはそもそも大手のCD量販店だけでなく、地元のお店で買い物をしようという呼びかけと共に、全米各地のDIYレコードショップをサポートする目的で始まった。ここではリテーラーからの利潤という観点から、店頭の端に追いやられたヴァイナル・レコードが重要な役割を果たすことになる。

　ところが、日本のレコード・ストア・デイの場合、その中核にヴァイナル・レコードのプレス会社がいて、レコード・プレス事業に関してはほぼ独占状態。そのせいでプレス代が値上がりしたり、邦楽メジャーの作家が大量発注するせいで、インディ作家はヴァイナル・レコードが作れない。しかも、そのヴァイナル・レコードの大半が大手チェーン店に渡ってしまい、DIYのお店にはまわってこない。そんな、むしろ逆の効果があるというおかしなことになってしまっている。

でも、ジャック・ホワイトの場合、かつての自動車産業がどうにもならなくなった地元のデトロイトにわざわざレコードのプレス工場まで作って、雇用を創出してさえいるんだから。

宇野 結果としてアナログ・レコードはリバイバルやブームを通り越して、日本やドイツのようにCDマーケットが残っている国以外では、今やCDの売り上げを超えるようになった。そこだけ見ると、2010年代におけるひとつの音楽カルチャーの成果とも言えるわけですけど、ストリーミング・サービスを含む全体のシェアから見ると、やはり微々たるものであるのは事実で。もちろんヒップホップ・カルチャーとアナログ・レコードは切っても切れない関係であり、その文脈も重要ですが、2010年代においてアナログ・レコードのカルチャーを推進してきたインディロックは、どんどん趣味の世界に追いやられていったとも言える。

田中 現状、数からすれば、そういうことになるかもしれない。ただ、奇しくも2019年を代表する傑作レコードのうち、ラナ・デル・レイとヴァンパイア・ウィークエンドの2作、これはどちらもヴァイナル・レコード2枚組、どちらも60分前後という長さ。明らかに「ヴァイナル・レコード2枚組」という制約に合わせて、作られている。2018年からのカニエ関連の作品もそうだけど、アルバムという作品性をいまだ重要視する作家たちにとっては、クリエイティヴィティの触媒にもなってるんじゃないか。まあ、このストリーミング時代に、アルバムという作品性にこだわること自体、趣味の世界だと言われれば、これも同じことになるんだろうけど（笑）

レーベルからデジタル・ディストリビューターの時代へ

田中 第1章では主要メディアの中心がオンラインに移ったという話をしたけど、ただ、もはや今、最大のメディアは何かと言えば、作家自身のインスタグラム・アカウントだよね。アリアナ・グランデでもいいし、カーディ・Bでもビリー・アイリッシュでもいいけど、インスタグラムのストーリーズやフィードでの本人の投稿が何よりも効果的なプロモーションの場になってる。

宇野　日本のオーディエンスが海外の音楽をキャッチできなくなってしまった理由は、そこもありますよね。ただ、ここ数年は海外メディアのニュースの大半がソーシャルメディアでのアーティストの発言や、そこから派生的に起こった事件を伝えることが中心になったこともあって、それを日本語に翻訳して、解説したり、意見を添えたりする記事を提供する日本語ネイティブのメディアも増えてきた。そこでいろんなことが是正されてきたところもある。

田中　あと、オンラインのメディアで最強なのは、やはり「ジーニアス」。2009年に始まった当初は「ラップ・ジーニアス」という名前で、曲のリリックを投稿したり、修正したりというラップソングのウィキであり、その内容や意味について議論するフォーラムとして機能してたサイトなんだけど。ただ、2014年には他のジャンルも扱うようになって、特にアプリになってからはさらに影響力を増すようになった。チャートもあるし、ニュースもある。しかも、5分程度の動画記事がどれも痒いところに手が届く内容になっていて。個人的にもある時期までは「ジーニアス」のアプリを立ち上げなかった日はなかったくらい。それぞれの曲の画面には、ユーチューブやアップル・ミュージックのリンクもあって便利だし。

宇野　めちゃくちゃユーザー・フレンドリーだし、チャート換算にも直結してるという。となると、レーベル主導のプロモーションの役割なんて、どこにあるんだ、という気にもなってしまいますが。

田中　ソーシャルメディアの運営ですよ（笑）。例えば、スポティファイは権利者に対して、リスニング情報をかなりの部分で開示してるじゃないですか。だから、「あ、先週金曜日に出た誰それ

のアルバムの勢いが午後になってちょっと下がってきた」と思ったら、何かしらの情報と共にソーシャルに投稿するとか（笑）

宇野 所属アーティストの曲が、スポティファイのプレイリストのカバーになったとか、このプレイリストに収録されましたみたいな投稿をレーベルがやったりもしてますよね。

田中 やはりレーベルの存在意義というものが薄れてきてしまっている。それに代わり、ここ数年、俄然その存在感を強めてきたのがデジタル・ディストリビューター。

宇野 日本のチューンコアみたいな会社ですよね。フィジカルCDの時代なら、レーベルから小売店に商品を卸すという役割だったけど、今では彼らに音源を預ければ、各種ストリーミング・サービスに楽曲をアップしてくれるようになった。つまり、レーベルとわざわざ契約しなくても自分の音源を広めることができる。

田中 ただ、それだと別にサウンドクラウドと変わらない。でも、彼らはきちんとロイヤリティ計算をしてくれて、作家はインカムを得ることができる。例えば、俺の後輩に、オリンピアのKレーベルの作品を日本でリリースしてる、セブンEPというレーベルをやってる齋藤君という男がいるんだけれど、ほんの数年前まで彼らみたいな小さなインディ・レーベルは一切ストリーミングに配信しなかったんですよ。何故かというと、アーティストに支払うロイヤリティ計算がすごい煩雑なの。1曲単位だから。フィジカルの場合は1枚単位だからシンプルなのよ。でも、チューンコアもそうだし、ソニー系列のオーキッドとか、小袋成彬が契約した〈AWAL〉とか、そういう会社がロイヤリティ計算と支払いを肩代わりしてくれるようになった。

宇野 つまり、お金の計算だけやる代理店みたいなもの？

田中 最初期のビジネスの発想はそこにあったと思う。ただ、フィジカル時代のディストリビューターの場合も、それぞれの会社で得手不得手があったわけじゃないですか。

宇野　大手の量販店と関係が深くて、とにかく店頭に数を卸してくれる会社もあれば、逆に小さなＤＩＹの小売店それぞれの顧客特性をきちんと把握していて、返品のないように適正の数字を卸してくれる会社もあったり、それぞれの会社にカラーがあるということですよね。だから、レーベルの所属アーティストの規模やカラーに合わせて、数年ごとにディストリビューターの選択を見直したりするという。

田中　そうそう。ところが、デジタル・ディストリビューターになると、もはや一会社が一業態みたいなことにもなってきているのよ。それぞれがそれぞれ別の強みに特化しようとしてる。例えば、〈AWAL〉の場合、親会社がコバルトという音楽出版社なのね。

宇野　２０１９年12月に坂本龍一もコバルトと契約したことが報じられました。ただ、音楽業界の外側にいる人にとって、一番わかりにくい権利って出版権ですよね。

田中　出版って何で出版と呼ばれているかというと、あれ、楽譜なんですよ。20世紀前半のクラシック音楽や、パーティの時に家族全員でポピュラーソングを歌ったり、演奏したりしてた時代の名残り。つまり、音楽出版社というのは、楽譜を販売するという形で曲を演奏する権利を売ってた。それがやがてラジオやテレビの発展と共に放送にも適用されるようになった、その名残りなんです。でも、別な仕事もあるにはあって。売れない時代のボブ・ディランやルー・リードが他人に曲を書いてた、みたいな話があるでしょ。彼らは特定の音楽出版社に自分が書いた曲の出版権を預ける。すると、音楽出版社が売れっ子のポップ・シンガーやレーベル・プロデューサーのところに曲の楽譜を持っていって、その曲をレコーディングするように働きかけたりとか。

宇野　その曲がヒットすると、音楽出版社の懐にもソングライターにもお金が入るという仕組み。

田中　日本でよく聞く話だと、音楽出版社と作家契約をしていると、必然的に同じ音楽出版社に所属してるビッグなアーティストの新曲のコンペに優先的に参加できる、みたいな。
宇野　曲が売れたら、すべて同じ音楽出版社に入るわけですからね。エイベックスがブルーノ・マーズの出版権をワールドワイドで管理することになったってニュースが流れた時は、すごい話だなと思ったけど、世界中のどこかで楽曲がまわる場所にうまくはめさえすれば、もう大成功なわけだし、ブルーノ・マーズの曲をちらつかせてアプローチできるわけだから、そこも納得ですよね。ただ、ブルーノが何を条件にエイベックスを選んだのか、それを知るのが怖い気もするけど（笑）
田中　とにかく出版権って儲かるんですよ。日本にも、テレビ番組のテーマソングに起用する代わりに、系列会社の音楽出版社に出版権を預けるとか、FM局に出版権を部分的に預けてヘビー・ローテーションにしてもらうみたいなビジネスの仕組みがあったんだけど——。
宇野　え、そしたら、FM局はその曲を流すだけで自分たちの懐にお金が入ってくるじゃないですか？
田中　そう、まさにマッチポンプ。ただ、例えば、アメリカでは放送メディアが出版権を持つことは法律で禁じられてる。でも、日本だとレーベルや作家が放送メディアに出版権を譲渡することでブレイクした作家も本当にたくさんいて。
宇野　ただ、そうした仕組みを知らなければ、オーディエンスは企業同士が仕組んだ手のひらの上で踊らされてるってことですよね。
田中　日本っぽくていいんじゃないの？（笑）。ただ、現状だと、海外のデジタル・ディストリビューターが、より積極的に動いているのはエージェント的な役割だね。ソングライターやプロデューサーを映画の仕事や、ビッグなアーティストに繋いでいったり。だから、新進のアーティストにとっても、ただレーベルに所属しているよりプラスになるし、ソングライターやプロデューサーにとっても、わざわざ自分のレコードを作らなくてもいいし、よりビッグな仕事に繋がる可能性もある。だから、〈AWAL〉というネーミングが今の状況を象徴してるというか。まんまなんですよ。「アーティスト・ウィズアウト・ア・レーベル」っていう。

宇野　なるほどね。エージェント兼音楽出版社の役割をするようになった。つまり、それはコ・ライティング・システムみたいなものにも思い切り寄与するわけですね。

田中　そう。だから、メジャーの出版部門にもクラブ系のプロデューサーと出版契約を交わして、同じような動きが始まっていたり、邦楽のマネージメント会社もデジタル・ディストリビューターを始めたりもしてる。

宇野　システムさえあれば、人的リスクは少ないですからね。

田中　ストリーミングにアップする作業とロイヤリティの配分だけやるディストリビューターもあれば、出版権の管理やプロモーション、異業種への働きかけに特化したディストリビューターもあって、それぞれが独自の業態になってきている。どのディストリビューターもいかに成功例をいくつも作って、自分たちのセールスポイントを確立するか、そこの競争が激しくなってきてる。だから、今のところは健康的なんじゃないかな。

宇野　以前までのレーベルと違って、向こうが契約を決めるわけじゃないし、アーティストの目的に合わせて、どこのディストリビューターと契約するか、こちらから選べるようになってきた。つまり、才能さえあれば、企業よりアーティストの方にアドバンテージがあるわけで。本当はそれが当たり前の話なんだけど。

ストリーミング・サービスがもたらしたグローバル化

宇野　では、これはもはや当たり前の話だし、話す順番が逆になったような気もしますが、やはりストリーミング・サービスの普及による最大の効用というのは、どの国のアーティストにとっても海外への進出が身近になり、オーディエンスにとっても気軽にいろんな国、文化の音楽に触れられることになったということですよね。

田中　実際、これまでポップミュージックの主なマーケットは、アメリカ、ヨーロッパ、日本だったのが、南米やアジアにも一気に拡大することになった。この後、おそらく中国、インドという膨大な人口を抱えている場所に広がっていくだろうということ。

宇野　ネットフリックスでは、すでにインドは製作においても視聴者数においてもすごく大きな存在感を示してますね。中国にはまだ進出できてないけれど、中国製作のテレビシリーズにはもう乗り出してる。

田中　日本以外の東アジアで音楽のストリーミング・サービスが一気に拡がり始めたのは、もともとフィジカルを中心にしたビジネスが成り立ってなかったからという部分もある。数年前にスポティファイが、ジャカルタで1万人規模のコンサート会場でフリーイベントをやったのね。会場にスマートフォン持参でスポティファイに登録しているのを見せれば入場できて、月額のサブスクリプション契約をしていたら最前列のブロックに行ける。それで、地元のアーティストに加えて、日本からはＡｍＰｍ、韓国からはＮＣＴ　１２７、アメリカからはＤＮＣＥとかが出演して。現場にいた友人に聞いたら、会場はティーンエイジャー中心に超満員、誰が出てきても大合唱なんだって。

宇野　日本とはそもそも海外ポップ・カルチャー受容の前提がまったく違うってことですよね。しかも今ではユーザーはスマートフォンさえあればいいわけだから。

田中　それに以前ならフランスやイタリアで何が流行ってるかなんて、伝聞でしか知りようがなかった。でも、今じゃそれが瞬間的に手に取るようにわかる。

宇野　アーティストサイドには、それがもっと細かく数値化されて、どのエリアでどの曲がどのくらい聴かれているかが全部わかるわけだから、効果的なマーケティングもできますしね。

田中　だから、ストリーミング・サービスが世界中に普及して、誰もが同じものを聴くようになったという部分は一方にはあるわけだけど、むしろその国独自のスターが可視化されて、海外にも広まるという現象がきちんと起こってる。

宇野　単純に今だって普通に、アメリカのヒットチャートにスペイン語や韓国語の曲が入ってきてるわけですからね。自分の国にしか興味がないと思われてきたアメリカですらそうなんだから。そこにはグローバリズムのいい側面というのは確実にある。グローバリズムがローカリズムを殺すというのは、すごく雑な議論であるだけじゃなく、単純に間違ってる。

田中　こうした2010年代の現象に触れて、どこかポップ・カルチャーの底力を見せつけられた気にもなってるんだよね。当初は懐疑的だったストリーミング・サービスに関する意識を変えたのはチャンス・ザ・ラッパーみたいな人たちの成し遂げたことを目撃したことが何よりも大きかったし、自分の中の技術楽観主義みたいなものを支えているのは、国という枠組を越えて、それぞれの国の人たちの文化が互いに出会い、交じり合いつつある現状を感じてきたことが何よりも大きいしね。

宇野　だから、民衆の力を信じるかどうかという話になってきますよね。日本だと、第一に多くの人が英語を読めない、話せない、日常的に接してないという問題があって、第二にフィジカルCD時代に出来上がってしまった巨大なシステムや土壌がある。だから、そういう障壁がないところに比べて、普及のスピードが全然違うのは仕方がないとも言えるわけだけど。

田中 でもさ、ミレニアム後の20年の間、ずっと見せつけられていたのは、巨大なシステムの既得権益にしがみつく産業側と、そんな風に産業側が作り上げた日本固有のバブルの中に暮らしていることに気付きもせず、すっかり時代に取り残されて、新しいものを受け入れられないどころか、その存在にさえ気付かなくなったオーディエンスとの共依存の構図でしょ。もう飽きたよ（笑）。ただ、この先どうなるんだろうね。スポティファイだって、実はそんなに儲かってないという事実もあるし。

宇野 10年やってきて2018年に初めて黒字が出たんでしたっけ？

田中 そう。スポティファイが北米にローンチしたのが2011年。おそらく北米の音楽業界に対する説得材料として、メジャー・レーベルに一部株の譲渡もしていて、ようやく去年、株を上場させたことで、初めて黒字を計上した。IT企業にはありがちだけど、とにかくキャッシュフローだけでまわしてきたはず。

宇野 一方で、アーティストへの配分が少ないと延々文句を言われてきた。

田中 サービスごとにロイヤリティ配分の違いがあったり、ストリーミング回数上位のアーティストの方が有利なロイヤリティ計算になっているとか、今も議論されてることも少なくない。ただ、業界全体としてはあらゆる公正性に向けて、段階的に改善が進んでいると言っていいと思う。

宇野 でも、そう考えると、何か大変ですね、ビジネスって。

田中 （笑）。ただ、最近はあらためて、結局、ビジネスってB to Bでしかないよな、と思うようになってて。あとは国や行政相手ね。要するに株や資産を持っていない人間は、資本主義社会で暮らすメリットなんて1ミリもないのと同じ。我々みたいにコツコツとひたすらオーディエンス向けにコンテンツを作るなんて仕事は、世の中のビジネスの隆盛とはまったく関係ないからね。

宇野　まあ、そうですよね。

田中　今わかりやすいところだと、IT以降のメディア・ビジネスで抜本的なイノベーションをやろうとしているのは、日本国内だとAbemaTVくらいでしょ。アメブロでやったように、AbemaTVを確固としたフリーメディアに育てることさえできれば、広告代理店を通さずに広告収入を得られる、そういう発想じゃないですか。でも、あんな大規模な投資と大きなリスクを持たないと、さらに大きなお金が動くシステムなんて作れないでしょ。

宇野　コンテンツの中身のクオリティは別として、実際にそうですよね。

田中　だから、コンテンツとか言ってる時点でもはや我々なんて蚊帳(かや)の外でしょう。極端な話、システムさえ完成させれば、あとのコンテンツなんて外部にアウトソーシングすればいいわけだから。

宇野　そう考えると、我々のやってることなんて末端の末端。

田中　末端の末端の末端だよ。我々みたいに音楽だ映画だコンテンツだとか言ってるやつは全員負け組。

宇野　あまり言うと悲しくなるからやめてくださいよ（笑）

田中　でも、ホント世の中の人がもっとそういう自覚を持ってほしい。大資本やグローバル企業にとっては、自分たちはマーケティングの駒としてしか扱われていない、という自覚をさ。俺はほとんどビジネス批判ってしないじゃん。レーベルやマネージメントの批判とかもしないでしょう。自分が常に腹を立てているのはエンドユーザーに対してなんですよ。

宇野　世間的には、リスナー批判やオーディエンス批判はご法度と言われてますけどね。

田中　だって、大資本の思惑を正したりすることができるのは、オーディエンスだけじゃん。俺はこれまでジャーナリストと名乗ったことはないから、そこは俺の役目じゃない。宇野くんに任したい。

宇野　うーん。

田中　むしろ買う買わない、使う使わないというひとりひとりの正しい判断が大きく拡がっていけば、市場は変えることができるわけだから。またナイーブなことを言ってるけど（笑）。でも、何かを変える云々以前に、自分自身がマーケティングの駒として扱われているという自覚もないまま、誰もが自分自身が意識的に何かを選択していると勘違いしている。

宇野　あるいは、何も選択しないという選択。最近でこそ減ってますけど、携帯電話のキャリアの契約に誰も使ってないようなメディア企業のサービスがついてくるのとか、まさにそれですよね。そうやって少しずつ課金されてきて、そういうサービスを延命させてきた。

田中　そう。だからカスタマーの意識が変わるしか、世の中なんて変わらないんだよ。宇野　もっと言うなら、それこそ好きなアーティストを自分で選び取っているつもりでいながら、結局は用意された選択肢の中から好きなものを選んでいるだけだったりする。

田中　自分で判断したと思い込んだままね。自分で選んでいるつもりでも、業界の仕組みに無意識のうちに従ってるだけで、その手のひらの中で踊らされているだけ。大概がそう。ストリーミング・サービスのローンチが海外から何年も遅れたことについても、何故そうなったのかについての想像力もありゃしない。ようやくストリーミングが普及し始めたら、今度は誰もがストリーミングの話ばかり。どうしていきなりそこで変わったのかみたいな話は誰もしない。いやいや、本当はすべてが段階的に変わってきていて、その決定打としてストリーミング・サービスがあったんだよっていう。で、そのすべてが産業側の思惑通りだった。ホントこの10年は、その様子を苦々しく眺めているしかなかった。

宇野　この章の結論はそこですね。みんなストリーミングの話はするようになったけど、それ以前に何が起こっていたかが重要で、それを踏まえて今の状況を見なくちゃ何も見えてこない。なのに、日本はそこで目隠しをされていたというか、自分からずっと目を瞑ってきたというか。きっとそのどっちもですね。

田中　2010年代に起こった変化は、ポップ・カルチャーの変化以前に、産業構造の変化と、グローバル社会における政治の動向と密接に関わっている。だから、そこからポップ・カルチャーだけを抜き出して語るのは本当に難しい。でもさ、生粋の政治アレルギーで、できればアートの話だけしていたい俺みたいな人間が、なんでこの章では経済や政治の話ばかりしてるのか、まったく解せないよ。

宇野　仕方ないじゃないですか、そもそもそういう世の中だし、そういうディケイドだったんだし。

田中　次章は映像コンテンツについての章だし、業界の話は宇野くんに任せるわ。俺は作品担当ってことで。もはや自己嫌悪でいっぱいだよ（苦笑）

第４章

ネットフリックス至上主義／市場主義

ピークTV時代と『ブレイキング・バッド』

宇野　音楽と映画はいつの時代もポップ・カルチャーの二本柱だったわけですが、2010年代以降はテレビシリーズが三本目の柱になった。いわゆる「ピークTV」、テレビシリーズ全盛期ですね。

田中　「ピークTV」という言葉自体は2000年代からあったよね?

宇野　HBOの『ザ・ソプラノズ』（1999年～2007年）や『シックス・フィート・アンダー』（2001年～2005年）、AMCの『マッドメン』（2007年～2015年）に代表される、大人向けの上質で複雑な人間模様を描いたドラマをケーブル局が量産するようになったのが2000年代。ただ、本格的に映画界の構造変化まで促して、音楽などの他のジャンルとも交配するようになったのは2010年代以降と言っていいでしょう。2000年代の終盤に始まって、2010年代前半に終了したテレビシリーズでいうと、まずはFOXの『グリー』（2009年～2015年）ですかね。

田中　そうか、『グリー』も2010年代の作品になるのか。作品のテイスト的には、随分昔の作品って印象がある。ただ、シーズン6から2019年を代表するメガスターになったビリー・アイリッシュの兄で、彼女のプロデューサーでもあるフィネアス・オコネルが役者として出演していたことを思うと、時代の橋渡し的な作品と言えるのかもしれないね。

宇野　そしてもちろん、２０００年代に始まった作品として絶対に避けて通れないのは、ＡＭＣの『ブレイキング・バッド』（２００８年〜２０１３年）です。

田中　その前日譚であるスピンオフ作品『ベター・コール・ソウル』（２０１５年〜）まで含めると、今も継続中の数少ない２０１０年代を代表するコンテンツということになる。

宇野　ＢＢＣの『シャーロック』もまだ正式には終わってないし、ＡＭＣの『ウォーキング・デッド』もシーズンを更新中ですが、その両作品もシーズン１が始まったのはちょうど２０１０年。この二つは比較的日本でも多くの人に観られている作品なので、２０１０年代のテレビシリーズがいかに強い文化的影響力を持っていたかについて、共通認識を持ちやすい作品でしょうね。

田中　ただ、第１章での「２００８年から２０１０年代が始まった」という仮説に添うなら、『ブレイキング・バッド』をひとつの起点だと位置付ける、そんな視点はどうですか？

宇野　まったく問題ないと思います。もちろん日常的な仕事にも関係しているので、それまでも映画と並行して、国内のＢＳ放送やＣＳ放送で主要な海外のテレビシリーズは追ってましたけど、個人的にも２０１０年代的なクロスオーバーなカルチャー受容のすべてのスイッチが入ったのが、『ブレイキング・バッド』への興奮からでした。

田中　このドラマの背景にあるのは、オバマ・ケアでしょ？

宇野　バラク・オバマが大統領選挙当時から公約に掲げていた医療保険制度改革ですよね。今のところ健康保険制度が完備されている日本だとちょっと想像しにくいですけど、アメリカでは『ブレイキング・バッド』の主人公みたいな高学歴の白人でさえ、癌に侵されてしまっただけで生活が破綻してしまうほどの医療の高額化が問題になっていた。そして、トランプが大統領に就任してから最初にやった仕事がオバマ・ケアの見直しだったという。

田中　つまり、「クリスタルメス」という高純度の覚醒剤にまつわる裏社会でのドラッグ・ディールを巡る徹底したエンターテインメント作品でありながら、その設定の背景には明確な社会意識があった。でも、社会的、政治的なメッセージを強烈に打ち出したプロパガンダ作品にはなっていない。そこの絶妙なニュアンスですよね。

宇野　２０１０年代というディケイドは、政治性を強く打ち出した作品が勢いを持っていた時代だったわけですが、むしろそうした社会性や政治性を前景化させないエンターテインメント作品に仕上がっていることがポイントということですか？

田中　『ブレイキング・バッド』を観始めた当時、これはブルース・スプリングスティーン『The River』の現代版だな、と思ったんですよ。

宇野　『The River』のタイトルトラックも、ガールフレンドが妊娠して、家族が一人増えただけで経済的に破綻してしまう田舎町に暮らす貧しい労働階級のカップルについての歌ですもんね。

田中　表向きはラブソングだし、アルバム全体としてもパーティアルバムでもあるんだけど、そこでの乱痴気騒ぎにもペーソスがべっとりと張り付いていて、当時の社会状況に対する不安が滲み出てる。『The River』は、ちょうど１９８０年にアメリカの政権が民主党のカーターから共和党のレーガンへと移っていく時代のムードを切り取った作品でもあって。つまり、民主党的な倫理や建前に疲れきったアメリカ社会が、手っ取り早い解決を求めた時代。それって２０１０年代半ばの空気にすごく似通ってるんです。

宇野　なるほど。『ブレイキング・バッド』が画期的だったのは、複数のキャラクターのストーリーが頻繁に入れ替わったり、クリフハンガー（続きへの期待を掻き立てる作劇）だったりと、テレビシリーズ的なストーリーテリングも駆使されてはいますが、撮影や編集や音楽の使い方が極めて映画的に作られていたところなんですよね。

田中　具体的にはどの時代の映画ってことになるの？

宇野　精神的には70年代アメリカンニューシネマ的なアンチヒーローとバッドエンド、技法的には90年代のクエンティン・タランティーノ作品。特に『パルプ・フィクション』（1994年）からは直接的なレファレンスも多いんですけど、タランティーノ・フォロワーみたいな映画監督の多くが時代の気分として作品の上っ面だけ模倣していたのに対して、『ブレイキング・バッド』は『パルプ・フィクション』の手法を徹底的に解析した上で更新してみせた。ちなみに、『パルプ・フィクション』のサミュエル・L・ジャクソンは、カメオ出演を志願するほど『ブレイキング・バッド』の大ファンで、作品と全然関係ないのに『ブレイキング・バッド』最終回放送直前の特番にまで出演していました。最終回が放送されたのは2013年9月で、ちょうどソーシャルメディアがほぼ普及した時期だったので、テレビシリーズ発の世界的熱狂を初めてリアルタイムで体験したのはあの時でしたね。

田中　2019年5月にHBOの『ゲーム・オブ・スローンズ』（2011年〜2019年）の最終回が放送された直後、ツイッターでは作品関連ワードと並んで世界中で「Breaking Bad」がトレンドの上位になったよね。終わったばかりの『ゲーム・オブ・スローンズ』が、6年前に終わった『ブレイキング・バッド』を超えて史上最高のテレビシリーズの座に値するのかについて、世界中の視聴者が侃々諤々意見を交わしていた。

宇野　この第4章ではネットフリックスを章タイトルにしながら、冒頭からAMCの『ブレイキング・バッド』の話をしてますが、AMCはそのスピンオフ作品『ベター・コール・ソウル』の独占配信権をネットフリックスにセールスして、2019年10月にはネットフリックスが『ブレイキング・バッド』の続きが描かれた長編映画『エルカミーノ』を独占配信しました。つまり、『ゲーム・オブ・スローンズ』と並ぶ史上最高のテレビシリーズも、今ではネットフリックスのコンテンツと言ってもいい。

『ハウス・オブ・カード』と『オレンジ・イズ・ニュー・ブラック』

田中　ネットフリックスがオリジナル作品を初めて作ったのは？

宇野　単独で製作を手がけたのは『ハウス・オブ・カード』（2013年〜2018年）が最初ですね。

田中　そうか、自分はDVDをレンタルして観てたからまったく意識してなかったけれど、いきなり『ハウス・オブ・カード』から始まったんだ。作品の中身もそうだけど、テレビシリーズの製作環境の変化という意味においてもそれだけ重要な作品だったということか。

宇野　もっとも、ハーヴェイ・ワインスタインと並んでMeToo運動の発端となったケヴィン・スペイシーが途中で降板させられたことで、今となっては作品の歴史的評価まで宙に浮いてしまった感もありますが。

田中　皮肉っぽい言い方になるけど、いろんな意味で2010年代という時代の変化と並走した作品だよね。このディケイドを50年後に回想するにも、うってつけの作品と言えるかもしれない。現実世界での出来事を見据えた本格的な政治サスペンスであり、ボー・ウィリモンの脚本、デヴィッド・フィンチャーの演出、ケヴィン・スペイシーとロビン・ライトの名演——同時代のどんな映画作品にもクオリティで引けを取らないどころか、面白さでも圧倒していた。

宇野　シーズン4までは本当にダントツの面白さでしたね。『ハウス・オブ・カード』に関しては、ケヴィン・スペイシーのスキャンダルよりも前、２０１６年のシーズン4と２０１７年のシーズン5の間にトランプが大統領選で勝ったことが最大の失速の原因でした。デヴィッド・フィンチャーがいくつかのエピソードで演出を手がけていたのはシーズン2までですけど、このタイミングでボー・ウィリモンも離脱しました。

田中　ボー・ウィリモンって、かつてはヒラリー・クリントン陣営の参謀で、彼女のスピーチライターもやってたわけだよね？　つまり、民主党内部に対する徹底したリサーチの上で作られていた作品だった。

宇野　そう。フランク・アンダーウッドのモデルの一人が60年代の民主党の大統領リンドン・ジョンソンだったり、ケヴィン・スペイシーが共和党のケヴィン・マッカーシーの政治活動に同行して役作りをしてたりしたことは知られていますけど、劇中の設定も民主党であること、妻も政治家として台頭していくことなど、アンダーウッド夫妻の未来をクリントン夫妻の並行世界的に描こうとしていたことは明白です。

田中　現在進行形の社会の変化に題材を求めて、社会的なイシューをいくつも取り込みつつ、なおかつ、虚構の世界におけるエンターテインメント性とのバランスを取る——そうした方向性は２０１０年代の優れたコンテンツの特徴でもある。

宇野　でも、『ゲーム・オブ・スローンズ』のようなファンタジーと違って、同時代の政界を舞台にそれをやるというのはなかなかの綱渡りですよね。ＨＢＯの『ヴィープ』（２０１２年〜２０１９年）のようなコメディ作品だったら、まだ逃げようがあったわけですが。

田中　現実の急激な変化にフィクションが追い抜かれてしまったってことだよね。特にエンターテインメント業界のリベラル勢は、あの大統領選の結末を誰も予想してなかった。

宇野　『ハウス・オブ・カード』だけでなく、トランプの勝利がハリウッドで開発中の作品に与えた影響は相当なものだったはずです。CBSが自社のストリーミング・サービスをスタートさせる時の目玉作品として製作した『グッド・ファイト』（2017年〜）は、トランプの大統領選勝利演説から始まりますが、それまでのプランをすべて放り出して、トランプ政権を前提に作り変えられたテレビシリーズでした。あと、自分が監督から直接訊いた話の範囲だと、当初、70年代のテニス界における女性対男性の戦いを描いた映画『バトル・オブ・ザ・セクシーズ』（2017年）は、大統領選の直後に公開される予定でしたが、公開が大幅に遅れた。そこではスティーブ・カレル演じるボビー・リッグス選手が女性差別主義者として描かれているんですけど、その描写の仕方が手ぬるいと批判されるようなことになってしまった。

田中　製作当時はヒラリーが勝つ前提で作られていたのが、大統領選後に社会全般における倫理基準が大幅に変化することになって、より作品に対する政治的妥当性が求められる時代になったってことだよね。つまり、2016年秋のアメリカ大統領選をひとつの区切りとして、作品の方向性もその受容における批評軸も激変することになる。そうした変化を刻み込んだ時代のランドマークとして『ハウス・オブ・カード』を位置付けることもできる。

宇野　そういうことだと思います。

田中　じゃあ、『ハウス・オブ・カード』という作品を2010年代の起点のひとつに置くとして、もう1作品——ネットフリックスが単独で製作に乗り出した頃の作品でいうと、『オレンジ・イズ・ニュー・ブラック』（2013年〜2019年）もすごく重要だよね？

宇野　『ハウス・オブ・カード』の配信が始まったのが2013年2月、『オレンジ・イズ・ニュー・ブラック』の配信が始まったのが２０１３年7月。ネットフリックスに限らず、本当にここから一気にテレビシリーズ全体の状況が大きく動いた感じでしたね。

田中　うん、この2作品から本格的に２０１０年代が始まったという歴史認識でいいんじゃないかな。実際、『オレンジ・イズ・ニュー・ブラック』という作品は、ネットフリックス以降のテレビシリーズを定義付けたと言ってもいいと思う。

宇野　この作品をタナソーさんが高く評価するポイントは何ですか？　ショーランナーのジェンジ・コーハンをはじめ、主要スタッフの多くが女性ということはよく語られますが。

田中　そう。と同時に、女性刑務所を舞台にすることで、登場人物の大半も女性。乱暴に言うと、女性たちが作った女性たちのドラマだった。ＬＧＢＴＱについても、バイセクシャルである主人公を筆頭に、レズビアンやゲイ、トランスジェンダーといった様々な性的なアイデンティティを持ったキャラクターがごく当たり前に何十人も出てくる。それに、まずそれぞれの明確なキャラクター設定があった上で、たまたまそれぞれの性的アイデンティティがレズビアンやゲイだったりするっていう描き方なんだよね。民族プレゼンテーション的な部分では、現在の北米での民族比率を反映させて、スパニッシュ圏の移民たちの文化特性や、その中での多様化や軋轢についても克明に描かれる。

宇野　このテレビシリーズが、ジェンダーや民族の多様性という２０１０年代を代表するトレンドの先駆的存在だったという見方もありますよね。60年代後半に比するようなアイデンティティ・ポリティクスの時代でもあった２０１０年代を代表する作品という。

田中　ただ、最も重要なのは、多様性を打ち出すために登場人物のアイデンティティの頭数を揃えるといった愚策によって応えるのではなく、それぞれのアイデンティティをもったキャラクターたちの人格や特徴をとにかく克明に繊細に描き出すことに力点を置いている。つまり、ディテールで示したこと。だって、表現において最も大切なのは、メッセージの政治的な妥当性よりも、ディテールが示す繊細なニュアンスでしょ？

宇野　なるほど。そもそもがポリティカル・コレクトネスの間違った発露とはまったく違っているし、脚本や演出での描き込みが作品の時代性を担保していたわけですね。

田中　性的な衝動も含め、タブー視されがちなグロテスクな部分も包み隠すことなく、人格からその背景に至るまでひとりひとりのキャラクターに対する描写がとにかく繊細かつ克明なんです。全員がクソみたいな部分を持ってて、さらなる間違いを犯したりするんだけど、ほぼ全員のキャラクターに何かしら愛着を持たずにはいられなくなる。

宇野　しかも、それをコメディ作品として提示した。言葉が適切かどうかわかりませんが、社会派コメディってことですよね。そうしたトーン＆マナーというのは、同じネットフリックスの『マスター・オブ・ゼロ』（２０１５年〜）やＦＸの『アトランタ』（２０１６年〜）のような傑作以外でも、それ以降のテレビシリーズのひとつの潮流だったと言えるかもしれない。

田中　もうひとつ重要なのは、２０１０年代というのは、マイノリティや被害者からの視点で社会を見つめ直そうというディケイドでもあったわけだけど、『オレンジ・イズ・ニュー・ブラック』の場合、そこに加害者としての視点も盛り込まれている。

宇野　そもそも、登場人物の大半が犯罪者なわけですからね。

田中　シリーズ全体を通して、あらゆる種類のハラスメントや罪、過ちが描かれるんだけど、それを社会の歪みとして捉えつつも、脚本家や演出家が個々のキャラクターにおける加害者性をどこまでも追い込んでいく。とにかく容赦ないんですよ。

宇野　なるほど。それぞれの犯罪の背景にある社会に対する告発があると同時に、踏み外した人々の罪や加害者性をきちんと断罪していくんだ、と。

田中　『全裸監督』（2019年〜）とかもシリーズが進むにつれて、そんな風に発展していけばいいんだけど。あと、『ハウス・オブ・カード』はそこで足をすくわれてしまったわけだけど、シリーズが進むに従って、その間に起こった現実世界での変化を作品が取り込んでいくという手法。これはテレビシリーズにしかできない。

宇野　そうですね。

田中　『オレンジ・イズ・ニュー・ブラック』の原作自体は、リベラルな教育を受けた裕福な白人女性がドラッグ・ディールに巻き込まれて、女性刑務所に収監されるという手記のドラマ化として始まった。つまり、白人側から見たカルチャー・クラッシュのドラマだったんだよね。ところが、シリーズが進むに従って、完全に群像劇になっていって、それぞれの民族のプレゼンテーションをきちんと描いていくと同時に、アイデンティティの軋轢がプロットの中心になっていく。

宇野　とにかく多様性を称揚しなきゃならないという素朴なリベラル的な態度ではなく、多様性というのはそもそも現実に存在していて、むしろ乗り越えなくてはならない厄介な問題だという視点があるわけですね。マルチカルチュアリズム的な視点というか。

田中　その通り。だから、女性刑務所という舞台設定を使うことで、あらゆる異なるアイデンティティがせめぎ合う北米社会の縮図を描き出すことに発展していく。しかも、それがやがて旧態依然としたリベラル的な価値観が機能不全を起こしているという描写や演出にまで発展していく。つまり、シリーズが進むごとに議論を積み立てていくんですよ。それが本当に見事で。

宇野　なるほど。これは次章のＭＣＵ作品にも繋がるポイントかもしれませんが、映画やポップソングの場合、時代のある瞬間の出来事に対する瞬間的なコメンタリーなわけだけど、何年にもわたってシリーズが続いていくテレビシリーズの場合は、シリーズを通して時代の変化に逐次対応することで、時代の変化そのものをキャプチャーすることができるんだ、と。それは、2010年代にどうしてテレビシリーズが映画に対してここまで優位性を持つことになったかの最大の理由かもしれませんね。

田中 それに加えて、トランプ政権が誕生した後には『ローガン・ラッキー』(2017年)や『スリー・ビルボード』(2017年)みたいな、トランプ政権の支持者を理解不能な狂信者として見るんじゃなくて、大統領選の結果の背景をきちんと捉え直そうという視点を持った映画が作られたわけだけど、『オレンジ・イズ・ニュー・ブラック』はそうした作品の先駆けでもあったと言えるかもしれない。

宇野 2010年代後半というのは、リベラル側の問題点が浮上する時代でもあったけれど、そのリベラル的な価値観に対する自己批評的なメスをも鋭く切り込んだという意味でも重要だった、と。

田中 でも、やっぱりとにかくディテールが凝ってるんですよ。宇野くんは『アントマン』(2015年)を観た時、モリッシーの音楽がヒスパニック・コミュニティに根付いている事実の描写に興奮してたじゃない？『オレンジ・イズ・ニュー・ブラック』でもそこは当たり前のように描かれていて。スパニッシュのユーチューバー志望の女の子二人が収監されてるんだけど、彼女たちが看守から裏の手口を使ってiPodを手に入れるシーンがあるんだけど。そこに入っていたのがフリート・フォクシーズだった、という絶妙さでさ。二人はそれに「なんでスミスとモリッシーは入ってないの?」みたいな(笑)。あと、さっと思いつくレベルだと、ゲイ・ディスコの描写も素晴らしかった。

宇野　ちょうど2019年7月にシーズン7で完結したわけですけど、結末に関してはどういう評価なんですか？

田中　ちょっと盛り込みすぎではあった。不法滞在者やレフュジー（難民）、犯罪を犯した移民の強制退去とか、イスラム圏のLGBTQについての話とか。ただ、溜飲を下げたのは社会的な贖罪というテーマだね。

宇野　というと？

田中　最終シーズンでは、刑期を終えた出所者のその後の人生、受刑中の特殊な環境でさらなる罪を犯した連中のその後の人生という部分にフォーカスしてるんですよ。

宇野　つまり、社会復帰の過酷さですね。

田中　ほら、マーベルが映画とテレビシリーズで扱った重要なモチーフのひとつが退役軍人でしょ。彼らのトラウマと社会復帰。

宇野　そもそも、ウィンター・ソルジャーって言葉が退役軍人のことですからね。

田中　『オレンジ・イズ・ニュー・ブラック』の最終シーズンが秀逸なのは、MeToo加害者の「その後」についても描こうとしているところ。つまり、問題提起と告発の時代でもあった2010年代にきちんと決着をつけようとしてる。2010年代を始めた当事者がきちんと2010年代を終わらせようという意志を汲み取れるんです。

宇野　なるほど。ここまでの話を聞いていてよくわかったのは、自分は映画を浴びるように観てきた生活の延長上でテレビシリーズにハマっていったわけですけど、タナソーさんの関心って、何よりもアメリカの現在を知る上での参考書的な見方が大きいってことですよね？

田中　2010年代半ば頃までのテレビシリーズに関しては間違いなくそうだね。だから、宇野くんとはまったく別なルートを経て、今ここに辿り着いてる。それ以前はどこか映画原理主義的というか、テレビシリーズ——いわゆる、海外ドラマを見下していたところがあった。旧来のシットコム的なイメージが払拭できなかったんだと思う。

宇野 そういう視聴者は少なくないと思いますよ。もしかすると、今でも。

田中 ただ、『ブレイキング・バッド』『ハウス・オブ・カード』『ゲーム・オブ・スローンズ』、それとFOXの『エンパイア』（2015年〜）辺りをツタヤで借りて観るようになって。

宇野 2015年辺りまでは、まだレンタルDVDも必要な情報源でしたよね。

田中 特にこの4作品のおかげで意識が一気に変わり始めた。海の向こうの現在進行形のアメリカ——それも我々の生活と密接に関係してるわけだけど——の動きを把握するためには、これは観ておかないとヤバいぞっていう。で、そうした意識を決定付けたのが『オレンジ・イズ・ニュー・ブラック』だったんです。で、2015年の秋にネットフリックスが日本でローンチされた時期には、夢中になっていろんな作品をビンジ（テレビシリーズの1シーズンを一気に最初から最後まで観ること）するようになった。

宇野 『エンパイア』に関しては、当時、どんな文脈で観てたんですか？

田中 やはりブラック・ライブズ・マターの以前と以後における北米の音楽業界と社会との関係を多角的に理解する上での参考書的な位置付けですね。ショーランナーでもあるリー・ダニエルズは、『大統領の執事の涙』みたいな映画でブラック・コミュニティにおける白人社会への同化主義や公民権運動、そうした動きの中での世代間の違いや軋轢を扱ってきた人物なわけじゃないですか。個人的にも2013年くらいからラップミュージックばかり聴くようになって、最初の3シーズンくらいまでの『エンパイア』は、その向こう側に広がる背景を理解するための参考書としては最適だったんです。

宇野　パブリック・エネミーのチャックDが、かつて言っていたところの「ラップは黒人のCNNだ」みたいな感じ？

田中　そう。ただ、ラップ・コミュニティだけじゃなく、マックス・マーティン全盛期の2010年代前半からブラック・ライブズ・マターを経由して、ラップやR&Bが覇権を握ることになる過程――そうした北米全体の見取り図としても活用してた。『エンパイア』って、シェークスピアの『リア王』に出てくる三人の姉妹を雛形にすることで、その両親を含めた音楽セレブリティ家族の中での世代間の軋轢やブラック・コミュニティ自体の多様化を描いた作品だから。

宇野　なるほど。ブラック・コミュニティの分割統治についても触れていた『ブラックパンサー』（2018年）にも繋がる話ですね。

田中　主人公の父親は、ラッパーでありながら業界の黒幕――乱暴に言うと、Jay-Zだよね。息子たちもゲイのR&Bシンガーや若い世代の典型的なギャングスタ・ラッパーだったり。当時はまだミーゴスやレイ・シュリマーがブレイクする2017年以前だったから、ポップ・カルチャー的視点からすると、ラップ・カルチャーがまだアトランタやシカゴのローカル表現だった。その当時のラップミュージックを理解する最初の入口になってくれたのが『エンパイア』なんですよ。

宇野　つまり、『To Pimp a Butterfly』当時のケンドリック・ラマーや、同時期のチャンス・ザ・ラッパー『Coloring Book』、フランク・オーシャン『Blonde』を聴くための参考書ってことですね。

田中　そう。賛否両論はあったと思うんだけど、特にブラック・ライブズ・マターに対する内側からの批判的な演出があったり、とにかく視点が多角的なんですよ。だから、自分のテレビシリーズの見方は邪道というか、作品性の高さよりも、ドラマの中から現実の社会やポップ・カルチャーのアナロジーを読み取ることに夢中になってた。

宇野　なるほど。で、そうした興味と好奇心が『アトランタ』にも繋がっていくわけですよね？

田中　そう。作品性においても『アトランタ』は決定打だった。だから、その前日譚を理解する上で『エンパイア』は最適だったんです。同時期に、『世界と僕のあいだに』を書いたタナハシ・コーツの存在を知ったり、彼が映画『ブラックパンサー』よりも先にコミックの『ブラックパンサー』の脚本を手掛けていたことを知って納得したり。だから、音楽と映画やテレビシリーズだけじゃなく、全部が有機的に繋がっていく体験を後押ししてくれた最初のハブが『エンパイア』だったから、感謝しても感謝しきれないっていうか。

『スタートレック』から始まったシンジケーション

宇野　ところで、先ほど映画に比べてテレビシリーズを見下していたという話がありましたけど、タナソーさんがティーン時代の最大の影響のひとつに挙げる『スタートレック』は、そもそもテレビシリーズから始まったわけじゃないですか？

田中　いや、そこは文脈が違うんだよ。1966年から始まって3シーズン続いた『スタートレック』というのは、60年代のポップ・カルチャーを代表する作品。それに、当時では異例の主要キャラクター全員が異なる民族で構成されていたり、地上波の番組で初めて白人と黒人のキス・シーンを全世界で流したことに象徴されるように、同時期のサマー・オブ・ラブ的な価値観や公民権運動と並走した革新的な作品だった。実際に、マーティン・ルーサー・キング本人とも密接な関係のあった作品だしね。

宇野　ヒッピー世代の若者がアメリカ大統領に選出しようとしたのが、『スタートレック』のミスター・スポックと『ピーナッツ』のスヌーピーと『指輪物語』のガンダルフの3人だった、って話を以前からよくしてましたね。

田中　それにナード・カルチャーやファン・カルチャーの始祖的存在でもある。スーパーヒーロー映画のプロモーションには不可欠なコミコンと同じく、アメリカ全国各地で大規模なコンベンション大会を開くことでファンダムを育むというのも『スタートレック』が始まり。今じゃ、コスプレっていう文化も日本のお家芸みたいになってるけど、それも元来は『スタートレック』のコンベンション大会が発祥の地なんだよ。ただ、別な側面から見ると、『スタートレック』という作品は、度を超したビジョナリー（予見者）だったジーン・ロッデンベリーというプロデューサーと、製作スタジオであるパラマウントとの長年にわたる衝突の歴史でもあって。

宇野　というと？

田中　日本では『宇宙大作戦』と呼ばれてた最初のテレビシリーズが打ち切られてから10年近くの間、ジーン・ロッデンベリーは新シリーズに向けての脚本やパイロット版を作り続けるんだけど、ずっとスタジオから却下され続ける。で、その復活の契機になったのが『スター・ウォーズ』景気なんだよ。

宇野　『スター・ウォーズ』（1977年）の爆発的ヒットを受けて、パラマウントが二匹目のドジョウを狙った結果という。

田中　ただ、ようやく製作された1979年の最初の映画は一応ヒットはしたものの、内容は散々で。しかも、この1作目を最後にジーン・ロッデンベリーは製作から外されてしまう。で、彼にあてがわれたのが、1987年から始まるテレビシリーズ『スタートレック・ネクストジェネレーション』（『新スタートレック』）。で、この作品は結果的に、ビジネス面でも、今のテレビシリーズに繋がる道筋を作ることになった。

宇野　というと？

田中　パラマウント製作なんだけど、その番組をローカルのケーブルテレビに売るというビジネス。

宇野　いわゆるシンジケーションですね。そうか、それまでも再放送の権利の販売はあったわけだけど、ネットワーク局の外部で大きな予算をかけたテレビシリーズを作って、それを独自に各局にセールスするっていうことを本格的にやり始めたのは『スタートレック』が最初だったのか。

田中　当時の3大ネットワークをはじめ、大口の放映契約が取れなかったからこその苦肉の策だったんだけどね。

宇野　ネットフリックスは自社製作の作品以外はプロモーションに力を入れていないこともあって、あまり話題になってない感もありますが、2017年から作られている『スタートレック：ディスカバリー』もアメリカとカナダではCBSで放送されていて、それ以外の国ではネットフリックスに配信権を販売してますね。

田中　ただ、『スタートレック：ディスカバリー』は健闘してたけど、内容的には佳作止まりだった。そもそも何世代にもわたり、グローバルに拡がった巨大なファンダムを納得させようとするには無理があったという印象。加えて、ポリティカル・コレクトネス的な目配せに翻弄されてしまった作品の典型でもあって。だから、トレッキー視点からすると、むしろ2020年からの新シリーズ『スタートレック：ピカード』に期待したい。

宇野　『スタートレック・ネクストジェネレーション』がシンジケーションの始まりだったという指摘は重要です。まさに、そのシンジケーションについての話が日本ではわりと抜け落ちているところで。

田中　その辺り、詳しく説明してもらえますか？

宇野　視聴解析に基づくビッグ・データやディィープ・ラーニングといったテクノロジー企業としての側面については、日本でネットフリックスを語る際にもよく出てくるわけですが、コンシューマーにとって最も重要なのはそのサービスのコストとコンテンツの調達能力ですよね。ネットフリックスが勝ってきた最大の要因はそこにある。もともとネットフリックスが、アメリカから何年も遅れて日本でツタヤもやり始めたようなDVD宅配レンタルという業態から始まった会社だってことはよく知られていますが、ストリーミング・サービスに業態の中心を移行する際に彼らが切り崩そうとしたのは、ケーブル局のバンドル契約で。

田中　バンドルというと、ポップミュージックの世界だと、チャート戦略のためにフィジカルCDやマーチ、コンサート・チケットをバンドルする、抱き合わせ商法のことを思い浮かべるわけだけど。

宇野　昔からアメリカではほとんどの家庭がケーブル局と契約していたわけですけど、それって個別に局と契約しているわけじゃなくて、主要なケーブル局が複数まとまったパッケージで契約しているわけです。それがバンドル契約。スポーツをよく観る家庭はスポーツ寄りのパッケージ、コメディをよく観る家庭はコメディ寄りのパッケージみたいな感じで。

田中　日本の状況に当てはめると、国民のほとんどがスカパー！に契約しているような状態がもともとあったということだ。

宇野　そうです。でも、バンドル契約の内実はスカパー！よりもジェイコムみたいな業態に近いですね。要は、ケーブルテレビのパッケージと電話回線とネット回線をまとめて契約するみたいな。

それで月150ドルとかそのくらい。

田中　結構するんだね。

宇野　アメリカ人のテレビでのスポーツ観戦好きは異常ですからね。パッケージにESPNとかFOXスポーツとかが入ってると、必然的にそのくらいの価格になってしまう。

田中　逆に言うと、いくらネットフリックスでもアマゾンでも、スポーツ中継を手に入れるためには放映権が高すぎる？

宇野　今のところアメリカでは、スポーツ中継はストリーミング・サービスが手を出せない最後の聖域みたいな感じですね。ESPNはもともとディズニー傘下ですし、FOXスポーツも今やディズニー傘下になったわけだから、資本は同じだったりするんですけど。

田中　そうなると、スポーツ以外のコンテンツを充実させることで競争しないといけなくなってくるわけだね。

宇野　そうです。まずネットフリックスはケーブル局の高額なバンドル契約を躊躇するような、若い単身世帯に狙いを定めて契約を増やしていった。ストリーミング・サービスが始まったばかりの頃はほとんど競争もなかったので、映画やテレビシリーズの配信権も獲得しやすかった。ただ、ストリーミング・サービスにおいても、競争相手との配信権獲得の争い――つまり、新しい時代のシンジケーション市場が生まれるのは時間の問題となってきて、そこで自社のブランド力や契約者のロイヤリティを高めるために、これまでのテレビシリーズでは考えられなかったような高いギャラのスタッフを集めた『ハウス・オブ・カード』のようなオリジナル作品の製作に乗り出すようになったわけです。

田中　なるほど。近年はエミー賞やゴールデングローブ賞のノミネートがあると、ネットフリックスから何本、アマゾンから何本、Huluから何本、HBOから何本、FXから何本みたいな報道があったりするじゃない？　でも、そもそも会社としては業態がまったく違って、大きな会社の一部門である製作部門の争いでしかないってことだよね。

宇野　そうです。ワーナー傘下のケーブル局HBOも、今ではディズニー傘下のFOXグループのケーブル局FXも、ネットフリックスやアマゾンやHuluに対抗して独自のアプリを開発して、テレビやPCやタブレットを通してストリーミングで作品を観られるようになってますけど、アマゾンは言うまでもなく、ネットフリックスと他のケーブル局はそもそも会社の規模も業態もまったく違うので、サービスについて語るのか、作品について語るのかで焦点が変わってくるんですよ。

田中　つまり、音楽のストリーミング・サービスと根本的に違うのは、まずはそれぞれのストリーミング・サービスが独自に製作するオリジナルコンテンツが存在するってことなんだけど、いろんなシンジケーションのパターンがあって、個々の作品が映画の世界ではスタジオ、音楽の世界ではレーベルみたいなことには一概には仕分けできないってことだ？

宇野　そうです。それと、いわゆるネットフリックス・オリジナル作品というのも使い方に気をつけなきゃいけない言葉で。

田中　というのは？

宇野　ネットフリックス・オリジナル作品には大きく分けると3種類あるんです。ひとつは、製作の初期段階からネットフリックスが入っている作品。テレビシリーズだと『ハウス・オブ・カード』『オレンジ・イズ・ニュー・ブラック』『ナルコス』（2015年～）『ストレンジャー・シングス』（2016年～）『マスター・オブ・ゼロ』『13の理由』（2017年～）『全裸監督』など、プロモーションも力を入れるので話題になる作品が多いですよね。映画だと『オクジャ』（2017年）や

『ブライト』（2017年）や『バード・ボックス』（2018年）や『アイリッシュマン』（2019年）や『マリッジ・ストーリー』（2019年）がそれに該当しますが、作品の開発は進んでいて、ネットフリックスが途中から資金面で援助するかたちで入ることも多いです。

田中　なるほど。

宇野　もうひとつは、完成した作品の世界独占配信権を買い取った作品。『ビースト・オブ・ノー・ネーション』（2015年）や『ローマ』（2018年）は公開前に契約を結んだ作品でしたが、映画祭などの平場のマーケットでインディ作品やドキュメンタリー作品を買い付けることも多いです。あと、実はとても多いのは地域限定で独占配信権を取得した作品で。だから『スタートレック：ディスカバリー』も、日本では「ネットフリックス・オリジナルシリーズ」と最初にクレジットされるわけです。

田中　線引きとしては、三つ目の地域限定の独占配信作品に関しては、ネットフリックス・オリジナル作品と呼ぶのは憚（はばか）られるってことだ？

宇野　そうですね。複雑なのは、シリーズの途中からネットフリックスの資金や独占配信権が入ってきた作品。『ブラック・ミラー』（2011年〜）は、シーズン3から製作がイギリスのチャンネル4からネットフリックスに移行しましたし、先ほども言ったように『ブレイキング・バッド』は映画版『エルカミーノ』でネットフリックスが独占配信権を獲得しました。

田中　いろんな形で権利主体や資本の譲渡や移行があって、それが作品の製作システムや内容にも影響を与えている。

宇野　2019年の秋以降、ディズニーやアップルやHBOが新たなストリーミング・サービスを次々と立ち上げることで、プラットフォームの数も作品数もさらに増えていくことに加えて、スピンオフ作品やシリーズ作品では、その権利や製作主体の移行がより頻繁に起こるかもしれません。

フィンチャーとソダーバーグの脱出

田中　じゃあ、ここであらためて、そもそもどうして２０１０年代がテレビシリーズの黄金時代になったのか？　そして、ネットフリックスがそこで果たした役割について整理してもらえますか？

宇野　一言で言うと、クリエイターに対して、ハリウッドよりも映画的才能を活かす機会を与える場所になったってことですよね。監督にしろ、脚本家にしろ、役者にしろ。もちろんその前提には、この10年だけでなく20年くらいのスパンでテレビシリーズの世界で優秀な人材が育っていたこと、これまでのネットワーク局とケーブル局、さらにストリーミング・サービスが加わったことで、世界規模でのシンジケーションも盛んになって製作費を調達しやすくなったこと、といった、様々な要因が重なっているわけですけど。そもそもの一番大きな原因は、ハリウッド映画の変質にある。

田中　大作主義やシリーズ作品の乱造ってこと？

宇野　そうです。自分は１９９９年から２００１年にかけて映画誌の編集をしていたんですけど、ちょうどその時期に始まったのが『ハリー・ポッター』シリーズ（２００１年〜２０１１年）と『ロード・オブ・ザ・リング』シリーズ（２００１年〜２００３年）で。もちろんそれまでも映画のシリーズ作品はありましたけど、この２つのシリーズは「原作もの」で「長期シリーズ」で「計画的に毎年同じ時期に新作が公開される」という、数年先までの展開が決定していた点で、これまでのシリーズ作品とはまったく違っていた。

田中　要は日本の『ドラえもん』や『名探偵コナン』と同じように、正月や春休みのハイシーズンの映画館を毎年同じ作品が占拠するようになった。

宇野　そうです。そういう状況になってしまうと、どちらかといえばヨーロッパ映画よりもアメリカ映画、アート作品よりもエンターテインメント作品が好きな自分にとって、「これはつまらない時代になったな」と思わずにはいられなかった。

田中　なるほど。ハリウッド全体がそうしたシリーズ映画にハックされることで、インディ製作のアート作品とスタジオが作るエンターテインメント作品という二極化がより推し進められてしまって、両者のマージナルな場所に存在し、ポップ・カルチャー最大の震源地でもあったはずのそれまでの「アメリカ映画」の場所が狭まってしまった。それに対する落胆ってこと？

宇野　そうです。今も大筋ではその流れは変わらず、ディズニーの古典リメイクや、マーベル映画や、DC映画が毎年何作も作られているわけです。まあ、マーベル映画の特異性については次の章でじっくり話したいと思いますが。

田中　一番のポイントは、シリーズものの大作の乱造によって、オリジナル作品で勝負をするタイプの監督や俳優が脇に追いやられてしまったことだよね？

宇野　そういうことです。

田中　自分の場合、そうした2000年代の動きはまったく別の文脈で見ていた。つまり、『スタートレック』にしろ、トールキンの『指輪物語』にしろ、マーベルやDCにしろ、どれも60年代後半のカウンター・カルチャーと何かしら関係があるがゆえに、自分がティーンだった70年代に夢中になった作品が、次々と再利用されるようになった。しかも、次第にそれがグローバルなメガコンテンツへと発展していったから、どうにも不思議で仕方なかった。で、そうした好奇心がそのままマーベル映画や『ゲーム・オブ・スローンズ』への関心に繋がっていったんだけど。

宇野　僕とタナソーさんは、２０００年代まではまったく違う場所にいたし、まったく違うものを観たり聴いたりしていた。

田中　乱暴に言えば、そういうことだと思う。しかも、２０００年代には、まったく違う文脈で世の中を見ていて、むしろ逆の視点を持っていたと言えるかもしれない。

宇野　にもかかわらず、フランク・オーシャンの『Blonde』が配信された瞬間や、『ストレンジャー・シングス』のエピソード１が配信された瞬間には、二人とも狂喜していたっていう。

田中　うん。どちらも２０１６年の夏の出来事だよね。

宇野　実際、それまでの我々二人というのは10年来の面識はあっても、実際に仕事をしたり、目的があって待ち合わせしたりするようなことは一度もなかった。ちゃんと会ったのが２０１５年の夏ですからね。

田中　そのきっかけになったのが、『アベンジャーズ／エイジ・オブ・ウルトロン』だった。ただ、それを引き起こしたのは我々二人のテイストの変化ってことじゃない。これは個人的な話をしているようでいて、個人の問題じゃないと思うんだよ。実際、この本のモチーフになっているグローバル・コンテンツを通して、以前なら交じり合うことがなかった人々が、ある種の時代のナラティブを共有することになった。それは何故なのか？——それについて紐解いていくことがこの本の役割のひとつなんじゃないかな。

宇野　その背景には、経済と文化のグローバリゼーションがあるわけですよね。

田中　うん。そもそもこの本を一緒に作ることを承諾したのも、宇野くんの「興味深いことはすべてメインストリームで起こっている」「蛸壺化した世界でテイスト競争をしているチマチマした連中の価値観に揺さぶりをかけたい」という言葉だった。大袈裟な言い方をすると、この本を作る上での最大の動機というのは、グローバル資本主義が引き起こした諸問題——その光の部分も影の部分に対しても——そこから目を逸らすのではなくて、それに真っ向から向き合うという態度だったと思うんですね。

宇野　特に2016年の夏は、日本におけるガラパゴス化というか、文化的な鎖国状況が最も際立って感じられた季節だった。でも、そこに至る経緯というのも、2000年代からずっと用意されてたってことです。確実に言えるのは、日本の特異な文化的風土の中で、世界中でポップな存在として共有されている海外の作品やミュージシャンや俳優が、すっかり共有されなくなってしまっていた。

田中　実際、映画雑誌の編集部にいた時の実感として、90年代後半から2000年代にかけて一番人気があったハリウッドの役者っていうと誰になるの？

宇野　雑誌の表紙にして部数をなんとか維持できたのは、トム・クルーズとレオナルド・ディカプリオとジョニー・デップとブラッド・ピットくらいですね。そして、恐ろしいことにそれから20年近く経っても日本ではその顔ぶれがそんなに変わってない。

田中　日本でのランキングとかを見たりすると、そう言わざるをえないかもしれないね。

宇野　新作が公開されるタイミングで頻繁にプロモーション来日をスケジュールに組むのも、今やほとんどその時代のハリウッドスターや、ジャッキー・チェンやアーノルド・シュワルツェネッガーといったもっと昔からのアクションスターばかりです。その背景には、日本の配給会社や映画メディアの怠慢も大いにあるし、もっと言えば白人のスターを崇拝するような世代が一定の年齢でほぼ途絶えたとも言えるわけですけど、結局そこから日本では新たなハリウッドスターのファンベースがまったく育っていない。

田中　音楽業界とまったく同じことが起きてるわけだね。いまだポップやラップよりもロックの需要の方が大きくて、アリーナ規模のツアーができたりフェスでトリを飾れるのは、90年代からの大物、それもリアーナやビヨンセといった例外を除けば、その大半は白人ばかりっていう。

宇野　まさに。その一方で、韓国や中国ではマーベルやDC映画のスターたちが盛んにプロモーションをしているという。ただ、中国を筆頭とする新興国の映画マーケットが急成長したこと、さらには中国やインドの資本がハリウッドに入ったことで、２０００年代から２０１０年代にかけてのハリウッド映画の変質はさらに加速していきます。

田中　メジャースタジオが新興国の観客を意識した作品を作るようになった？　マイケル・ベイが始めた『トランスフォーマー』シリーズとか、ハリウッド版『ゴジラ』に端を発するモンスターバース辺りのブロックバスター作品ってことになるのかな？

宇野　近年のそのあたりの作品には、漏れなく中国資本が入ってますね。それまで主に海賊版のＤＶＤでハリウッド映画に接してきた中国の膨大な観客は、「映画館でハリウッド映画を観る」という娯楽を21世紀に入ってから「発見」したわけです。そこで最もニーズが高いのが、ディザスター映画やアクション映画の壮大なスペクタクルや派手なアクションで。

田中　その結果、映画というアートフォームを技術的にもナラティブ的にも更新していくような、先鋭的な映画監督の居場所がなくなっていった？

宇野　はい。その象徴と言えるのがデヴィッド・フィンチャーとスティーブン・ソダーバーグですね。この二人は、第一線の映画監督としてテレビシリーズやケーブル局製作映画に活動の軸足を移した先駆者でしたが、彼らはそれだけ映像界全体の未来を見通していたのと同時に、それまでのようにハリウッドで大規模な予算で映画が作りにくくなっていたという背景もあったわけです。フィンチャーが『ハウス・オブ・カード』の製作を発表したのが2011年。ソダーバーグは『ローガン・ラッキー』でメジャー系配給会社に頼らないインディペンデントな流通体制を整備してまた映画を撮るようになりましたけど、一度映画監督としての引退宣言をしたのが2012年。その翌年、HBOで長編映画『恋するリベラーチェ』（2013年）を発表しました。これは日本では劇場公開されましたけど、アメリカではスクリーンにかかってません。現在ネットフリックスが力を入れてる自社のオリジナル映画の走りのような作品ですね。

田中 2011年、2012年あたりが分岐点だったんだ。

宇野 間違いなくそうですね。フィンチャーとソダーバーグはほぼ歳も一緒で深い交流もありますが、何よりもハリウッドの他の監督や役者たちに特別な影響力を持っている存在ですからね。フィンチャーやソダーバーグがテレビの世界に行くなら、きっとそっちが正しいんだろうという気運が確実に生まれました。そして、今ではマーティン・スコセッシまでネットフリックスで新作を作っている。スコセッシに関しては「不本意ながら」という注釈をつける必要がありますが、もはやその流れは決定的なものになったわけです。

田中 全米脚本家組合ストライキはいつだったたっけ？

宇野 2007年から2008年にかけて。あの時に、本当にたくさんの映画やテレビシリーズの製作が止まったんですよね。結果的にあの時期を境に、複雑な人間ドラマの企画が通りにくくなっていた映画界に見切りをつけた脚本家も少なくなかった。

田中 なるほど。2010年代のハリウッドからテレビシリーズへの人材の流出っていうのは、本当にいろんなことが重なって起こったわけだ。

宇野 「流出」というか、テレビシリーズの製作費とクオリティが上がってきたことによって事実上「等価」になっていたことが、多くの人材が映画とテレビシリーズを行き来するようになってあらためて証明されたということですね。そして、「映画はスペクタクルへの欲求を満たすもの」「テレビシリーズはドラマへの欲求を満たすもの」と、今ではそのメディアとしての役割の違いを多くの人が認識するようになってきた。で、今はもうその次の段階として、マイケル・ベイのアクション映画がネットフリックスで作られたりしている。

田中　例えば、『LOST』のJ・J・エイブラムスの頃までは、ドラマで名を揚げて映画界で大物になるというサクセスストーリーが成立したけど、『ストレンジャー・シングス』のダファー兄弟は映画界に進出する気配がない。そうした対照的な態度に、この10年の変化が象徴されているわけだよね。

宇野　そうです。そして、結局エイブラムスが映画界に来てやったことっていうのは、『スタートレック』と『スター・ウォーズ』を作り直すことだったという、笑えない事実。

田中　2015年に『フォースの覚醒』という語るに値する作品を残したにせよ、エイブラムスが関わった伝説的な二大サーガというのは、もしかすると、この2010年代というディケイドに最も取り残されたシリーズだったのかもしれない。2000年代的な価値観の出がらしというか。まあ、わからないけどね。現時点で、2019年の大トリとして『スカイウォーカーの夜明け』の公開が残されてるわけだから。

宇野　正直、2019年はもうMCUのフェーズ3と『ゲーム・オブ・スローンズ』の終幕でお腹いっぱいという感じですけどね（笑）

カンヌとスピルバーグのネットフリックス論争

田中　映画業界とテレビ業界との軋轢が話題に上る度に、常にその批判の矛先を向けられて、矢面に立たされてきたのがネットフリックスだった。それはどうしてなんだろう？

宇野　HuluもHBOもFXも、しょせんハリウッド・メジャーの一部門ですからね。で、アマゾンは自社スタジオを作って、ウディ・アレンやルカ・グァダニーノのような評価の定まった映画作家に長編映画を作らせて、それを劇場優先で公開してきた。アマゾンはソフトの販売だけでなく、もともとアマゾン・ビデオで膨大な数の作品をストリーミングによるVODで扱ってきたので、映画会社とは持ちつ持たれつの関係です。そういう意味では、ネットフリックスだけが完全なアウトサイダーなわけです。

田中　業界にとっては完全な黒船だったわけだね。で、最初に大きな論争が起こったのが、2017年のカンヌ映画祭だった。

宇野　ネットフリックス・オリジナル作品であるポン・ジュノの『オクジャ』とノア・バームバックの『マイヤーウィッツ家の人々』が、コンペティション作品に選ばれたことがきっかけでした。「劇場で上映されない映画を映画と認めていいのか？」という問題ですが、発端はフランス国内の映画館の組合からの圧力だったんですよ。

田中　音楽の世界に当てはめると、オーディエンスとの接点である小売店からの、それまでの既得権益を守ろうとするがゆえの反発ってことだよね。

宇野　カンヌ映画祭って、自分も取材で行ったことがあるからよくわかるんですけど、朝から晩までずっと記者会見があるんです。で、その記者会見に出席している記者は、必ずしも作品をまだ観てなかったりする。つまり、とりあえず記者は、世界中から集まっている監督や役者に誰もが共有できるホットな話題としてネットフリックスについてどう思うかという質問をするわけです。そうやって、どんどん話が大きくなっていった。

田中　もともとは興行サイドの既得権の話だった。それも、労働組合の強いフランスの話。いつの時代にも起こることでもありつつ、ポピュリズムの時代として記憶されるだろう２０１０年代を象徴する出来事だと言えるかもしれない。

宇野　それで結局、フランス国内の「劇場公開から36ヶ月以内の配信は禁止」という、一体いつの時代の話かわからないようなルールを厳格に適用することで、カンヌ映画祭は翌年からネットフリックス作品を「長編映画」のカテゴリーから除外することになった。それを一番喜んでいたのは、ヴェネツィア映画祭とベルリン映画祭だったという話もある。これまで有力作品のワールドプレミア争奪戦で優位に立っていたカンヌ映画祭が、勝手に土俵から下りてくれたわけですからね。

田中　同じような問題は、主要部門にアルフォンソ・キュアロンの『ローマ』がノミネートされた２０１９年のアカデミー賞でも起こったよね?

宇野　その時はネットフリックスも先手を打って、世界同時配信する直前に、莫大な宣伝費をかけてキャンペーンをして、アメリカ国内で3週間だけ劇場で上映したんですね。ちなみにアカデミー賞にも対象作品に「劇場公開から90日間は映画館でしか上映してはいけない」という規定があったんですけど、それは結果的に不問にされました。まずはルールを破り、その後に現状に合わせてルールの整備をするという、非常にアメリカ的な判断ですね。

田中　これも無理やり音楽の世界を比較対照すると、イリーガルなプラットフォームとして出発したナップスターが開発した技術と市場――2000年代を代表する出来事なわけだけど――を使って、その後、ルールを整備することでストリーミング・サービスが覇権を握ることになったのと、構造的には同じだ。

宇野　結局『ローマ』は監督賞、撮影賞、外国語映画賞と3部門を獲得した。ところが、それに異を唱えたのがスティーブン・スピルバーグだった。

田中　よりにもよって。

宇野　スピルバーグは公の場で語ったのではなくて、2019年のアカデミー賞授賞式の後、同賞を主催する映画芸術科学アカデミーの役員会に直接働きかけたと言われています。発言として表に出ているのはそれよりも前のものばかりで、例えば2018年には「いったんテレビのフォーマットにコミットしたら、それはテレビ映画だ。よくできた作品ならエミー賞の対象にはなるが、アカデミー賞は違う。数館で1週間程度しか劇場公開されない映画に、アカデミー賞のノミネート資格はないと思う」と発言してます。でもこれ、なかなか悩ましい話なんですよ。

田中　というのは？

宇野　そもそもスピルバーグ自身が、テレビシリーズ『刑事コロンボ』の名エピソードや、当時テレフィーチャー作品などと呼ばれていたテレビ映画『激突！』で名前を知られるようになって、そこから映画界に進出した。つまり、テレビ界と映画界の間に明確にヒエラルキーがあった時代に、テレビからのし上がってきた演出家なわけです。特に『激突！』に関しては、あまりの出来の良さから日本やヨーロッパでは劇場で公開された作品で、衝撃の監督デビュー作みたいな位置付けになっている。でも、スピルバーグにしてみれば、アメリカ国内であの作品はテレビ作品としてしか扱われなかったという体験があるわけです。

田中　穿った見方をするなら、「あの時は映画として評価されなかったのに、どうして今になってルールが変わるんだ？」という私怨があったってこと？

宇野　そのことをどれほど根に持ってるかわからないですけど、スピルバーグはビッグネームになってからも、映画作品とテレビ作品に明確に一線を引いて、演出こそしませんでしたが、数多くのテレビ作品のプロデューサーやエグゼクティブ・プロデューサーを担ってきました。だから、外側から「時代は変わったんですよ」ということは簡単ですが、スピルバーグとしては自分が長年やってきた仕事のやり方を否定されたようなことになるのかもしれない。でも、映画界全体の現状を考えたら、やはり反動的な振る舞いと言わざるを得ないですね。例えば、ネットフリックスで『トリプル・フロンティア』を配信したJ・C・チャンダーは、「誰もがスピルバーグのように映画界で映画を作り続けられるわけではない」と言ってますが、同じ思いの中堅や若手の監督は多いというか、ほとんどでしょう。

田中　これも、レディオヘッドが『In Rainbows』を投げ銭配信した時に巻き起こった反発にも似てるよね。エスタブリッシュされた大物だからこそできるんだ、と。ただ、スピルバーグは、2019年秋にスタートしたアップルTVプラスにも参画してるよね。これに関しては？

宇野　そのことからネットフリックスを抑制したみたいな声もありますが、それは穿ちすぎだと思います。ただ、自分がカンヌやスピルバーグのネットフリックス論争に居心地の悪さを感じるのは、そこで語られている「映画vs.ネットフリックス」のアングルが、基本的に旧来の2時間前後の単発長編作品の話でしかないことです。

田中　なるほど。このディケイドにおける自分自身の体感からしても、ストリーミング・サービス経由で何シーズンにもわたるテレビシリーズをたくさん観ることで、映画とは違ったテレビシリーズならではの価値というのを見出すことができた。その結果として、映画というアートフォームの特性をより実感することに繋がって、気がつくと、90分から2時間前後の映画を年間300本観るという生活に何十年ぶりに戻ってくることになった。

宇野　テレビシリーズを観まくったことによって、逆に映画への欲求が高まってきたということですか？

田中　そう。その過程で、フィンチャーがエグゼクティブ・プロデューサーに名を連ね、自らも演出を手がけた『マインドハンター』（2017年〜）のような映画とテレビシリーズ両方の魅力を兼ね備えた作品を見出す興奮があったわけだけど。でも、そうした構造が、『ローマ』を観たことで崩れちゃったようなところがある。やっぱりこれは映画館で観たいな、という。

宇野　その気持ちはわかりますよ。ただ、今後もネットフリックスが長編作品に力を入れていく方向にあることは間違いなさそうですが、それはあくまでも長期にわたるテレビシリーズ、リミテッドシリーズと呼ばれるワンシーズン完結型のテレビシリーズ、コメディ作品、ドキュメンタリー作品といった数ある作品フォーマットの中のひとつでしかない。そして、あくまでもサービス全体の看板となるのはこれからもテレビシリーズになっていくでしょう。映画業界にとってネットフリックスは確かに脅威でしょうけど、ネットフリックスのCEOは「我々が戦っている相手はHBOなどではなくビデオゲームの『フォートナイト』であり、そして負けている」と語っているんですよね。つまり、映画界と競争しようなんて最初から思っていない。脅威に感じているのは映画界の方、もっと言うなら、映画館を運営している興行界なんです。

田中　なるほど。じゃあ、参考として教えて欲しいんだけど、実際にネットフリックスをはじめとするストリーミング・サービスの影響で、世界的に映画の観客動員は減ってるの？

宇野　減ってないです。それは、さっきも言ったようにハリウッド映画が変質したからでもあります。日本に限って言えば、壊滅的な影響を受けているのは映像ソフト・マーケットとレンタル・マーケット。まあ、それは仕方ないですよ。ＣＤが滅んでいったのと同じ。

田中　ただ、過去の作品に容易にアクセスできなくなるというのは、文化的には大問題だよね。そこは、音楽ストリーミング・サービスの公共性という問題と同じで。

宇野　そうですね。過去作もあるにはあるけど、完全に歯抜け状態だし、気がついたら契約期間を終えてなくなったりするし。要は再生回数がすべて明らかになるから、ビジネスとして効率を優先すると旧作の配信権の取得や保有に運営費が回らないんですよね。カンヌもスピルバーグも、ネットフリックスを批判するなら、そこを問題の焦点にすればもっと共感が得られたのに。

田中　音楽のストリーミング・サービスと映像のストリーミング・サービスの根本的な違いがあるとすれば、配信権の取得に競争があって、そこに膨大なバジェットがかかるっていう問題なわけだ？

宇野　はい。自宅ではストリーミング・サービスでしか映画やテレビシリーズを観ない人が若い世代を中心に増えている中、複数のサービスと契約しないと観られない新作がたくさんあるということよりも、複数のサービスと契約しても観られない旧作が膨大にあることの方が、より深刻な問題だと自分は思います。だから、ＣＤはまったく買わなくなりましたけど、個人的にはまだ映画のブルーレイディスクはせっせと買ってますよ。仮に今はストリーミング・サービスで観られたとしても、いつ観られなくなるかわからないから。

ディズニープラスの時代がやってくる？

田中　実際、今、ネットフリックスではどんな作品が一番観られているの？

宇野　ネットフリックスはずっと秘密主義で知られていて、近年になってようやくプロモーションとしてデータを出すようになってきたんですけど、公式に発表されるランキングは、国別だったり、最もビンジウォッチされた作品だったり、配信開始から1週間の再生数だったりと、すべて部分的なんですよ。

田中　そういうところ、ちょっとアップルに似てるね（笑）

宇野　信用ができそうな外部の調査（TV TIME "Top 20 Most-Watched Netflix Shows of 2018"　２０１８年12月）だと、２０１８年に最も観られたのは『13の理由』、2位は『ペーパー・ハウス』（２０１７年～）、3位は『オレンジ・イズ・ニュー・ブラック』、4位は『ブラック・ミラー』、5位は『ジェシカ・ジョーンズ』（２０１５年～２０１９年）、6位は『ストレンジャー・シングス』、7位は『ユニークライフ』（２０１７年～）、8位は『デアデビル』（２０１５年～２０１８年）、9位は『エリート』（２０１８年～）、10位は『欲望は止まらない！』（２０１８年～）。ちなみに２０１８年は『ストレンジャー・シングス』のニューシーズンが発表されなかった年だったので、それでも6位というのはさすがといった感じですね。２０１９年7月にネットフリックスは、『ストレンジャー・シングス』シーズン3が配信開始1週間の再生回数の記録を大幅に更新したことを発表しましたが、２０１９年の1位は間違いなく『ストレンジャー・シングス』でしょう。

田中　2位の『ペーパー・ハウス』と9位の『エリート』、トップ10にスペイン語の作品が2作入っているのがリアルだね。ポップミュージックもそうだけど、人口比的に考えても、これからはヒスパニックの時代にどんどんなっていくだろうから。

宇野　別の調査では1位がアメリカとコロンビアの合作『ナルコス』の年もあって。ネットフリックスが他のアメリカ資本のストリーミング・サービスやケーブル局と決定的に違うのはそこなんですよ。

田中　なるほどね。実際、音楽の世界だと、ストリーミング・サービスによってグローバルで同時に音楽が聴かれるようになった。その結果、フランスのアフロトラップだとか、スペイン語圏のポップ音楽のマーケットが飛躍的に大きくなったわけだよね。そして、それは北米市場にも反映して、カーディ・Bとかカミラ・カベロのようなラテン系の大スターが生まれるようになった。つまり、「ローカルの表現がグローバルに受容されることになっていく」――その構造は同じだよね。だからこそ、2010年代というのは、グローバリゼーションが進むに連れて、むしろよりローカルの特性がグローバルに認知されていったディケイドだったという言い方もできる。ネットフリックスの戦略というのは、それを意識的にオリジナル作品としてアウトプットしていったことだ、と。

宇野　そういうことです。だから、僕やタナソーさんは、音楽でも映像でもストリーミング・サービスをひたすら称揚してきたことで、これまで散々グローバリズム主義者みたいに言われてきたけど、むしろその次の段階の話をしてるんだってことは強調しておきたい。

田中　技術の進化は止められない。グローバル資本主義の加速を止めることも難しい。実際、その結果として、先進諸国における経済格差という問題が起こったわけだけど、それにしたって、経済のグローバル化に伴って、これまで何世紀にもわたって発展途上国を搾取し続けてきた先進諸国の中流の底が抜けた結果とも言えるわけだからね。

つまり、植民地時代からの長年のツケを払っただけ、とも言える。実際、先進諸国における経済格差と並行するようにして、発展途上国の飢餓や貧困が底上げされた部分もなくはない。２０１０年代は様々なマイノリティが力を強めることで、男性中心社会を再定義していったディケイドであると同時に、白人中心社会が再定義される時代でもあったということなんじゃないかな。

宇野　そう。だから、最近は加速主義者なんて言葉もありますが、少なくとも文化は加速するべきだというのが自分の立場です。それと、さっきの調査のランキングを見た時に自分が驚いたのは、スペインの『エリート』も含め、ティーンもの、学園ものがトップ10の半分を占めていることでした。『13の理由』は日本でも話題にはなりましたけど、シーズン1の時点でクリティックからは総スカン、シーズン2以降はほとんど見向きもされてないじゃないですか。

田中　ふむ。２０１８年当時の俺は偏執的なビリー・アイリッシュ・ウォッチャーだったから、シーズン2も配信日からすぐに全エピソード観たけど（笑）

宇野　シーズン2ではビリー・アイリッシュと、彼女に先駆けたティーン・アイコンだったカリードとのデュエット曲が使われてましたよね。

田中　彼女の２０１９年初頭のメガブレイクを準備した段階的なポイントは本当にいくつもあるわけだけど、間違いなくそのひとつだった。ビリーのファンベースが世界中のティーン少女の圧倒的な支持だったことを考えると、「いかにネットフリックスのメインユーザーが若いか？」ということの証明だとも言える。

宇野　そう。「ケーブル局のバンドルからネットフリックスへ」という利用者の動向の話をしましたが、まさにそれが実証されてますよね。きっとテレビじゃなくてタブレットやスマートフォンで観ている人も多い。２０１９年になって、ビヨンセとかトラヴィス・スコットとか、当初はあまり力を入れてなかった音楽もののドキュメンタリーが、ここに来て急激に増えている理由もそこにあると思います。

田中　あと、ディズニーの方針転換でもう新作は作られないことになったけれど、意外にネットフリックスのマーベル・ドラマも健闘してたんだよ。

宇野　正直言って、自分はわりと観るのが後回しになってて、気がついたらマーベル・スタジオとの契約が終了していたって感じなんですけど。

田中　『デアデビル』とそのスピンオフ作品『パニッシャー』（2017年〜2019年）は必見。前者は法の外側で暮らすクライム・ファイターという、バットマン以来の伝統をきちんとやろうとしていて、しかも、そこにクリスチャニティの問題を絡めているのが秀逸。女性一人と男性二人の三人を巡る青春ドラマにもなっていて、いくつものレイヤーが貼ってある。後者は、主人公のパニッシャー自体が犯罪者であり、善悪の彼岸に揺さぶりをかけている。

宇野　つまり、MCUのサノス的存在を描いている、と。

田中　それに加えて、やはり退役軍人をモチーフにしていて、字幕では訳されていないんだけど、ブルース・スプリングスティーンのチケットが出てくる件（くだり）は感動的。

宇野　ネオ・ブラックスプロイテーション作品でもあった『ルーク・ケイジ』（2016年〜2018年）はどうでした？

田中　象牙海岸から始まったアフロ・アメリカンの歴史と今についてのドラマ。スーパーヒーロー映画を撮るつもりがまったくないのが、むしろ最高だった。とにかくブラック・カルチャー全般に対する引用の嵐で、最初のエピソードに出てくる床屋のシーンとか、アル・パチーノという記号の使い方だけでも映画ファンやラップ・ファンにとっては大興奮なんじゃないかな。

宇野　『ムーンライト』以降、『ドリーム』『グリーンブック』と完全に2010年代を代表する黒人スターとなったマハーシャラ・アリも出てますよね？

田中　そうそう。役者としてはむしろマハーシャラ・アリを観るためのドラマ。『ジェシカ・ジョーンズ』にしたって、マーベル作品最初の女性主人公だったし。だから、それなりに健闘してたんですよ。ただし、『アイアン・フィスト』（2017年～2018年）と全部のキャラクターが会する『ザ・ディフェンダーズ』（2017年）は取り立てて観る価値はない。やっぱりネットフリックスのマーベル・ドラマから時代を代表する作品が生まれたとは言い難い。

宇野　ネットフリックスのマーベル・ドラマに関しては、もしMCU作品と少しでもリンクされてたら、また違ったんでしょうけどね。

田中　いや、一応リンクはしてるんだよ。6作品すべてが映画『アベンジャーズ』でのニューヨーク襲撃後の東海岸ローカルを中心とした出来事っていう舞台設定だから。アイデアは悪くなかった。ただ、それを大々的にやろうとしてるのが、本国では2019年11月にローンチしたディズニープラスなわけだよね。間違いなく2020年代の台風の目。

宇野　そう。ディズニープラスに関してだけは、ネットフリックスも相当警戒していると思いますよ。

田中　HBOマックスとか、アップルTVプラスとかは、ネットフリックス的には無風なの？　他にも、ユニバーサルも新しいストリーミング・サービスを始めるんだよね。

宇野　各社が2019年末から2020年にかけて本格的に自社のストリーミング・サービスを立ち上げることになったのは、大きくなりすぎたネットフリックスへのリアクションと言っていいでしょう。ひとつは、ネットフリックスの契約数が増えたことで「コードカッター」と呼ばれる、すべてのケーブル・サービスを解約する人が増えて、いずれにせよ他のコンテンツ企業もストリーミング・サービスに注力せずにはいられない状況になってきた。

田中　なるほど。そういう意味でも、ネットフリックスは完全なゲーム・チェンジャーだったんだね。

宇野　はい。そして、各社がストリーミング・サービスを本格的にスタートさせることで、映画もテレビシリーズも過去の自社作品のネットフリックスへの供給をストップするとも言われている。

田中　それはそれでネットフリックスのダメージは大きいんじゃない？

宇野　ますますネットフリックスの新作志向、オリジナル作品志向が強まるでしょうね。ディズニーはアメリカ国内でも結構早い段階でネットフリックスから作品を引き上げていたし、こうなること自体はかなり前から予測できていたはずです。ただ、想像していた以上にディズニープラスが本気だった。

田中　マーベル関連と『スター・ウォーズ』関連のラインナップを見るだけでも、まるで最終戦争を始めるのかってほどの力の入れようで、正直これに全部付き合う体力と気力が自分にあるかどうかは自信が持てない（笑）。もしかすると、MCUは映画だけで十分という気分になるかもしれないな。

宇野　でも、アメリカでディズニープラスがローンチされた2019年11月時点で、日本でのサービスはまったく発表されてないんですよ。マーベルは今後の映画とテレビシリーズが密接にリンクしていくことを明らかにしてますが、そもそも日本の視聴者はしばらく置いてきぼりを食らうかもしれない。

田中　それならそれでいいよ（笑）

宇野　自分が危惧しているのは、ネットフリックスがディズニープラスに真っ向から対抗して大作志向に走ることですね。すでに『ゲーム・オブ・スローンズ』のクリエイターのデイヴィッド・ベニオフとD・B・ワイスと配信作品の独占契約を結ぶなど、そういう動きも目立ってきてます。ネットフリックスの強みは、日本はまだこれからという感じではありますが、ここまで世界中でローカル・コンテンツを育ててきたこと。それと、学園ものの支持の高さからもわかるように若い世代のユーザーが多いことだから、これまでのようにオリジナル作品でいかに新しい価値観を提示できるかというところにかかってると思うんですけど。

田中　2010年代がネットフリックスの台頭によって、新たなインフラが整備されて、新たな市場主義の勢力地図が書き換えられたディケイドだったとすると、来たるべき2020年代というのは、映画やテレビシリーズにとっては間違いなく混迷期に突入するだろうね。

宇野　ただ、もはや映画からテレビシリーズへの流れは止められないでしょうね。極端な話、映画会社にしてみれば、自社の新作映画を劇場公開と同時にVODで課金してストリーミングに開放することだって状況が整えばすぐにできるわけですから。カンヌでのネットフリックス論争からもわかるように、それを一番恐れているのはハリウッド・メジャーでも作り手でもなく興行界。そして、それは日本でも同じなんです。だからこそ、ディズニープラスのMCU作品や『スター・ウォーズ』のスピンオフ作品は、数年後に映画とテレビシリーズの境界を完全に溶かしてしまうかもしれないという意味で、パンドラの箱のようなものになるんじゃないかと考えてます。

第５章

MCU——ポスト・インターネット時代の社会批評

2010年代はMCUのディケイドだった

宇野　2010年代の映画界は、マーベル・シネマティック・ユニバース（以下、MCU）のディケイドだった。少なくともハリウッド映画に関してなら、そう言いきることが可能です。2019年6月公開の『スパイダーマン：ファー・フロム・ホーム』でいわゆるフェーズ3が終わったわけですが、その直前の『アベンジャーズ／エンドゲーム』の世界興収が2009年の『アバター』を超えて、2010年代最後の年に映画界を制覇した。と同時に、様々な局面における文化的なインパクトにおいても「やっぱりMCUは大きかったな」と思うわけです。

田中　そこは我々二人の共通の認識ということで始めましょう。ただ個人的には、そもそもMCU作品全般を映画として純粋に語っていいのかという留保もあるにはあって。

宇野　その辺りのことは、話をする中で少しずつそれぞれの視点を明確にしていきませんか？　最初は、自分は普段から映画の仕事をしている立場から語る、タナソーさんはアメコミ全体に長年の造詣がある立場から語るという、ざっくりとしたアングルだけ決めておきましょう。

田中　それにしても、スパイダーマンというキャラクターの権利問題に一応の決着がついた2019年の秋になって、見事にひとつの円環が閉じた趣があるよね。

宇野　スパイダーマンの権利を持つソニーと、ディズニーのMCUのディールは『スパイダーマン：ファー・フロム・ホーム』で一区切りがつくことになっていた。ただ、双方にとってあまりにもうまくいっていたので、当然のように延長されると思っていたら話し合いが決裂するという。

田中　ディズニーの要求が阿漕（あこぎ）すぎて、ソニーが引き上げたという構図だよね？

宇野　細かい条件とかパーセンテージとかは省略しますが、そういうことです。ちょうど『スパイダーマン：ファー・フロム・ホーム』公開直前のタイミングで、マーベル・スタジオを統括するケヴィン・ファイギとスパイダーマン・フランチャイズを統括するエイミー・パスカルにインタビューをしたんですけど、その時は今後の権利関係について楽観的な話しか出なかったので本当にびっくりしました。最終的には、現在スパイダーマンを演じているトム・ホランドの仲裁がきっかけとなって、今後も関係が継続されることになったわけですが、決裂が報じられると同時に世界中のファンがネット上でソニーやディズニーを強烈に非難したことも大きかったはずです。

田中　ここでもファン・カルチャーのパワーが露（あらわ）になったわけだね。でも、今回の騒動はマーベル80年の歴史の影の部分をあらためて見るような気分でもあった。というのも、スパイダーマンというキャラクターは１９６２年の誕生の少し後からずっと権利という点ではいろんな因縁があって。

宇野　そもそもアメコミの場合、日本の漫画みたいにキャラクターを生み出した作家が主要な権利を持っているのではなくて、出版社がすべての権利を所有しているんですよね。

田中　基本的にはそう。ただ、脚本を担当するライターとアートを担当しているペンシラーの二人でキャラクターを作り出した場合、その権利はそもそも双方にあるわけだけど、特にマーベルの場合すごく厄介なのは、60年代に生まれた大方の人気キャラクターを生み出した脚本家が出版社の経営側の人間だったということ。

宇野　スタン・リーですよね。

田中　と同時に、アメコミ第二の黄金時代である50年代半ばから60年代後半にかけてのシルバー・

エイジと呼ばれる時代に、マーベルの大半のキャラクターを生み出したジャック・カービーっていうペンシラーがいるんですよ。個人的にはアメリカの水木しげるって呼んでるんだけど——。

宇野　『アベンジャーズ』シリーズでは必ずスタン・リーと並んでクレジットされている、「ザ・キング」という別称でも呼ばれていた伝説的なペンシラーですね。

田中　ところが、60年代半ばから70年代にかけて、そのジャック・カービーや、スパイダーマンとドクター・ストレンジを生み出したスティーヴ・ディッコみたいな才能が相次いでマーベルを離れていってしまった。もちろん、いろんな理由があるんだけど、ひとつには、マーベルの場合、スタン・リーが生み出したマーベル・メソッドが理由だとも考えられる。

要するに、スタン・リーは大まかなストーリーのアイデアだけ考えて、台詞は後回しにしちゃうんです。そうやって、映画でいうところのプログラム・ピクチャーみたいな大量生産システムを作り上げることで一時代を築いていく。ただ、とにかくこの方法はペンシラーの負担がすごく大きい。ペンシラーは吹き出しの中の台詞を空白にしたまま、大まかなアイデアを元にしたストーリーの流れもすべて自分で決めて、すべてのコマ割りを完成させなければならない。となると、時には、ジャック・カービーやスティーヴ・ディッコ、つまり、ペンシラー側がストーリー自体もほぼすべて考えていたことも多かったみたいで。

宇野　それなのに、マーベルを離れると権利は出版社が全部持ってるという。ＭＣＵ作品からマーベルの世界を知った人にとっては、毎回カメオ出演していることもあって、「マーベル＝スタン・リー」というイメージがすっかり定着している。特に今は２０１８年に亡くなったばかりだから、その功績が盛んに振り返られているという状況があります。ただ、昔からマーベル・コミックに愛着のある人間にとっては、「あまりにもスタン・リーばかりが語られすぎでは？」みたいな気持ちになるのもわからなくはないですね。

田中　いや、もちろん、スタン・リーは本当に偉大な才能だったのは間違いないんだけど。

宇野　ところが、タナソーさんときたら、『スパイダーマン：スパイダーバース』を観た後にその興奮を分かち合おうとした時も、「スティーヴ・ディッコに対するリスペクトがなさすぎる」という一点においてすっかり憮然としてるという（笑）

田中　ごめんごめん。当時10代の自分にとって、ディッコ時代の『スパイダーマン』は本当に特別な存在だったから。でも逆に、タイカ・ワイティティが撮った『マイティ・ソー バトルロイヤル』には、ジャック・カービーへのトリビュートがそこかしこにちりばめられていてさ。惑星サカールでのパレードのシーンもそうだし、特にタイトル・ロゴ。実はトレイラーと本編ではロゴが違うんですよ。予告トレイラーではディズニー映画『トロン』（１９８２年）っぽいフューチャリスティックなロゴなんだけど、本編ではジャック・カービー特有の装飾が施されたロゴに差し替えられてる。だから、あのタイトル・ロゴがスクリーンに浮かび上がった時は本当に感動した。

宇野　やっぱりスタン・リーは立場の違いこそあれ、会社と添い遂げることでブランド・イメージを築き上げてきたわけですからね。そういう意味では、こうなったのは必然とも言える。

田中　スティーヴ・ディッコは、より自由な表現の場を求めてアンダーグラウンド・コミック界に潜っていき、やがてすっかり隠遁を決め込むことになってしまう。ジャック・カービーも一度はＤＣやライバル出版社に活動の場所を移すことになる。特に生前のジャック・カービーとスタン・リーとの間の確執は有名な話だしね。

宇野　そういえば、ちょうどソニーとディズニーがスパイダーマンの権利で揉めている最中には、スタン・リーの娘のジョアン・セリア・リーがソニーの側を支持したりして、なかなか人間関係が複雑ですよね。もっとも、彼女が言っていた「スタンのキャラクターや財産は、ソニーにせよ、ほかのスタジオにせよ、いくつもの視点によって育てられるのがふさわしい」という意見は一理あるとも思いましたけど。

田中　そう。確かにその通りなんだよね。そもそもひとつの会社がここまで多くのキャラクターの権利を占有していいのか、そういう問題もあるにはある。

宇野　マーベル・コミックは、1993年に自社のキャラクターを映像化するためのマーベル・スタジオを設立したわけですが、それが1997年には一度破産してしまう。その過程で、X-MEN、スパイダーマン、ファンタスティック・フォーと、認知度が高くて投資価値がある順に映画化権を他社に売却してしまった。フォックスに売ったX-MENやファンタスティック・フォーは、ディズニー本体によるフォックス買収という思わぬかたちで今後の権利はクリアになったわけですが、スパイダーマンに関してはそれがずっと尾を引いている。

田中　実は、当時のコミック市場からすると、MCUってほぼ人気キャラクターなしの状態から出発したんですよ。『アイアンマン』が公開された2008年当時、最も人気があったのがDCだとグリーン・ランタン。マーベルでは、すでに映画でも人気キャラクターになっていたスパイダーマンはさておき、デッドプールやウルヴァリンだった。だから、当時はまさかこんなグローバル・コンテンツになるなんて、正直、思いもしてなかった。

宇野　なるほど。2000年代初頭からフォックスで『X-MEN』映画がシリーズ化されたり、DCの『グリーン・ランタン』が2011年にワーナーで映画化されたりしたのは、当時のコミック市場での人気をそのまま反映していたわけですね。でも、MCU作品はいわゆる「原作人気」のようなアドバンテージなしからスタートした。

田中　どうなの？　映画ジャーナリスト的な観点でいうと、『アイアンマン』が成功した理由は、クリストファー・ノーランによるＤＣのバットマン・シリーズの人気も影響してると思う？

宇野　うーん、どうなんだろう？　ノーランのバットマン・シリーズの人気が爆発したのは２作目の『ダークナイト』からで、公開は『アイアンマン』と同じ２００８年ですけど、アメリカでは『アイアンマン』の方が２ヶ月先に公開されているんですよね。だから、『アイアンマン』はわりと作品そのものの面白さで支持されたと言えるでしょうね。あと何よりも、当時アルコールとドラッグの問題で評判が地に落ちていたロバート・ダウニーJr.の復帰作という、わりとリアリティショー的な関心を引いたというのも大きい。

田中　実際、これ以上ないほどのハマり役だったわけだしね。ただ、その後のＭＣＵの発展を考えると、やはり『ダークナイト』がスーパーヒーロー映画を映画としてシリアスに評価する下地を作ったと言えるんじゃない？

宇野　それでいうと、ティム・バートンの『バットマン』（１９８９年）やサム・ライミの『スパイダーマン２』（２００４年）のように、散発的には高く評価されたスーパーヒーロー映画はそれ以前にもあったんですけどね。ただ、シリーズ全体でいうと、どちらも３本目で大きく躓いてしまった。

田中　若い読者のためにも、そもそもある時期までのアメコミ原作の映画というのはほとんどＢ級映画でしかなかったことは、あらためて指摘しておかないといけないだろうね。78年の『スーパーマン』は良くも悪くも典型的なブロックバスター映画だった。だからこそ、ティム・バートンが撮った『バットマン』２作品に関してはやはりそれ相当の事件だったと言えると思う。ようやくまともな映画が作られたという。

宇野　考えてみれば、もともとアメコミ自体がＢ級と思われていたわけだから、ある時期までのアメコミ原作映画はB級カルチャーをB級映画にアダプトしてきただけという言い方もできる。結局のところ、ティム・バートンもサム・ライミもクリストファー・ノーランも、それを逆手にとって自分の映画――つまり作家の映画ってことですけど――にしてしまったようなところがあった。そういう意味では、プロデューサーのケヴィン・ファイギによって統括されてきたMCU作品とはかなり趣が違いますよね。

田中 その通りだと思う。実際、自分も『ダークナイト』はクリストファー・ノーランのフィルモグラフィの一作という視点で観ていた。もちろん、同時にDCコミックの映画化という視点もあるにはあったけど。これはフランク・ミラーの代表作『バットマン：ダークナイト・リターンズ』（1986年）におけるバットマン像を踏襲したものなんだな、とか。それ以外にも、この『バットマン：ダークナイト・リターンズ』におけるスーパーマンとバットマンの関係性、バットマンの性格設定やビジュアルは、その後、ザック・スナイダーが撮った『バットマン vs. スーパーマン ジャスティスの誕生』（2016年）の雛形にもなっているんだけど。

宇野 あのひどい作品（笑）

田中 原作は、アメリカン・コミックスの歴史における金字塔のひとつなんだよ！ だからこそ、あの映画に対する怒りは宇野くんの比じゃないんだから。

宇野 （笑）。失礼しました。いずれにせよ、この章ではスーパーヒーロー映画全般ではなく、あくまでもマーベルを軸に話をした方が、2010年代のポップ・カルチャーを振り返る上で論点がはっきりすると思うんですよ。

田中 それには異論はないです。そうしましょう。

アメコミ・カルチャーとの接点

宇野　そもそもタナソーさんがアメコミに興味を持つようになった経緯について、ここであらためて訊いておきたいです。

田中　１９７０年代半ば、まだ創刊されたばかりの「ポパイ」がサーフ・カルチャーを筆頭にアメリカの西海岸カルチャーを積極的に紹介していたことは知ってるよね？

宇野　史実としては知ってます。

田中　当時の「ポパイ」は、特に西海岸のサーフ・カルチャーを筆頭に、ファッションだけじゃなく、ロックやアメコミをはじめとするアメリカン・カルチャー全般の入口のような存在だったんですよ。時代のムードとしても、まだ60年代後半のサマー・オブ・ラブ的な空気の名残りもあって。当時の空気を象徴するのが、イーグルスのアルバム『Hotel California』（１９７６年）。だから、最初の興味は「ポパイ」経由なんです。と同時に、同じく当時の自分が聴いてたウィングスやＴ・レックスの歌詞には、マグニートとかアベンジャーズといったアメコミからの引用があったりしてね。アメコミにもポップ・カルチャー全体のうねりの一部を感じていたんだと思う。

それ以前に、60年代半ばのポップ・カルチャーの象徴とも言うべき『スタートレック』には、それとは知らずにすっかり夢中になっていたんだけど、そこから「トレック＝旅」という言葉が60年代後半のヒッピー・カルチャーを象徴する言葉だということを突き止めたり、その起源がロバート・クラムというアンダーグラウンド・コミック界の象徴的人物が書いた１ページものの作品『キープ・オン・トラッキン』だという事実に辿り着いて、彼の『フリッツ・ザ・キャット』という作品を手に入れたり。

宇野　なるほど。とにかくいろんな手がかりを探して、当時のアメリカン・カルチャーをちょっと後追いで辿っていったわけですね。

田中　そうだね。60年代後半のアメリカへの憧れがあったんだと思う。ただ、アメコミに関してはむしろアートの部分に惹かれていた。つまり、最初は完全に「絵」から入ったんですよ。当時、バットマンのイメージを刷新したことで一躍多大な人気を獲得することになったペンシラーに、ニール・アダムスという人がいて、彼のデッサン力と大胆な構図にすっかり魅了されてしまったり。ジャック・カービーのキャラクター造形と特殊な遠近法、異常な書き込み、特徴的な光と影の表現——10代の自分にはどれもが革新的に思えた。

実際、当時の日本におけるアメコミやフランスのバンド・デシネの受容もアートが中心で、日本のコミック作家たちの作風にもダイレクトに影響があった。例えば、池上遼一はまんまニール・アダムスだし、大友克洋はメビウス、鳥山明が書いてた『Dr.スランプ』の扉絵がフランク・フラゼッタが描いた絵のパロディだったり。ただ、俺自身はパンクとニューウェーブに興味が移ってしまってからは、一度すべてをすっかり忘れちゃうんだけど。

宇野　自分は最初からポップアートのひとつとしてインプットされたんですよ。ゴダールの『メイド・イン・USA』（1966年）とか『中国女』（1967年）とか、五月革命を経て完全に政治化する前の作品にアメコミのコマやキャラクターのカットが挿入されていて。最初に観たのは高校生の頃だから80年代後半ですけど。

田中　ああ、あったね。

宇野　『中国女』にバットマンやソーやキャプテン・アメリカが出てくるんですよね。もちろん、スーパーマンやバットマンは知ってましたけど、ソーやキャプテン・アメリカに関しては多分そこで初めて認識したんじゃないかな。

田中　その時期のゴダール作品のビビッドな原色使い、色彩の感覚もアメコミと繋がるところがあるよね？

宇野　そうなんですよ。そこでの文脈は、ゴダールが毛沢東主義に傾倒していた時期だから、当然のようにアメリカ帝国主義の象徴的な扱いなんだけど。ただ、それだけじゃなくて、やっぱりアメコミというアートに対する畏怖みたいなものが、ちゃんと作品から伝わってくるんですよね。

田中　ゴダールの言葉で言うと、アメリカのポップ・カルチャーというのは「マルクスとコカ・コーラの子供たち」そのものとも言えるかもしれない。

宇野　個人的なタイムラインとしては、そうこうしているうちにプリンスがティム・バートンの『バットマン』のサントラを手がけることになる。まあ、当時のプリンスのスタンスはミュージックビデオからもわかるように明らかにバットマンよりもジョーカーへのシンパシーが強かったわけですけど（笑）、いずれにせよ、アメコミをB級のカルチャーとして見くびる回路そのものがなかった。で、MCU作品に関しては、当時は映画の仕事の一環として普通に観てきた。

田中　なるほどね。だから、やっぱり我々二人はまったく別の回路から、MCU作品にアクセスするようになった、そういうことだよね。

宇野　正直言って、MCUの新作の公開が待ち遠しくて仕方なくなったのは、最初の『アベンジャーズ』（2012年）以降。

田中　だって、そもそも『アベンジャーズ』で終わるフェーズ1で、そこそこまともな映画と呼べるのって『アイアンマン』の1作目と『アベンジャーズ』くらいしかないじゃない？

宇野　いや、『キャプテン・アメリカ／ザ・ファースト・アベンジャー』（２０１１年）とか、後から観直したらいろんな発見があってすごく面白いんですけどね。でも……やっぱりそれは後知恵ですね。公開当時は「なんだこの愛国主義的な映画は！」って思ってました。

田中　（笑）。自分がＭＣＵ作品に本格的に夢中になり出したのは、すごく複合的な経緯というか。２０１１年の夏前に青山にあった「スヌーザー」の事務所を畳んで、武蔵野市の奥に引っ越してから２年ほど、ほぼＤＪ以外の仕事は何もしないで、筋トレとか水泳とか身体のリハビリのために時間を費やしてたんですよ。その合間はずっと図書館に通って、本を読んだり、ひたすらインプットしてた。当時のことで一番はっきりと覚えているのは、事務所から持ち帰ったＰＣのデータが全部飛んじゃって、泣きそうになりながらデータ修復のためにＰＣを修理に出した後に、有楽町でＤＣの『グリーン・ランタン』を観たんだけど、とにかくもうこれが最悪で（苦笑）

宇野　ライアン・レイノルズが『デッドプール』（２０１６年）で散々自虐ギャグにしてましたよね。はっきり言って、『デッドプール』も映画としてはどうなんだって気もするんだけど（苦笑）

田中　ただ『デッドプール』は、他のどの作品よりも北米のコミック・ファンダムにおけるアンモラルでスカムな部分を如実にリプリゼントしてると思うよ。そこは押さえておいた方がいい。そんなこんなで、当時はまさにこれまでの章でも話したように、本、音楽、映画、テレビシリーズ——いろんな興味が点から線、線から面になっていくのに一人興奮してた時期でさ。アメコミ関連だけでも、映画を観ると同時にニール・ゲイマンの小説やアラン・ムーアのグラフィック・ノベルを読んだり、iPadを使って、マーベルやＤＣの最新刊や過去の傑作をデジタルで毎週何冊も買いまくってた。

宇野　その時期のアメコミって、どんな状況だったんですか？

田中　ＤＣはそれまでのユニバースを一度全部白紙に戻して、新たに52個のマルチバース（多元世界）を生み出す『ザ・ニュー52』っていう社運を懸けたリブートをやってた時期だった――これがその後のＤＣユニバース作品の舞台になるんだけど。かたやマーベルは、２０１２年の春から『Ｘ－ＭＥＮ vs. アベンジャーズ』っていうクロスオーバー・イベントを始めていて、それなりの盛り上がりを見せてたね。

宇野　『Ｘ－ＭＥＮ』のキャラクターのＭＣＵへの合流は、今後のマーベル・スタジオの最大の課題なわけですけど、最初の『アベンジャーズ』が公開されていた時点で、とっくにコミックではそこが中心になっていたんですね。

田中　いや、年中やってるのよ（笑）。俺たち馬鹿共はそのクロスオーバー・イベントというほぼ毎年のお祭りを心待ちにしているわけ。ところが２０１５年になると、マーベルがラップ・コミュニティと積極的にクロスオーバーするようになる。これが俺の興味に拍車をかけた。ヴァリアント・カバーっていうんだけど、ア・トライブ・コールド・クエストやNasからチャンス・ザ・ラッパーまで、新旧ヒップホップのアルバム・カバーのパロディで表紙の別バージョンを作り始めるの。これはひとつの本になって、タナハシ・コーツが序文を書いてる。

宇野　おお。それが２０１８年の『ブラックパンサー』に繋がっていくわけですね。タナハシ・コーツが『ブラックパンサー』の原作を書いたのも同じ時期ですか？

田中　２０１６年だったからほぼ同じ時期かな。でも、特にマーベルの場合、それ以前――アメリカ同時多発テロ事件が起こってからというもの、フィクションがいかに現実と歩調を合わせるのかについて意識的になり始めたという経緯がある。現実がフィクションを追い越してしまったというのに虚構の世界に閉じこもってていいのか、というね。そういう気運の中で、２０１１年にはマーベルで一番人気のライター、ブライアン・マイケル・ベンディスが黒人のスパイダーマンを生み出したり、その頃にはもう現在に続く流れが形成されつつあった。

宇野　それが『スパイダーバース』に出てくるマイルス・モラレスですよね。マイルスというキャラクターが生まれた背景には、2010年代のポップ・カルチャーが凝縮されていると言ってもいいんで、ちょっと詳しく話していいですか？

田中　いいよいいよ（笑）。確かドナルド・グローヴァーが関係してるんだっけ？

宇野　そうです。2010年にソニーが『アメイジング・スパイダーマン』（2012年）の製作の発表をした時、ネットでは結果的に主役を演じることになるアンドリュー・ガーフィールドを含む5人の役者の名前が噂に挙がって――まあピーター・パーカー役だから仕方ないっちゃ仕方ないんですけど――それが全員白人の役者だった。その時に、当時まだツイッターをやっていたドナルド・グローヴァーが「俺もオーディションを受けたい」ってツイートしたんですよ。そしたら、ドナルドのファンが「ドナルド・グローヴァーにピーター・パーカーを演じさせろ」ってキャンペーンをネット上で起こして、それがムーブメント化していく。

田中　そうだった、そうだった。2010年の時点でその後に起こるいろんなことがすでに始まっていたことがわかるね。

宇野　で、結局ドナルドはオーディションに呼ばれはしなかったんだけど、そのムーブメントを受けて、コミックではドナルド・グローヴァーと当時大統領だったバラク・オバマのそれぞれ若かりし日のイメージをミックスした、マイルス・モラレスというキャラクターが生まれる。ちなみにドナルド・グローヴァーはその後、『アメイジング・スパイダーマン2』でピーター・パーカーの部屋に貼ってるポスターに登場して、テレビアニメ版ではマイルス・モラレスの声を担当して、MC

Uの『スパイダーマン：ホームカミング』ではアーロン・デイビス役で登場することにもなる。

田中　あのアーロン・デイビスって、『スパイダーバース』に出てくるアーロン叔父さんと同じキャラクターだよね？

宇野　そうです。しかも、『ホームカミング』では「甥のことが心配なんだ」って台詞がある。つまりアーロン・デイビスを演じているドナルド・グローヴァーは、自分自身がモデルになったマイルス・モラレスのことを心配しているという構図。

田中　まあ、そこまでいくとトリビアの領域だけど（笑）。ただ、『スパイダーバース』はいろんな形で意識的にヒップホップ・カルチャーとの接続を打ち出した映画でもあった。

宇野　そう。ピーター・パーカーはクイーンズ、マイルス・モラレスはブルックリンと住んでる地区も違って、マイルスの夢はグラフィティ・アーティスト。でも、普段聴いてるのはポスト・マローンで、部屋に貼ってるポスターはチャンス・ザ・ラッパーっていう（笑）。全世代全人種向けのアニメーション作品ならではの絶妙なバランスがとられていた。

田中　だから、間違いなくひとつ言えることは、かつてはまったく別物だったはずのさまざまな文化やトライブが互いに呼び合うようにして反響し合っていく。そして、それが一気に花開くことになったのが2010年代半ばの出来事だということ。宇野くんと俺にしても、それ以前はまったく別な場所でまったく別のことをやっていて、互いにほぼ興味もなかったわけじゃん（笑）。ところが、何年ぶりかに会った2015年頃には、二人ともひたすらラップばかり聴いて、MCU作品を観て、映画だけでなくテレビシリーズに夢中になっていた。

宇野　当時はまだ全体像がよくわからないまま、ポップ・カルチャー全体がいろんなかたちで絡み合ってヤバいことになってるという興奮を共有していた感じでしたね。

現代社会のアナロジーとしてのMCU作品

田中　ただ、最初の『アイアンマン』の時点から、自分自身のMCU作品に対する興味は、映画としての興味というより、アナロジーとして同時代の社会を批評するSF／ファンタジー作品としての興味という部分が大きかった。70年代半ばに後追いで『スタートレック』に夢中になって以来、すっかりそういう見方が出来上がってしまっていて。

宇野　というと？

田中　『スタートレック』という作品は、未来の宇宙を舞台にすることで何ら検閲されることなく、当時のアメリカの社会的イシューに切り込むことができた。だから、MCU作品にしろ『ゲーム・オブ・スローンズ』にしろ、まずその作品に込められた社会のアナロジーを読み取ることに夢中になってしまうんですよ。例えば『アイアンマン2』（2010年）なんて映画としては本当にひどいんだけど。

宇野　はい。そこは反論しませんよ（笑）

田中　でも、アナロジーを読み解くとすさまじく面白い作品でもある。要は、『アイアンマン』トリロジーというのは、アメリカが2003年にイラクに侵攻することで始まったイラク戦争の後遺症と自己批判についての映画なわけだけど、特に『アイアンマン2』はイラク戦争絡みの引用がおびただしくあって、その部分だけで最後まで観てしまえるくらい。

宇野　そもそも『アイアンマン』は、世界最大の軍需企業のトップであるトニー・スタークが、自社の兵器がテロリストに横流しされているのを知って、その贖罪のために今度は世界を救う立場になろうとする話ですよね。

田中　その設定自体、どうしたってレーガン政権時代のイラン・コントラ事件を連想してしまうよね。その当時からすでにアメリカの中東への介入がいろんな火種になっていたんだという。

宇野　確か、原作のコミックではベトナム戦争が舞台だったのを、映画では舞台をアフガニスタンに置き換えてるんですよね。

田中　いや、原作との関係はちょっと複雑でさ。アイアンマンが初めてマーベル・コミックスに登場したのは63年のことで、当初は真っ向から共産主義陣営と闘ってた。アカを狩ってたわけですよ（笑）。ところが、アメリカがさらに本格的にベトナム戦争に突入するようになって以来――やっぱりこのままではマズいということになったんだろうね――設定がリブートされて、その後も90年代にはアイアンマン誕生の舞台が湾岸戦争になったり、２０００年代にはイラク戦争になったりしてきて。

宇野　そうか。原作の段階で何度もリブートされていて、その都度、歴史を改変してきたわけですね。歴史修正主義じゃないけど。

田中　いや、キャプテン・アメリカのキャラクター設定なんて、歴史修正主義そのもの（笑）。だって、そもそも彼は第二次大戦勃発と共にアメリカのナショナリズムを表象するキャラクターとして生まれて、当時はナチスや日本人相手に闘ってたわけだから。でも、戦後になって、世の中の気運が変化するに連れて、必然的に存在価値がなくなってしまい、50年代の半ばには一度すっかりコミックの世界から姿を消してしまう。でも、64年になって、復活するんですよ。それが『ザ・ファースト・アベンジャー』のプロットの元にもなった、第二次大戦中の事故で海の中で氷漬け状態にされて、何十年後かに発見されたというエピソードなんだけど。ただ、そんなことになったのは明確な意図があって。60年代半ばの価値観からすると、戦中のキャップのやっていたことは明らかに政治的にマズい。だから、実は当時のキャップは偽物だった、本物は氷漬け状態で眠っていたという歴史改変なの。

宇野　ご都合主義にもほどがありますね（笑）

田中　そう（笑）。だから、彼が「失われたアメリカの理想」を表象するようになるのは実はそこからのことなんです。世の中の価値観なんてたった数十年の間にすっかり変わってしまうことの貴重なサンプルだよね。だから、MCUのプランをマーベルが立ち上げた時から、それまでの80年以上のデータベースから引き出した個々のプロットを自由自在に組み替えて、現代的な解釈に置き換えるのは大前提だったはず。実際、MCU作品には原作には存在しない社会的アングルがどんどんぶち込まれるようになっていって、ある時期から完全に、これはそこを楽しむべき作品なんだな、と思うようになった。

宇野　実はDC作品との最大の違いってそこですよね。DCはユニバース化する前のノーランによる『ダークナイト』シリーズの成功に引きずられたこともあって、スーパーヒーロー個人の葛藤に焦点を当てて、舞台設定自体はすごく抽象性の高いものになっている。

田中　そうそう。本当にそこは決定的な違い。特にザック・スナイダーが監督やプロデューサーを務めた作品は、原作プロットからの引用にしろ、演出の方法にしろ、原作が聖典のようになってしまっている。そもそも、DC以前の彼のフィルモグラフィーもその大半がグラフィック・ノベルやコミックの映画化じゃない？

宇野　『300〈スリーハンドレッド〉』（2007年）しかり、『ウォッチメン』（2009年）しかり。

田中　特にその2作品はそれぞれフランク・ミラー、アラン・ムーアという80年代にコミックの歴史を変えたと言われてる歴史的な作家が産み落とした作品なんだけど。ただ、ザック・スナイダーの作家的シグネチャーというのは、執拗なスローモーションの多用と極端なクローズ・アップでしょ。あれは、コミックで描かれた構図をそのまま再現しようとしてるんじゃないか。だから、長回しにしろ、カットを割るにしろ、アクションがまったく撮れなくて、すぐに静止画を模したスローモーションをやってしまう。特にフランク・ミラーが描いたグラフィックノベル『300』は横長の判型だったから、まさに原作が聖典として機能してしまった。でも、そもそも映画とコミックの言語というのはまったく別物。撮影と編集によって1秒24コマの静止画を動きへと繋げていく映画の言語と、見開きページの中にいくつものコマがあって、それに描き込まれた静止画を左上から右下に視線を移すように読ませるコミックの言語はまったく違う。なのに、彼の場合、そこがごっちゃになってるんですよ。

宇野　でも、だからこそ『マン・オブ・スティール』(2013年)以降のDC作品もコアなアメコミ映画ファンの中では一定の支持があり、あまり悪く言うと面倒臭いことになるんですよね(笑)。ただ、当然のように映画の批評家からはあまり評価されてこなかった。

田中　かたやMCU作品は、スーパーヒーローをダシにして、いろんなジャンル映画を撮り始めるようになる。しかも、そこに社会的なアングルをどんどん入れ込んでいく。

宇野　映画的な興奮という意味では、自分はやっぱり1作目の『アベンジャーズ』が発火点でしたね。クライマックスの戦闘シーンで何の必然性もなくヒーロー全員が背中を寄せ合って、その周りをカメラが360度パンする。あの画はバカバカしいと言えばバカバカしいんだけど、あそこに活劇として割り切る上でひとつの覚醒があったと思うんですよ。実際に、『エンドゲーム』でもタイムトラベルのシーンで再登場させてましたけど、あれはそれくらいモニュメンタルな瞬間だったと思いますね。

MCU体制の確立と傑作『ウィンター・ソルジャー』

田中　ディズニーがマーベル・スタジオを傘下に収めて単独で配給するようになったのも、2012年の『アベンジャーズ』からだよね？

宇野　そう。だから、本当にあそこから始まったと言ってもいいと思います。今でこそマーベル・スタジオはコンテンツの王者になってますけど、一度破産した後も、莫大な借金をしてギャンブル的に『アイアンマン』を作って、そこでコケてたら本当にどうなっていたかわからなかった。

田中　だから、実際のところ、最初からここまでの流れを見通していたかどうかはかなり怪しいよね。

宇野　一応、『アベンジャーズ』までは最初の『アイアンマン』を作る資金を集める時に事業計画として出していて、役者とも契約を交わしていたようですけど、『アベンジャーズ』の存外の大成功によって、その後の計画が大幅にスケールアップしていった感じでしょうね。で、フェーズ2の『キャプテン・アメリカ／ウィンター・ソルジャー』（2014年）でルッソ兄弟という才能を引き当てたことが、本当に大きなターニングポイントとなった。

田中　まさに。そこは100パーセント同意だな。

宇野　ただ、ジョン・ファブロー（『アイアンマン』『アイアンマン2』）とジョス・ウェドン（『アベンジャーズ』『アベンジャーズ／エイジ・オブ・ウルトロン』）が大功労者であることも言っておかないといけないですけどね。

田中　そうだね。ただ、1本の映画としての完成度という点では、『ウィンター・ソルジャー』って、これまでのMCU作品23本の中で最も優れた作品なんじゃないかな。『コンドル』（1975年）とか『大統領の陰謀』（1976年）のような70年代ポリティカルサスペンスを参照しつつ、それらの作品で活躍したロバート・レッドフォードをキャスティングするみたいな遊び心まであった。

宇野　テレビのコメディシリーズ出身のルッソ兄弟は、もちろんコメディのセンスもあるし、筋金入りのシネフィルでもあるし、アクションも撮れるしという。それまで長編映画はコメディ2本しか撮ったことがなかったのに、一体どこでどうやって見初めたんだって驚かされました。ちなみに彼らを最初に発掘したのはスティーブン・ソダーバーグなんですよ。実際、『ウィンター・ソルジャー』で最も意識したのもソダーバーグの作品だとルッソ兄弟は言ってます。

田中　なるほどね。現実社会とのアナロジーという点から言っても、テロとの戦争や退役軍人問題と、テーマは明確すぎるくらい明確だった。特に、あのテロ廃絶のためには事前の軍備が必要だという設定は、オバマ政権への当てつけ以外のなにものでもない。当時のオバマはアメリカの子供たちを抱きしめたその1時間後に、アフガンへのドローン空爆の書類にサインをしていた。そういう矛盾を的確に突いていた。スーパーヒーロー映画全体でみても、この作品は『ローガン』（2017年）に次いでナンバー2なんじゃないの？

宇野　そこまで気軽には言えないかなあ。特に、『ジョーカー』（2019年）のような鬼っ子的作品も出てきた今となっては。ただ、『ローガン』といい『ジョーカー』といい、結局のところ1本の映画としての完成度と高い芸術性を両立させるには、ユニバースの外で作られたスタンド・アローン的な作品が有利なわけですけど、『ウィンター・ソルジャー』はフェーズ1からフェーズ3へと繋ぐ架け橋としても完璧だった。これまで興行的な実態としては、アイアンマン人気に頼ってきたMCUでしたが、この作品によって俄然キャップの重要性が増して、『エンドゲーム』まで二枚看板としてユニバース全体を引っぱっていくことになりましたからね。

田中　あらためて振り返ると、ルッソ兄弟による『ウィンター・ソルジャー』と、その次の『シビル・ウォー／キャプテン・アメリカ』（2016年）の2本に比べると、『アイアンマン』の2作目、3作目は社会的なイシューを取り込むという意味において、ちょっと強迫観念的かつ自己批判が強すぎるところがある。テーマに振りまわされすぎて、正直、映画としての魅力には乏しいと言わざるをえない。でも、特に脚本の仕掛けはかなり練り込まれていて。だって『アイアンマン2』なんて、ディズニーに買収される直前に、ディズニー批判をやっちゃうんだから。

宇野　映画冒頭に出てくる、父親のハワード・スタークが残した、彼自身が計画したスターク・エキスポの宣伝フィルムの話ですよね。

田中　晩年のウォルト・ディズニーが計画した、実験的未来都市エプコットをウォルト自身がプレゼンテーションするフィルムが実際にあるんですよ。

宇野　まさにそれをまんま引用しているという。エプコットは2015年のディズニー映画『トゥモローランド』のモチーフになってましたね。

田中　そうそう。どこまで知られていることかわからないけど、ウォルト・ディズニーという人は、彼なりに世界平和を望むあまり、明らかな間違いを犯した人物でもあって。

宇野　第二次世界大戦期に、戦意高揚のための戦争プロパガンダ映画を作ったという過去がありますからね。

田中　もちろん、アメリカ映画の歴史を紐解けば、ジョン・フォードだってウィリアム・ワイラーだってフランク・キャプラだって戦意高揚映画に関わっている。ただ、ウォルト・ディズニーの場合、『Victory Through Air Power』（１９４３年）という悪い意味で決定的とも言える映画を作ってしまった。枢軸国のひとつ日本を倒すためには、非戦闘員が暮らす市街地への絨毯爆撃こそが最重要だという主張を盛り込んだ映画なんです。つまり、直接的に広島と長崎での悲劇に連なってさえいる。だから、きっとトニー・スタークと同じような贖罪意識を抱えていた人物のはず。だからこそ、映画冒頭からウォルト・ディズニーの引用で始めた大胆さには、思わず舌を巻かずにはいられなかった。その時点で、トニー・スタークを中心としたフェーズ３までＭＣＵ映画というのは、自己批判と贖罪のサーガであることを運命づけられていたとも言えるんじゃないか。しかも、３作目はとにかくイラク戦争のアナロジーだらけでしょ。自爆テロにしろ戦争帰還兵のＰＴＳＤにしろ。処刑現場の映像にしても、あれは誰が見たってＩＳＩＳを連想せずにはいられない。

宇野　マンダリンのキャラクター造形はオサマ・ビン・ラディンのパロディでしたね。

田中　しかも、実はそのマンダリンがフロリダに住んでいて、本当の黒幕でもなんでもないというのは、つまり、社会の敵としてテロリストという存在を捏造したり、実際にテロリストを育てたりしてきたのは、実のところアメリカなんだ、というほのめかし以外のなにものでもない。とにかく全編にわたって、アメリカの外交政策の結果が中東の混乱とテロの時代を招いたことを執拗に描いている。だから、自分にとっては初期ＭＣＵ作品の魅力というのはほぼ脚本の面白さに尽きたんだよね。

『アベンジャーズ』シリーズのテーマの変遷

宇野　『シビル・ウォー』に関しては、公開当時に『アベンジャーズ2.5』なんて呼ばれ方もされていたように、『キャプテン・アメリカ』トリロジーの文脈よりも、『アベンジャーズ』シリーズの文脈の方が語りやすいかもしれませんね。

田中　やっぱり『アベンジャーズ』シリーズこそが、分断の時代以外のなにものでもなかった2010年代のアナロジーそのものだった。そういう意味でも、『シビル・ウォー』も含めて語った方がいいかもね。『アベンジャーズ』シリーズに対してよく言われるのは、「ヒーロー同士がずっと争ってばっかじゃねえか」ってことだったり、特に『エイジ・オブ・ウルトロン』に対しては「自分で蒔いた種の尻拭いをするだけの迷惑な話だ」みたいな無邪気な反応もあったわけだよね。でも、実はそういうプロットこそが脚本の肝だった。

つまり、『アベンジャーズ』シリーズの最初の2作品が描いていたのは、今の世界は解決不能に思える問題が山積している、だがむしろ、さらなる面倒を引き起こしているのは、いくつもの正義同士の軋轢なんだ、という視点にほかならない。『アベンジャーズ』は正義と正義は必ずぶつかり合うことを描いた上で、いくつもの正義はひとつになれるのか?と問いかける作品だったし、『エイジ・オブ・ウルトロン』はトニー・スタークが地球外からの脅威から人類と家族や友人たちを守るために作ったウルトロンが、諸悪の根源は人類にあるという自らの正義を暴走させて、世界が壊滅一歩手前の危険に晒されるという話だった。つまり、あの2作品は、過剰な正義感やヒロイズムは衝突や分断に繋がる可能性を秘めている、しかも時としてどうしようもない悲劇を巻き起こしうることを描いていた。

宇野　そして『シビル・ウォー』のコピーは、まさに「United We Stand, Divided We Fall」でした。この言葉は、何よりもコミュニティ内の団結が重要なんだという、過去にアメリカの大統領が演説の中で何度も引用してきたスローガンでもあるわけですけど。

田中　あのスローガンが『シビル・ウォー』の宣伝ポスターに使われているのを見た時は、それまでの自分の解釈とピッタリと一致したのがあまりに嬉しくて、思わず「United We Stand, Divided We Fall」という言葉と『ピーナッツ』のキャラクターを組み合わせたTシャツまで作っちゃったくらいだからね（笑）。『シビル・ウォー』のプロット全体の軸は、トニーとスティーブの対立——アベンジャーズを国連の管理下におくかどうかを巡っての対立だったわけだけど、それがトランプが登場した大統領選以降、すっかり政治的に二分されてしまったアメリカ社会のアナロジーになっているだけでなく、そこにさりげないマッカーシズムの引用があったり、過去の歴史への目配せもいたるところにあって、そこがまた見事だった。

宇野　映画的な興奮が詰まった『ウィンター・ソルジャー』とはまた違った意味で、もしかしたらMCU作品で一番夢中になったのはこの作品かもしれない。いつの間にかスティーブに肩入れするようになっていた自分に驚かされたし、今作がMCU初登場となったブラックパンサーやスパイダーマンの登場の仕方も鮮やかだったし。この世の中のエンターテインメントで一番面白いのはMCUだってことを思い知らされましたね。

田中　わかるわかる。ただ、ルッソ兄弟は『ウィンター・ソルジャー』と『シビル・ウォー』まではなんとか手綱を摑んでいたけど、続く『アベンジャーズ／インフィニティ・ウォー』（2018年）と『エンドゲーム』では、物語を整理するのに手一杯になってしまったところがある。

宇野　次の章で語る『ゲーム・オブ・スローンズ』の終盤にも通じる問題ですよね。ただ、『エンドゲーム』での着地の仕方があまりにも見事だったから、最終的にはあまり細かいことは気にならなかったけど。

田中　もちろん、『エンドゲーム』は大いに楽しんだし、何度も大泣きはしたんだけど。

宇野　『インフィニティ・ウォー』はまだしも、『エンドゲーム』ではあまりにも語らなきゃいけないことや整理しなきゃいけないことが多すぎて、演出の入る余地がほとんどなくなってましたからね。181分間ずっとめちゃくちゃ興奮はしたんだけど、終わってみたら「5年後の世界」編と「タイムトラベル」編と「最終決戦」編の3本の映画を無理やりくっつけたような作品になってた。ルッソ兄弟は、インタビューで序盤のところはミケランジェロ・アントニオーニの『赤い砂漠』（1964年）を参考にしたとか言ってましたけど、「えっ?」っていう（笑）。結局のところ、タナソーさんが言うように、MCU作品は旧来の映画としての枠組で語っても仕方がないんだっていうところに行き着いてしまう。でも、『インフィニティ・ウォー』と『エンドゲーム』では、『ウィンター・ソルジャー』や『シビル・ウォー』にあったような現代社会や政治とのリンクもちょっと薄れてましたよね?

田中　いや、そんなことないよ。だって、サノスって、『エイジ・オブ・ウルトロン』とか『ガーディアンズ・オブ・ギャラクシー』（2014年）にちょろっと出てきた頃は、いかにもこれまでのMCU作品のヴィランって感じで、空っぽに見えたでしょ?　ストーリーを転がしていくマクガフィンでしかない、というか。

宇野　でも、白人のブルーカラーを代表するヴィランが登場する『スパイダーマン：ホームカミング』（2017年）、ブラックコミュニティの分断を描いた『ブラックパンサー』（2018年）の流れで、ＭＣＵ作品はそこも補強していきましたよね？

田中　そう。そして、その論理的な発展として、『インフィニティ・ウォー』ではサノスというキャラクターを通して、より現代的な悪という概念を定義してみせた。

宇野　まあ、確かに『インフィニティ・ウォー』って、誰が主役かって言ったら、明らかにサノスでしたからね。

田中　悪の定義というと、代表的なものとしてはハンナ・アーレントが唱えた凡庸な悪という概念があるわけだけど、ここではむしろ生涯ずっと社会のアウトサイダーやシリアル・キラーについて書き続けたコリン・ウィルソンが言ってることに近い。簡単に言うと、サノスってソシオパスじゃない？　サイコパスではなくて、社会的な状況の中からいつの間にか正気を失ってしまった人たち。でも、サノスには大義と正義がしっかりあって、自分は絶対に宇宙を救わなければいけないんだというヒロイズムに駆られている。だから、自らの倫理観に従って、それを疑うことなく、自らの正義に溺れてしまうソシオパス。あるいは、彼はある種の公共性、平等をも代弁しているという。というのも、今は格差社会なわけだよね。それに対して彼は、半分の人間を犠牲にすれば半分が救われるという、ある種の平等性を主張しているわけだから。

宇野　新自由主義への批判になってる？

田中　少なくとも、現状の民主主義と資本主義とのかけ算が律する世界では何も解決できない、だからこそ、新たな秩序を生み出さねばならないという極端な正義感に駆られている。それゆえに『インフィニティ・ウォー』におけるサノスという存在は、本当にいろんなアナロジーとして解釈できる。トランプのアナロジーとしても、すべての原理主義のアナロジーとしても、右や左といったイデオロギーとは関係なく、ソーシャルメディア上でひたすらトローリングを繰り返している人々のアナロジーとしても読み取ることも可能でしょ。例えば、ここ数年の北米では、あまりに多様性を賞揚するリベラルに対する反発として、科学者たちが男と女は生物学的にはまったく別の生き物だという科学的なエビデンスを持ち出してくるようになった。その結果、今ではすっかり泥仕合になってしまった。そういう意味では、イデオロギーがドグマ化してしまって、理性と倫理を失いつつある一部のリベラルのアナロジーとしても読み取れるかもしれない。

宇野　世界中が正義感に駆られたソシオパスでいっぱいになってしまった。今現在、世界中のありとあらゆるところで起こっていることですよね。それこそまさに分断の時代のメカニズムというか。

田中　まさにその通りだよね。1作目の『アベンジャーズ』のタイミングで描かれていたのは、イデオロギーや社会的立場、考え方の違い、そこから生まれる正義同士の衝突というテーマだったのが、ここでは衝突が繰り返され続けると、誰もがファナティックになってしまい、正常な理性や倫理を失ってしまう――そうした2010年代後半的な状況をサノスに表象させている。これは、それ以前の作品には出てこなかった視点だと思う。

『エンドゲーム』のテーマは気候変動と格差社会

宇野　じゃあ、『エンドゲーム』は？

田中　『エンドゲーム』は、気候変動と格差社会についての映画。一番面白いなと思ったのは、映画前半でサノスを殺害して、スナップから5年経ったアベンジャーズ基地のシーン。あそこのいくつかの台詞に、気候変動についてのさりげないほのめかしがちりばめてあった。

宇野　ナターシャ、一人で寂しそうでしたよね。

田中　いや、そうじゃなくてさ（笑）。ナターシャ＝ブラック・ウィドウが各地に散らばってるメンバーと連絡を取り合うシーンで、スナップ後の世界の問題解決に対して、キャプテン・マーベルが協力的じゃないという非難の声が上がる。ところが、キャプテン・マーベルは、救わなきゃならない人たちというのは地球だけじゃない、自分は広大な区域をカバーしてるんだ、何千という星で地球と同じことが起きているわけだからと答える。あと、ワカンダのオコエは海底地震の報告をするんだけど、むしろ人間が何もしないほうがいいんだという話をする。キャプテン・アメリカも、人口が半分になってハドソン川にクジラが戻ってきたみたいな話をするよね。要は、すべて気候変動についてのコメンタリーなんですよ。つまり、この一連のシークエンスというのは、今、人類は、分断だ何だとか、中東の混乱だとか本当にいろんな問題に直面しているんだけれども、それよりも最も差し迫った重要なイシューというのは気候変動なんじゃないかというほのめかしと解釈できる。

宇野　という話を、『エンドゲーム』を観た直後にタナソーさんから聞かされた時は話半分に聞いてたんですけど、その後、ルッソ兄弟が「サノスは気候変動のメタファーだ」ってずばり言っちゃいましたからね。ここで真面目に話を聞いているのは、それを踏まえてのことです（笑）。そもそも、タナソーさんがしばらく前から「俺は気候変動のことしか考えていない」と言い出した直接的な契機は何だったんですか？

田中　２０１９年4月のロンドンの「絶滅への反逆」デモが大きいかな。あのデモの報道をいくつか目にして、もし気候変動というイシューが時代のナラティブになれば、目の前の身近な問題に誰もが必死になることで、すっかり分断されてしまったこの時代をひとつにユナイトする可能性を秘めているかもしれない、そんな風に感じたことが大きかった。

宇野　『アベンジャーズ』の最初の２作で内輪もめばかりしてたアベンジャーズのメンバーが協力

し合う、みたいなことですよね。つまり、人々が団結するためにはサノスが必要だという。確かに、そう言われてみれば『ゲーム・オブ・スローンズ』だって舞台設定そのものが気候変動と関係してるわけだし、２０１８年夏のチャイルディッシュ・ガンビーノの「Feels Like Summer」のリリックのテーマも気候変動だったわけだから、そこにポップ・カルチャー全体の目が向けられるようになる兆しはいろいろありましたよね。

田中　もちろん、気候変動という単語が一般化する以前から、環境問題や地球温暖化というのは大きな問題だし、自分自身もずっと気に病んでいたことだった。でも、この２０１０年代になってからというもの、すっかり議論が下火になってしまったわけだよね。実際、ポップミュージックの世界でもレディオヘッドの『The King of Limbs』（２０１１年）やアノーニの『HOPELESSNESS』（２０１６年）といった地球環境についての作品も生まれていた。ただ、この2枚は２０１０年代が終わろうとしている今、とても重要だったにもかかわらず、すっかり忘れ去られた2枚でもある。つまり、マイノリティの問題にしろ、移民の問題にしろ、誰もがより身近で切実な問題——ローカル・イシューに必死に向き合わざるをえないこの10年の間で、すっかり忘れ去られつつあったグローバル・イシューの最たるものが気候変動だったという気がするんですよ。

宇野　それが、２０１０年代の終わりに差しかかって、最後の数ヶ月で全世界的に急激に浮上することになった。

田中　ポップミュージックの世界でも、The 1975やビリー・アイリッシュが相次いで気候変動に関係する曲やミュージックビデオを発表したし、グライムスの新作『Miss Anthropocene』も気候変動がテーマだという噂が飛んでいたりする。

宇野　日本でも『天気の子』がありましたしね。で、その極め付けが、国連の気候変動会議でのグレタ・トゥーンベリの演説。これで良くも悪くも一気に日本でも彼女の存在と気候変動という言葉が拡がることになった。ただ実際、どうなんですかね。日本も含め、グレタ・トゥーンベリの演説に対する世界中からの壮絶なバックラッシュを見る限りは、タナソーさんの考えるようにはとてもなりそうにはない気がしますが。

田中　難しい気もする。例えば、さっき話してた『エンドゲーム』のシーンにしても、キャプテン・マーベルやキャプテン・アメリカが、もう少し広い視点を持ってグローバル・イシューに向き合っている立場を表象しているとすれば、誰よりもボロボロになったナターシャは気候変動みたいな問題に目を向ける余裕のない疲れ切った人物のメタファーだと思うんですよ。ブラック・ウィドウは自分自身の目の前にあるローカル・イシューの解決に懸命になるあまり、それが見えなくなっている——あのシーンはそういう対比以外のなにものでもない。

宇野　彼女は何で見えなくなってたんだろう？

田中　残酷な言い方をするとエゴイズム。彼女はアベンジャーズという自分の家族を失ってしまったことに対する悲しみと後悔、そして、何としてもそれを取り戻さなくてはならないという焦りのために、自分とは違う立場の人間に対する共感能力をすっかり失ってしまっている。２００８年のリーマンショック以降、全世界的に先進諸国における中流階級の底が抜けたわけでしょう。そこで格差が一気に広がった。でも、それは同時に、かつて第三世界と呼ばれた発展途上国の人々の飢餓や貧困を底上げすることにも繋がったわけじゃないですか。つまり、先進諸国が植民地時代からの長年のツケを払った結果でもあるわけだよね。言ってみれば、それってグローバリゼーションがもたらした平等とも言えなくもない。

宇野　つまり、サノスのスナップは、リーマンショックのメタファーでもある？

田中　そう読むことも可能だよね。２０１０年代というのは、富や機会を奪われた持たざる者が牙をむき、平等と全体性を獲得しようとする力学が階級闘争へと歪められてしまった時代でもある。だからこそ、ここでのナターシャは、このディケイドで大切なものを奪われたり、大切な家族が危機に瀕していて、それを取り戻さなければならないと懸命になって、気がつけば度を越してファナティックになってしまった人たちのメタファーなんじゃないか。例えば、そこにニューヨークのオキュパイ運動やフランスの黄色いベスト運動の参加者の一部を重ねてもいいかもしれない。

宇野　格差社会によって弾き出された人々の立場は、『ホームカミング』のヴィランであるバルチャーも代表してましたよね。

田中　そう。やはり格差社会というのは、インフィニティ・サーガ後期の最重要テーマのひとつなんじゃないかな。それに、『エンドゲーム』ではあと二人、すっかりファナティックになって、一度は正気を失ってしまったキャラクターがいる。まず、不必要なサノス殺害に手を染めるマイティ・ソーがそうだよね。だって、あのタイミングでサノスの首をはねる必要はまったくないわけだから。

宇野　もうひとりは家族を失ったことでローニンとなって、メキシコや日本で殺戮を続けているホークアイですよね。つまり、その三人は自分自身の身近な問題の深刻さにすっかり飲み込まれて、正気を失ってしまった人々のメタファーだと？

田中　ただ、彼らを批判的に肯定しようとしてる。そういうことだと思うんです。決して非難したり、断罪しようとしてるわけじゃない。『エンドゲーム』が格差社会についての映画だと思う理由はそこにある。それぞれのキャラクターの立場にいくつものアナロジーが張り巡らせてあって、何かしらひとつのイデオロギーに加担しているわけではない。

宇野　全方位に批評的ということですね。ただ、自分はあの5年後の、人口が半分いなくなった世界に妙な心地よさを覚えたんですよね。あの荒廃した世界にちょっと甘美なムードみたいなものを感じてしまった。ある意味、20世紀後半のヨーロッパや現在の日本にも、ああいう黄昏感のようなものがあるじゃないですか。

田中　第二次世界大戦後に大方の植民地を失って、斜陽の大英帝国と呼ばれていた70年代のイギリス、あるいは、それ以前にイタリアのような国もたどってきた道だよね。

宇野　そう。だからこそ、ルッソ兄弟はアントニオーニの『赤い砂漠』まで持ち出してレファレンスを示したわけで。

田中　まさにそういう光景だよね。と同時に、新自由主義的な価値観からすると、到底受け入れることはできない世界でもあるとも言える。あと、すごく面白いのは、サノスもトニーもとりあえずやるべきことをまっとうした後は、どちらも田園で悠々自適の余生を過ごすことになる。これは明らかに持たざる者じゃなくて、富裕層のライフスタイルそのもの。

宇野　ああ、完全にそうですね。でも、サノスは生に執着することなく簡単に殺されるし、アイアンマンはその生活から抜け出さざるを得なくなる。

田中　そう。だから、全世界の富裕層5パーセントに対する否定だけは、はっきりと表明しているとも言える。そういう意味でも、『エンドゲーム』はやはり2010年代という分断の時代の物語だったし、気候変動と格差社会についての映画だったと思うんだよね。

　サノスが実現しようとしていたのは、自分自身の安定と安心が満たされるのであれば、たとえ誰かに支配されていようが、社会全体に矛盾や格差があろうが、別に構わないという価値観が蔓延した世界。もはや現状の社会システムの中でやっていくしかないと感じている、マーク・フィッシャー言うところの資本主義リアリズム的な態度にすっかり骨抜きにされてしまった世界とも言えるかもしれない。そして、そういう世界を理想とするサノスが言っていたのは、過去を知る者がいる限り、そんな新しい世界を拒絶する者が必ず現れて、抵抗を始めてしまう、だからこそ、お前たち過去を知る者が邪魔なんだっていう。

宇野　あそこのシーン、今ひとつ真意を読み取れなかったんですよね。

田中　過去というのは、つまり、きちんとした歴史認識のことだよね。民衆の間にしかるべき歴史認識がきちんと共有されているかどうかという話だと思う。その歴史認識というのは何かというと、『アイアンマン』シリーズが描いてきたアメリカという国家の負の歴史であり、現在のグローバル資本主義社会がどんな風に出来上がり、どんな弊害をもたらすことになったかについての認識ということでしょう。

　実際、6つの石を求めて、3つの過去への旅に出るというのは、いくつもの歴史の点を組み合わせることで、ひとつの歴史認識を得ることのメタファー以外のなにものでもない。そして、トニー、ソー、スティーブの三人はタイムトラベルの途中で、過去のトラウマ——罪や過ち、後悔の念に向き合うことになる。これも、罪と過ちだらけの過去の歴史に向き合い、それを悔い改め、乗り越えることのメタファーだよね。でも、サノスは何ら疑問を持たず、ただ現状を受け入れる奴隷たちの社会の方が幸せだという典型的なファシスト思想の持ち主だから、そういう態度そのものが邪魔で仕方ない。

宇野　つまり、サノスは民衆の教養が邪魔だと言っているわけですね。そこも含めてゼロからつくり直さなきゃいけなかったと反省している。そっか、そう考えるといろいろ腑に落ちますね。つまり、今のアメリカであり、日本ってことじゃないですか。

田中　本当にそう。実際、自分自身が加害者でもあることをすっかり忘れてしまって被害者面した連中ほど幸せなものはないわけでしょ。でも、そういう境地に陥りかねない人々——つまり、歴史健忘症だよね——が、今現在、世界中に溢れかえっている。そういう意味からすると、サノスが望んだ世界というのは、もはや少しずつ完成に近づいているのかもしれない。

トニー・スタークが〝主人公〟であるべき理由

田中　もうひとつ、『エンドゲーム』ではそこまでのMCU21作品でやってきたいくつかのテーマを意識的に反復していることも重要だと思う。例えば、テレビシリーズも含めてマーベルがやってきた一番大きいテーマのひとつは、退役軍人の問題。

宇野　アベンジャーズにはウィンター・ソルジャー、ファルコンとそのテーマをそのまま背負ったキャラクターもいる。

田中　『エンドゲーム』でもわざわざ集団セラピーのシーンを反復する。だから、『アイアンマン』から始まったイラク戦争、それ以降のアメリカの贖罪についての自己批判を最後でもう一度反復して、その円環を閉じようとしている。

宇野　そこはかなり意図的ですよね。キャプテン・アメリカがファルコンに盾を渡すシーンも含めて。最後に流れるハリー・ジェームスの「It's Been A Long, Long Time」も、そのテーマに繋がってるんじゃないですか？

田中　実際、この曲は1945年にアメリカが第二次大戦で勝った直後のヒット曲であり、リリックにしても、第二次大戦で勝利したことで、兵士たちがアメリカに戻ってきた、それを祝うという内容だしね。それに、そもそもスウィング・ジャズやジャズ・ボーカルというジャンルは、黒人のジャズを白人のビッグバンドが搾取する形で発展させたジャンルだという歴史がある。と同時に、40年代には戦意高揚のために使われてもいた。だから、映画のエンディングでこの曲が使われていることは、ここまでのインフィニティ・サーガ21作品というのは、アメリカが辿ってきた何十年かの歴史についての物語なんだということを示しているとも言える。

宇野　MCU作品は、中国や韓国をはじめとするアジアでも絶大な支持を得ている、現在最大のグローバル・コンテンツなわけですけど、結局『エンドゲーム』は最初から最後までアメリカについて語り切った作品になっていましたね。サノスやトニーの田舎で余生を送る生活も含めて。だって、あれってアメリカ人にとって理想の人生像なわけじゃないですか。

田中　古き良き時代のアメリカ――『風と共に去りぬ』が象徴するようなアメリカの理想だよね。つまり、植民地主義と奴隷制度のおかげで繁栄した、南部の理想社会を彷彿とさせる。にもかかわらず、第二次大戦の勝利についての曲を最後に流すことで、アメリカの歴史に対する批判的なコメンタリーを忍ばせている。だとしたら、めちゃくちゃ意地悪な映画ってことだよね。

宇野　あれは意地悪なのかな？　もっと、最後は情に流される感じだと思ったけど。あの終わり方だったら批判しようがないというか。キャプテン・アメリカがこれまでどれだけつらかったかを観客はよく知ってるんで。よく考えると、タイムトラベル特有のいろんなパラドックスもあるんだけど（笑）

田中　いや、もちろん、感動的なんだけど。ただ、俺からすると、アメリカの軍国主義に対する批判であると同時に、その前線で戦った兵士たちひとりひとりへの賞賛でもあるという非常に込み入った演出だと感じたたな。

宇野　いずれにせよ、インフィニティ・サーガを通してやっぱり主人公はトニー・スタークでなければいけなかったというのは間違いないですよね。サーガの最後を締めることになった『スパイダーマン：ファー・フロム・ホーム』においても、スパイダーマン側、ミステリオ側、いずれも「トニーの不在」という呪縛の中にいる。

田中　サーガ全体の中心にトニー・スタークがいたのは間違いないよね。『スター・ウォーズ』みたいな至極わかりやすい勧善懲悪的な世界観であるなら、サノスに代表される悪とキャプテン・アメリカに代表される正義の対立の物語になるところが、インフィニティ・サーガにはスティーブ・ロジャースとトニー・スタークの対立、サノスとトニー・スタークの対立という二つの構図が常にあって。そのことで、スティーブ・ロジャースとサノスとの間で常に揺れ動き続ける、矛盾としてのトニー・スタークという存在を浮かび上がらせていた。

宇野　そうなんですよ。サノスは『インフィニティ・ウォー』でも、妙にトニーのことを気にしてる。「あいつのことは知ってる」と言っているのは、もしかしたら自分に近い理想を持っているんじゃないかというサノスの思いを示唆していた。実際、常に自由と主権在民を標榜し、市井の人々に寄り添おうとし続けたキャップに対し、サノスとトニーはどちらも富と権力の象徴であり、管理による平和や幸福をオファーし続けたわけだから。

田中　つまり、グローバル資本主義社会における光と影の両面を持ったトニーを主人公に置くことで、インフィニティ・サーガの現代性が担保されたとも言える。マルクスとコカ・コーラの間で引き裂かれ続けたトニー・スタークこそが、先進諸国で裕福な生活を送ってきた我々そのものでもあったということ。

宇野　だから、結局のところインフィニティ・サーガは、アイアンマンとキャプテン・アメリカの話だったということですよね。多くの人が指摘している通り、ずっと対照的だった二人の立場が、最終的には完全に入れ替わる。自己犠牲で終わっていくアイアンマンと、自分の人生を生きるキャプテン・アメリカという。

田中 そうそう。そこは本当に感動的だった。キャップはずっと個人的な幸せとはまったく無縁の、自由と団結という倫理にのみ忠実に生きてきて、トニーに向けて「君は他人のために自分の身を投げ出せるのか？」と問い続けてきたわけだから。だからこそ、やっぱりインフィニティ・サーガというのは、最初から最後まで、分断の時代における融和と団結の物語だったということ。

宇野 だとしたら、最終的にあの結論は何を示していたんでしょう？

田中 そこは『エンドゲーム』という言葉をどう解釈するかなんじゃないかな。この言葉は、正念場という意味でもあるわけでしょ。

宇野 まだタイトルが発表される前、『インフィニティ・ウォー』の中では、ドクター・ストレンジが「エンドゲーム」と言う言葉をまさにその意味で使ってますよね。

田中 そうそう。つまり、2019年という年は、まさに時代のターニングポイントだったということ。そんな文脈が示されている。つまり、こういうこと。解決せねばならない目の前のローカル・イシューがすっかり山積していて、と同時に、その向こう側には、気候変動、格差社会といった解決不可能にも思えるグローバル・イシューが横たわっている。それが互いに複雑に絡み合っていて、どこから手をつけていいのかさえわからない。しかも、それぞれを解決しようとする過程で、いくつもの衝突が巻き起こり、さらなる混迷を深めている。そんな現実を目の前にした時に、自分たちがどういう未来に向けて舵を切るのか、何を最大のプライオリティとして行動するのか——その判断を下す上で差し迫った時代の変わり目がまさにこの2019年なんだ、というメッセージ。

つまり、これから先の2020年代に我々がどういう選択をすべきかを観客ひとりひとりに問いかけている。そして、スティーブ・ロジャースがファルコンに盾を託したように、その判断を観客ひとりひとりに託した作品なんじゃないか。

宇野　でも、ドクター・ストレンジが予見していた、我々が勝つ1400万605分の1の確率なんて、ほぼ不可能じゃないですか（笑）

田中　そう。だからこそ、見事な大団円ではあるんだけど、その不可能性に見事に勝利した結末というのは、言葉通りのファンタジー以外の何物でもないんだけど（笑）

宇野　まあ、それこそがフィクションの力ですからね。可能性を鼓舞するという。

田中　まさにその通り。我々二人がこの10年間のポップ・カルチャーを総括するなんて無謀な本を作ろうとしたこと自体、この不可能性に対する反逆についての映画に完全にやられちゃったせいだから（笑）

過剰なポリティカル・コレクトネス

田中　じゃあ、ここまでアイアンマン、キャプテン・アメリカを軸にしてインフィニティ・サーガを振り返ってきたわけだけど、他の作品についても触れておきましょうか。

宇野　その際に、MCU作品におけるポリティカル・コレクトネスの問題というのは、ひとつの角度になると思います。特に1作目の『アベンジャーズ』からマーベル・スタジオがディズニー傘下になったことで、二つの問題が浮上してきます。ひとつは、言うまでもなくディズニーはアメリカのエンターテインメント界におけるポリティカル・コレクトネスの総本山であるということ。

田中　実際、今、彼らが過去のディズニー・クラシックを盛んにリメイクしているのも、もはや政治的には危うい描写を含んでいる過去の作品を今の基準に合わせて作り直しているという側面もあるわけだよね？

宇野　特に実写作品では、近年失敗続きだったオリジナルを放棄してほぼリメイクと続編だけを作っているわけですが、それも大きな理由でしょうね。それと、もうひとつはマーベル・エンターテインメント全体のCEOであるイスラエル系アメリカ人のアイザック・パルムッターの存在。ちなみに彼はドナルド・トランプに政治資金を提供していることでも知られているんですけど、ケヴィン・ファイギは彼と仕事をすることにかなりのフラストレーションを抱えていて、ちょうどフェーズ2とフェーズ3の間、つまり『アントマン』（2015年）と『シビル・ウォー』の間に、マーベル・スタジオから追い出すことに成功します。といっても、今もパルムッターはマーベル・エンターテインメントのCEOであることに変わりはないんですけど。

田中　つまり、フェーズ1はディズニー傘下になったタイミングの『アベンジャーズ』で終わって、フェーズ2はパルムッターを追い出したところで終わったという見方ができるということだね。

宇野　そうです。そして、ディズニープラスがローンチされる前の、MCUの世界が映画作品だけで完結していた時代の最後の作品が、フェーズ3を締めくくった『ファー・フロム・ホーム』。つまり、MCUのフェーズってユニバース全体のストーリーの内的要因だけでなく、そういう外的要因とも絡み合っているということです。

田中　つまりは、そのパルムッターこそが、MCU作品におけるポリティカル・コレクトネスを塞き止めていた存在だったということだ。

宇野　そうです。彼の場合、「良くも悪くも」ではなく、「悪くも悪くも」としか言いようがない。

公になっている発言でいうと、『アイアンマン』と『アイアンマン2』でジェームズ・ローズ、つまりウォー・マシーンの役をテレンス・ハワードからドン・チードルに変えた時に、「黒人は同じに見えるから問題ない」と言った。

田中　うわ、そいつはあまりにひどすぎる。

宇野　もしパルムッターがもっと早くマーベル・スタジオからいなくなっていたら、キャプテン・マーベルの登場もブラックパンサーの登場ももっともっと早かったかもしれない。パルムッターが存在したことで、女性が主人公のスーパーヒーロー映画の登場――つまり『キャプテン・マーベル』（2019年）のことですけど――が、DCの『ワンダーウーマン』（2017年）と比べても、2年も遅れを取ってしまった。

田中　作品の出来を度外視して言うなら、DCにはそれ以前から『スーパーガール』（1984年）や『キャットウーマン』（2004年）といった女性が主人公の作品もあったわけだけど。

宇野　それらの黒歴史的作品と違って、『ワンダーウーマン』の成功の理由は、女性スーパーヒーローの映画を女性監督が撮るというところにもあったわけですけど、そういう今では当たり前となった作品のマイノリティとしてのアイデンティティを作り手がレペゼンするという基準も、MCUではフェーズ3から適用されていく。ただ、フェーズ3に関しては、『ブラックパンサー』と『キャプテン・マーベル』だけでなく、パルムッターがいた時代の反動もあって、全体的にポリティカル・コレクトネスに流れすぎた側面もあったと自分は思っていて。特にその2作品は、これから数年経ってみると、「ああ、2010年代ってそういう時代だったな」と振り返られるんじゃないかなって。

田中　つまり、宇野くんとしては、ウォーク・カルチャー的な側面が前景化しすぎてるがゆえに、特にその2作品に対しては少し否定的なところがあるということ?

宇野 いや、作品に対してというより、その受容のされ方も含めてですね。だって、アメリカ国内でいうなら、『ブラックパンサー』って『インフィニティ・ウォー』よりも興収が上だったんですよ? いくらなんでもそれはちょっとわけがわからない(笑)

田中 これは適切な表現かどうかわかんないけど、宇野くんが言ってるのは、ブラック・ライブズ・マターの追い風によって、『ブラックパンサー』という作品はブームとして消費されすぎた? そういうこと?

宇野 それを数字が事実として証明しています。一方で、『キャプテン・マーベル』の時は——これはブリー・ラーソンのウォーク・カルチャーを前面に出し過ぎたプロモーションでの言動も火をつけたんですけど——ミソジニー的なバックラッシュを引き起こすことになって、それは現在も続いている。

田中 じゃあ、『エンドゲーム』のクライマックスのアクション・シーン、あそこはどう思います? 女性キャラクター全員が横並びにどこか勇壮に居並ぶショット。あれをどう解釈するかという。

宇野 一本の映画作品として評価するなら、あれはいろいろ台無しにしたと思ってますよ。大切なアクション・シーンのダイナミズムが、意味の羅列になってしまった。というか、撮影時期的にキャラが定まっていなかったことが一番の理由だと思いますけど、一貫して『エンドゲーム』におけるキャプテン・マーベルって損な役回りを背負わされてますよね。クライマックスのアクション・シーンでも、最後にふらっとやって来て、本当はずば抜けて強いはずなんだけど、何故かサノスには勝てないという、すごくご都合主義的な立場に追いやられていて。あと、これは世界中のファンがみんな言ってたことですが、「ニック・フューリーは彼女のことを呼べたはずなのに、どうして1作目の『アベンジャーズ』の時に呼ばなかったのか?」みたいな、インフィニティ・サーガ全体のプロット・ホールみたいなことになってしまってる。だから、キャプテン・マーベルに対する風当たりの強さを、すべてミソジニー的態度とするのも間違っているんじゃないかって。

田中　それはまさにその通り。

宇野　それと、女性が強すぎ問題というのは『ブラックパンサー』でも起こっていて。「あれ?オコエの方がブラックパンサーよりも強いんじゃないの?」っていう。別に強いことはいいんだけど、それで作劇が破綻するような状況になったら、やっぱり話は別という。

田中　なるほど。ただ、『ウィンター・ソルジャー』『ガーディアンズ・オブ・ギャラクシー』『アントマン』と、フェーズ2の途中から明確になったのは、MCU作品の強みのひとつは、建前としてのスーパーヒーロー映画というフォルムを隠れ蓑にして、いろんな別ジャンルの映画を撮れることだった。政治サスペンスとしての『ウィンター・ソルジャー』、B級スペースオペラとしての『ガーディアンズ・オブ・ギャラクシー』、ファミリー映画としての『アントマン』みたいにね。スーパーヒーロー映画という装置は、作品にひとまず二つのレイヤーを用意することを可能にする。常にMCU映画はそのことに自覚的だった。と同時に、『アントマン』はオキュパイ運動以降の格差社会から弾かれた人々についての映画でもあった。彼以前の主要キャラクターというのはみんな社会的な役割を持っていたのに対し、あそこでようやく社会的な役割を失いつつある立場が主役として登場した。そういう意味で、あれは『ブレイキング・バッド』や『ローガン・ラッキー』の隣に並べてもいい映画なわけで。

宇野　それで言うなら、『ブラックパンサー』は史上最大のブラックスプロイテーション映画ですよね。それが、MCU作品という枠組さえ超えたという。

田中 その通り。そうやっていろんなジャンル映画を撮ってきた。フェーズ3エラのマーベルは、女性やブラックといったマイノリティが置かれている立場をまずきちんと理解して、それを是正する機会を積極的に与えると同時に、『ガーディアンズ・オブ・ギャラクシー』の主人公たちみたいな政治的に間違っていると言えなくはないキャラクターにもきちんとストーリーを与えてきた。その全体のバランスで判断すべきだと思うな。特に『ブラックパンサー』に関しては、ブラック・コミュニティ内部でも世代の違いや社会的な地位格差が生まれたことで、コミュニティ全体が分断の可能性を帯びることになった、そうした由々しき問題をきちんと指摘していた。むしろそのことの方が重要な映画だったと思うし。

宇野 それはその通りだと思います。

田中 『キャプテン・マーベル』の場合、女性というマイノリティが置かれている不当な場所、それが象徴的に描かれていたのは、ジュード・ロウ演じるヨン・ロッグが「素手でかかってこい、そうやって自分の身の証しを立てろ」と、自らの男性原理的なゲームの規則に誘い込もうとしたシーンだよね。多数派の連中こそが、むしろマイノリティに対する想像力を持つべきなのに、お前の悲しみや苦しみを説明してみろと迫る——それこそが差別のメカニズムなわけじゃない。だからこそ、あのシーンでの「証明する必要などない」という彼女の台詞はなかなかに見事だった。だって、「証明する必要などない」という言葉は、マイノリティの誰もが感じていながら、なかなか口にできずに、ずっと噛み殺していた思いそのものでしょう。

宇野 なるほど。

田中 ただ、むしろあの映画で最も重要だったのは、「そもそもアイデンティティというのは与えられるものではなく自分自身が選ぶものなんだ」というメッセージ。しかも、それを台詞ではなく、ちゃんとビジュアルで示した。彼女は、クリー人に与えられたコスチュームの色を自らアメリカ国旗と同じ赤と青に変えて、さらにそこに空軍ジャケットを重ね着して、颯爽と宇宙に浮かび上がる。つまり、自ら選んだいくつかのアイデンティティを混ぜ合わせて、誰に押し付けられたわけでもない新たなアイデンティティを自ら生み出すという演出。あそこは本当に感動的だった。というのも、個人を「女性」というアイデンティティの中に押し込むことで、「個」としてのアイデンティティを剝奪してしまう、そういうメカニズムというのは「お前は女だから」という差別的な発言がなされる場所だけでなく、一部の間違ったフェミニズムの現場でも起こっていることだと思うんです。そういう意味からすれば、『キャプテン・マーベル』は女性についての映画ではない。個のアイデンティティ、個の尊厳についての映画だと思う。

宇野　じゃあ、先ほどの、『エンドゲーム』のクライマックスのアクション・シーンについてはどう解釈してます？

田中　最初に観た時はまさに宇野くんと同じ。これはやりすぎだし、とても見てられないという感想。でも、2回目に観た時は、むしろあの女性たちが横並びになるシーンにはちょっとした皮肉も込められているんじゃないかと感じた。女性たちの「声」が強くなり過ぎていることに対するさりげない批評も入っているかもしれない。つまり、あの思わず苦笑するしかないやり過ぎな演出というのは、建前としてはポリティカル・コレクトネスを称揚しつつも、そこに含みを忍ばせたんじゃないか。社会全体がひとつにユナイトすべき時代に、女性同士がシスターフッドで強固に繫がっているることのネガティブな側面を暗にほのめかしているというか。だから、これも批判的な肯定の身振りというか。すごく賢いやり方だと思ったな。

宇野　なるほどね。もしそうだとしたら、製作者と観客の間に立って、闘う女性の立場を引き受けているブリー・ラーソンはますます気の毒ということになってしまう。いずれにせよ、2年前の『ワンダーウーマン』の時代とは、ちょっと風向きが変わってきているのは事実で、『ワンダーウーマン』の続編の製作が当初の予定から大幅に遅れているのも、そのことと無縁ではないように思います。

田中　そうだね。ただ、今発表されているフェーズ4の作品を見渡しても、これからのMCUは間違いなくアジア人やアラブ人のリプリゼンテーションを意識したキャラクターを作り出そうとしている。ミズ・マーベル——これは原作の段階でかなり話題になった作品なんだけど——ポップ・カルチャーとスーパーヒーローに夢中なティーンの少女、しかもイスラム教徒でもあるという設定のキャラクターを早々にユニバースに参加させようという計画もある。それに、原作の流れを彼らが踏襲するなら、二代目のソーは女性になるはずなんですよ。

宇野　その伏線は『エンドゲーム』ですでに張られてますよね。さらに、キャプテン・アメリカはファルコンに引き継がれ、ディズニープラスで配信されるフェーズ4の『ホークアイ』は、クリント・バートンからケイト・ビショップにホークアイが引き継がれる話になると発表されている。今ある情報だけだと、MCUはさらにそっちの方向にアクセルを踏むとしか思えない状況。

田中　でも、そうなった時こそ、『アントマン』や、特に『ガーディアンズ・オブ・ギャラクシー』のような作品の存在意義がより重要になるんじゃないかな。だって、そもそも『ガーディアンズ・オブ・ギャラクシー』の5人なんて全員ポリティカル・コレクトネス的にアウトでしょ（笑）。でも、マーベルは彼らを主役級のキャラクターとして取り込むことを選んだ。あのシリーズで70年代のヒット・ソングがふんだんに使われるのも、今ほどポリティカル・コレクトネスの波が激しくはなかった時代へのノスタルジアだという風に考えることもできなくないよね。だからこそ、ジェームズ・ガンがあの忌まわしいホワイト・ナショナリストたちの手によってキャンセル・カルチャーの標的になったことは皮肉以外の何ものでもなかった。

宇野　そう。結局ジェームズ・ガンは復権することになりましたけど、あの下らない騒動が起こった時にマーベル・スタジオがジェームズ・ガンを守りきれなかったことは、彼らがディズニー傘下になったことの弊害が露になった出来事だった。ただ、一方であの時に多くの共演者たちが声を上げたことは、ＭＣＵの製作現場とディズニーが決して一枚岩ではないことも示していた。真意は定かではないですけど、さっきタナソーさんが指摘した『エンドゲーム』のアクション・シーンでの「ほのめかし」にも表れているかもしれない。いずれにせよ、今後の舵取りは至難の業ですよね。２０１９年の秋には、ケヴィン・ファイギが『スター・ウォーズ』の新シリーズにも関与するという報道もありましたけど、本当にそんな余裕あるのかなって（笑）

ＭＣＵにおけるナラティブとコミュニケーションの刷新

宇野　ここまでは、ＭＣＵ作品に込められた社会的なアナロジーやポリティカル・コレクトネスにまつわる側面の話をしてきました。そうやっていろんな角度から話ができること自体が、やはりＭＣＵ作品のすごさであり、２０１０年代ポップ・カルチャーの王者となった理由なわけですけど、その根底にはＭＣＵにおいてこれまでのフィクションのナラティブが大きく変化したことがあったと思うんです。

田中　ＭＣＵ作品がこれまでにない新たなストーリーテリングの形式を提示した、そういう話だよね？

宇野　そうです。物語の構造における革命を起こしたがゆえに、これだけいろんなイシューについて話せるようになった。これまでのシリーズ作品って、大体が三部作だったわけじゃないですか。『スター・ウォーズ』も三部作×3だったし、『ロード・オブ・ザ・リング』もそうだし、『ハリー・ポッター』はもうちょっと続いたけど、基本的に全部がリニアなストーリーでできていて、シリーズがある上限に達すると、『ホビット』のようなプリクエルや『ファンタスティック・ビースト』のようなスピンオフとして続いていくか、リブートされる。でも、マーベルが開いた扉というのは、この宇宙では同時にいろんなことが起こっていて、それを時に『アベンジャーズ』のように収斂させて、また拡散させていくという。アメコミでは昔からあった形式なんだろうけど、それを映画に持ち込んで、それで未曾有の成功をおさめることになった。

田中　その後は、良くも悪くもコミック読者にはお馴染みのマルチバースという概念も徐々に入り込んできてる。

宇野　Yahoo!でやったケヴィン・ファイギのインタビューでは、原稿をまとめた際に編集者から「マルチバースと言われても読者が分からないので」と質問ごと削除されちゃいましたけど、『ファー・フロム・ホーム』の時に「マルチバースは今後取り組んでいく大きなテーマだ」と言ってました。

田中　要するに、ただのシリーズ映画でもないし、いわゆるサーガとも違うんだよね。ただ、ディズニーのバックアップを得る以前くらいまでは、おそらくファイギ自身もそこまではイメージできてなかったんじゃないかな。

宇野　最初にあった構想は1作目の『アベンジャーズ』までだったということも、はっきり言ってました。

田中　だから、きっと少しずつクリアになり、次第に意識的になっていったんだよね。同時代には、ネットフリックスに代表されるテレビシリーズの隆盛も起こっていて、多分そこからの影響もあるはず。

宇野　そうですね。『ブレイキング・バッド』にせよ、『ゲーム・オブ・スローンズ』にせよ、テレビシリーズでは時には100時間近い物語の蓄積によって生み出されるエモーションとカタルシスが確実にあって、世界中の視聴者はみんなもうそれを知ってしまった。MCUはそれを映画館のスクリーンで成功させている唯一の成功例だと言える。しかも、リニアな物語ではなく、それぞれの作品は独立性もぎりぎりキープしている。もはや、神業としか思えないですよね。

田中　いや、ホントそう。ナラティブというのは要するに結末が書かれてないストーリーのことでもあるわけだから、それをオーディエンスや社会とのコミュニケーションの中で新たに書き換え続けていく。そうすることで10年の時間をかけた大きな物語を浮き上がらせる。そんな今までにないストーリーテリングの形式を生み出すという偉業を成し遂げた。多分、それって他のアートフォームには存在しない気もするんですよ。少なくとも20世紀のアートフォームには見当たらなくて。実際、いろいろ探してみたの、『大菩薩峠』とかね（笑）

宇野　大映映画の？

田中　大映もそうだし、東映でも東宝でも何度も映画化された、幕末の日本を舞台にした小説なんだけど。中里介山という作家が、1913年から断続的に30年以上書き続けた大衆文学の始祖的存在。当初の主人公がいつの間にか姿を消してしまったり、30年以上続いているのに小説の中の時間は、幕末から先にはまったく進まなくなってしまう、そんな狂気じみた話なんだけど。

宇野　でも、MCU映画のストーリーテリングというのは、そういうもんじゃないですもんね。それって『ドカベン』みたいにひとつの試合を何年もかけてやっているみたいな話で。

田中　そうそう。そうなんですよ。『サザエさん』でも『ドラえもん』でもいいんだけど、作品内で時代が止まったままキャラクターが年を取らないで、何十年もひたすら続いていくストーリーテリングの形式というのは、どうやら『大菩薩峠』が雛形みたいなの。ところが、それが特に日本の漫画の世界ではデフォルトになっていくことになった。で、それを批判したのが、1984年の押井守映画『うる星やつら2 ビューティフル・ドリーマー』だった、みたいな話もあるにはあるんだけど。

宇野　僕が思いつくのは、例えば松本零士作品って、メーテルとハーロックとエメラルダスが宇宙で出会ったり再会したりするじゃないですか。あれは子供心にすごく興奮したんですけど、ただ、そこから話がどんどん転がっていくわけではない。

田中　だから、MCU特有のストーリーテリングを考える上で、ここでもう一度押さえておかなければいけないのは、ケヴィン・ファイギは、マーベルのお家騒動や、キャラクターの権利を譲渡してしまったフォックスやソニーとの調整も含めて、常に新しい状況に応じて、最終的な帰着点を変化させてきたということ。

宇野　おそらく最も混乱したのは、すでにスケジュールが確定していた『ガーディアンズ・オブ・ギャラクシー』の3作目が、例のジェームズ・ガンの一件によって一度白紙に戻ったことでしょうね。それに影響されたのか、『ファー・フロム・ホーム』も公式発表こそなかったものの誰もがフェーズ4の1作目だと思っていたら、『エンドゲーム』公開直前に、実はフェーズ3の最後は『エンドゲーム』じゃなくて『ファー・フロム・ホーム』だってことが明らかになった。

田中　『インヒューマンズ』（2017年）もそうだよね。あれも2015年頃にはMCU映画のひとつとしてカウントされていたのに、いつの間にかまったく別のテレビシリーズとして作られることになった。『インヒューマンズ』のキャラクターたちというのはミュータントという設定だから、当初はX-MENの代わりとして構想されていたんだろうけど、X-MENの権利がフォックスから転がってきたことでもはや必要なくなっちゃった。

宇野　そういう軌道修正は常にやってきてますね。

田中　ファイギは、そうした変化だけでなく、作品に対する批評や商業的な結果、社会の動向、あらゆる世相の変化を取り込むことで、サーガ全体の行き着き先を段階的に改変させ続けてきた。それはつまり、ソーシャルメディアの発達とその周辺環境の変化にすごく意識的だった結果とも言えるんじゃないかな。というのも、MCU映画というのは、ポスト・インターネット時代の参加型エンターテインメントでもあるわけでしょう。製作発表の時点からもはや新たな参加が始まって、鑑賞後にリアクションを示すこともまた体験の一部という。その結果、作品そのものの文化的価値よりも、ソーシャルメディアを媒介にしたファンダムの一部であることの方が重要になってしまったようなところがある。

宇野　それだとちょっとネガティブな言い方になってしまうけど、MCU映画はそういう今日的な状況を巧みに取り込みながら、それを商業性に結びつけるだけでなく、作品性にも転化することに成功した。しかも、その新たなストーリーテリングの形式は、作家と作品、作品とファンという関係を再定義することで、相互のコミュニケーションのあり方をも更新させたと言えるかもしれない。

田中　うん、その通りだね。だから、これは次の章でも話すことになると思うんだけど、極論すると、受け手側からすれば、そんな風にファンダムの一員であることはもはや、その人自身が作家であることを意味することになったとさえ言える、そんな時代になった。

宇野　これはインターネットに関わる全般に言えることですけど、良くも悪くもファンという一般人の力をエンパワーメントすることになった。そして、その結果が産業や作品のあり方そのものを変質させてしまったということですよね。

田中　そうそう。もしかすると、MCUの個々の作品というのは、もはやファンダムの一部分でしかなくて、ファンダムというコミューナルな磁場を刺激して、触発し、その力を駆動させる役割でしかないのかもしれない。

宇野　それはさすがに極論でしょ（笑）

田中　だよね（笑）。ただ、これとすごくよく似たことはポップミュージックの世界でも起こった。仮に2010年代がドレイクの時代だったとして、彼は自分の作品や自分自身がいかにインターネット・ミームを生み出すかについて常に意識的な作家だった。まさにそれこそが彼が覇権を手に入れた最大の要因でもあるわけだし。作者としての特権性やプライドにこだわらない身軽さ、それこそが彼の最大の力でもあった。

宇野　実際、ミーゴスやレイ・シュリマーのブレイクは、そうしたドレイク・ルールの上に築かれたのは間違いないですよね。そして、それは2019年前半のリル・ナズ・Xの圧倒的な一人勝ちにまで繋がっている。

田中　と同時に、2010年代のラップは、オンラインのカルチャーでもあったわけだから。そこはこれまでのポップミュージックとの決定的な違いでもある。きっと、そういう時代の変化に対する冷めた見極めがスタジオ側にあったからこそ、MCU映画の隆盛はあったんじゃないか。

宇野　公の場に出ても、絶対に問題発言はしないケヴィン・ファイギは、その顔としても適任でしたよね。ただ、そこで重要なのはファンのふりをした一般人と、本当の「客」——つまりお金を落としているファン——をいかに見極めるかということで。それがごっちゃになってるところで生まれたのがトキシック・ファンダムやキャンセル・カルチャーの問題だと自分は思うんですよ。実際にジェームズ・ガンの一件も、ファンのふりをしたホワイト・ナショナリストが騒動を起こし、最終的には「客」の声で復権を果たしたとも言える。

田中　確かに。ただ、その二つを見極めるのはすごく難しい。アーティストと客の経済的な繋がりでいうなら、限りなくフリーに近づいたところにあるのが、２０１０年代カルチャーの特徴的な構造なわけだから。

宇野　映像にせよ音楽にせよ、ストリーミング・サービスはまさにそういうビジネスモデルですよね。ただ、一方で映画館があり、ライブがあり、フィジカルがあり、マーチがある。ＭＣＵに関して言うなら、映画館というチャンネルは一方でキープしながらも、今後はディズニープラスというプラットフォームに閉じこもるわけで。そういう囲い込みのようなことは、むしろ今後増えていくと思うんですよ。自分はネットのファン・レビューとかそもそも大嫌いなんですけど（笑）、ロッテントマトの採点システムも『キャプテン・マーベル』のネガティブ・キャンペーンの酷さもきっかけになって是正されましたし——そもそもあんなサイトの点数を信用するなよって思いますけど。もしかしたら『ブラックパンサー』『インフィニティ・ウォー』『エンドゲーム』で限界まで膨れ上がった今のＭＣＵ人気が異常事態であって、見た目の興収が多少減っても収益性だけは確保する、あるいは新しいプラットフォームの起爆剤と割り切って利用する。今後のラインナップを眺めていても思うんですけど、今のＭＣＵはそう考えているんじゃないかなって。

役者のあり方の変容とハイコンテクスト化

田中 スタジオや作り手の話だけじゃなくて、役者の話もしておかない?

宇野 そうしましょう。だって、第1章でも名前が挙がった、テイラー・スウィフトにインディ野郎と罵られたジェイク・ギレンホールがミステリオを演じてるわけですからね(笑)。いや、本当にジェイク・ギレンホールなんて、ちょっと前までは、インディペンデントな映画作家の作品ばかり出ていて、「俺はお金のために役を演じない」っていう役者の筆頭だったんですけど。

田中 でも、別にそれは、高額なギャラになびいた、みたいな話とは違うわけでしょ?

宇野 そうなんですよ。今や、ほとんど誰もスーパーヒーロー映画に出ることを躊躇(ためら)ったりしなくなった。ナタリー・ポートマンだって、一時期は嫌がっていたはずなのに、ちゃっかり『エンドゲーム』には顔を出していて、フェーズ4の『ソー』新作に出演することも決定している。

田中 あれには笑った。おそらく以前はスーパーヒーロー映画なんて低俗なものには出たくないと思っていたわけだから。つまり、それだけMCU映画に対する文化的な価値が認められたってことだよね。ただもちろん、これまでの時代を作ってきた映画監督の中には、マーティン・スコセッシやフランシス・フォード・コッポラのようにそれを非難する人もいるわけだけれど。

宇野 まあ、スコセッシやコッポラの年齢を考えれば、それは仕方ないでしょう。そのことで別にがっかりすることもないし、彼らの作品の価値が変わるわけでもない。ただ、スコセッシやコッポラのサイドに立って「そうだそうだ」って言ってる人は、マジで何も見えてないと思いますけどね。

田中 他の誰かの言葉の尻馬に乗って、安易に二項対立のどちらかに加担してしまうのは思考停止と同じだから。まず自分で一から問題の立て方そのものについて考えないと。ただ、アレック・ギネス以外は全員、まだ当時は無名だった役者しか起用できなかった『スター・ウォーズ』の時代とは、本当に時代が様変わりしたよね。

宇野　特にＭＣＵ作品は、役者同士の繋がりも濃いし、ポーズではなく、みんな本当に楽しそうに作品に参加してますよね。あれだけのトップスターたちが、グリーンバックの前で芝居してるのは、まあ見え方としては映画の退廃でもあるわけですけど、そこはそれぞれが別の出演作品でバランスをとってる。

田中　今の話を聞くと、やっぱり『スタートレック』を思い出しちゃうな。テレビシリーズ終了後から10年近く経って、ようやく映画シリーズが始まるのは、『スター・ウォーズ』ブームの後の１９７９年のことなんだけど、途中で暗礁に乗り上げるんですよ。理由は二つあって、ただどちらも俳優にかかわる問題なの。ひとつは役者たちのギャランティが次第に上がることで予算が圧迫されていってしまう。もうひとつは、何年もひとつのシリーズ物に出てると、役者としてのイメージが固定化されてしまう。だから、役者が途中からごね出しちゃうのね。スーパーマン映画で言うと、クリストファー・リーヴに起こったようなことだよね。

宇野　マーク・ハミルやキャリー・フィッシャーもまさにそうでしたよね。シリーズものが３作目で終わっていた理由もそれが大きい。

田中　実際、ミスター・スポックを演じていたレナード・ニモイは、１９７５年に『I Am Not Spock』なんてあからさまなタイトルの自叙伝を書いたくらいで。そこで困ったスタジオが出した解決策は、演出志望でもあったレナード・ニモイに映画を撮らせること。彼に3作目と4作目の映画を撮らせて、脚本にもかかわらせるという条件でシリーズを延命させる。その結果、４作目の

『スタートレックⅣ 故郷への長い道』という、時代に先んじてエコロジーをテーマにした作品が、もともと『スタートレック』が持っていたコメディ要素を前面に打ち出したことが功を奏して、批評的にも商業的にも大成功する。ところが今度は、ずっとキャプテン・カークを演じてきたウィリアム・シャトナーが、だったら俺にもやらせろと言い出して、ゴミみたいな5作目を作って大失敗しちゃうんですよ。それで仕方なく、2作目を撮ったニコラス・メイヤーを連れ戻してきて、すっごく低予算で6作目の最終作を撮らせて、オリジナル・キャストによる映画シリーズが終わるという。それが1991年の話。

宇野 『スタートレック』のことになると話が長いなあ(笑)。まあ、聞きますけど。

田中 因みに、その『スタートレックⅥ 未知の世界』は、ベルリンの壁の崩壊とその後のソ連の崩壊をモチーフにした映画で。しかも、それまでずっと『スタートレック』が描いてきたいくつものテーゼを見事に回収するという——少なくともトレッキーにとっては——大傑作なの。実は『エンドゲーム』のエンディング——オリジナル・アベンジャーズ6人の役者の名前が筆記体のアニメーションで描かれる演出というのは、この最終作へのトリビュートなんですよ。「やっぱわかってるな、マーベル!」っていう。

宇野 あ、そこで『エンドゲーム』に繋がるのか(笑)

田中 そういう流れがあった後で、1995年にレナード・ニモイがもう1冊本を書くんだけど、今度は『I Am Spock』というタイトルなの。俺はこの役に殉じていくんだ、と。ただ、ニモイの場合は当時としてはすごく例外的なストーリーで、これまでは長年にわたるシリーズ映画、サーガ映画で役者をキープし続けることはすごく難しかった。J・J・エイブラムスにしたって、2009年にリブートした『スタートレック』シリーズも主役のクリス・パインが出演を渋ったことで完全に頓挫してしまった。やっぱり作品がダメだと役者も離れていっちゃう。でも、ＭＣＵはその問題を見事にクリアすることに成功した。

宇野　実際に、ＭＣＵで主要キャストを演じてきた役者たちは、ほぼ例外なく映画界におけるポジションも上がってきましたからね。スカーレット・ヨハンソンが今度エグゼクティブ・プロデューサーとして『ブラック・ウィドウ』（２０２０年）に入るという話もありますけど、今後そういうかたちでＭＣＵ作品の内外で製作サイドに入ってくる動きもあるはず。つまり、ＭＣＵに関わってきた役者たちが、今後の映画業界のキープレイヤーになっていくという流れ。

田中　あと、ＭＣＵ作品が全盛となったこのディケイドで、役者のアイデンティティも少し変わった感じはするんですよ。よくキムタクはキムタクしかやれないという話があるじゃない？　でも、もしかすると今はキムタクの時代というか、トム・クルーズの時代の再来でもいいけど、役者本人が役の前面に出てくるのもありになってきているというか。

宇野　要するに、メソッド・アクター冬の時代ってことですよね。ただ、『ジョーカー』のホアキン・フェニックスみたいな見事なメソッド演技が功を奏した例もあるから何とも言えない。

田中　ホアキンは特別だよ。ただ、さすがのホアキンといえど、もし続編をやったら、途端にその定型に収まることになる可能性もなくはないとは思うけど。

宇野　そうですね。それも見てみたい気がしますけど（笑）。そもそも自分は、キムタクはなにをやってもキムタク、高倉健はなにをやっても高倉健、みたいなスター・アクターの系譜が好きだから、今の状況も好ましく思ってますけど。むしろ、伝記映画や実話映画の対象に役者が寄せていって、それがやたらと評価されるアカデミー賞的な価値観が一番退屈ですね。でも、確かにこれまでだったら、ＭＣＵ作品に出ていた役者が、他の作品でそのイメージを引きずっていたら批判の対象になりそうなものだけど、あんまりそういう気運がなくなっているのは不思議といえば不思議。

田中　そう考えると、やっぱりロバート・ダウニーJr.の起用がいかに大きなターニングポイントだったかってことになるよね。ただ詰まるところ、MCU作品における最大のメソッドというのは、間テクスト性——インターテクスチュアリティなんじゃないかと思うんだけど、どう？

宇野　作品内外の文脈も取り込めるということですね。それって2010年代のポップミュージックの世界で起こったことと一緒ですよね。作品よりもむしろキャラクターや言動が重要視されるし、むしろそれを知らないと作品のことがよくわからなくなるという。

田中　そうそう。だから、これも何かよく似たものがないかずっと探していたんだけど、もしかすると、時代劇映画全盛期の50年代の東映オールスター映画がちょっと近いかもしれない。

宇野　60年代の仁侠映画や70年代の実録やくざ映画とどこが違うんですか？

田中　50年代の時代劇映画の脚本の大半には、講談や歌舞伎の演目、大衆小説という元ネタがあったのね。第二次大戦前後の育ちだったら誰でも知っていた忠臣蔵、清水次郎長、『人生劇場』、月形半平太、大久保彦左衛門みたいな大衆文化。つまり、当時の日本独自のポップ・カルチャー。例えば、1933年に始まった尾崎士郎の大河小説『人生劇場』って、戦前から60年代にかけて十数回も映画化されているんだけど、その間、『人生劇場』を知らない人間なんて日本人にはほぼいなかったわけですよ。それが当時の大衆的な教養でもあった。

宇野　それをどう使うわけですか？

田中　そこに新たなストーリーを加えたり、たとえ同じ時代に生きていたとしても史実からすれば決して出会うことのなかったキャラクターを同じ映画に登場させたり。例えば、清水次郎長の映画に国定忠治が出てくるとか、ありえないことが起こるわけ。でも、当時はそれぞれのキャラクターがどんな事件に巻き込まれて、最終的にどうなっていくのかを誰もが知っているわけだから、それ自体に観客が拍手喝采を送るっていう。

宇野 タランティーノが『ワンス・アポン・ア・タイム・イン・ハリウッド』（２０１９年）でやった歴史改変みたいなものなわけですね。史実を元にしたマルチバースを舞台にした作品。つまり、シャロン・テート事件を知っているか知らないかでは映画の面白さがまったく違うという。

田中 そうそう。なおかつ、同じ史実を元にした映画が何度も繰り返し作られる中で、当時の誰もが知っている大スターがそれぞれの映画で別の役を演じたりして、それだけで観客が大喜びしてたっていう。

宇野 でも、配役が変わっちゃったら、それはＭＣＵとは全然違うじゃないですか。

田中 いや、ここでの一番のポイントは、役者がそれぞれの物語を持っているということ。ＭＣＵだとそれぞれのキャラクターがそれぞれの物語を持っていて、それを大半の観客が共有している。ところが、東映オールスター映画の場合はそれぞれの俳優が物語を持っている。片岡千恵蔵にしろ中村錦之助にしろ、今の日本からは想像もつかないくらい誰もが知ってる存在だったわけだから。つまり、我々がスクリーンに映っているアイアンマンを観る時に、そこにロバート・ダウニーJr.を見てしまうのと同じ現象が起こっていたということ。彼はブレット・イーストン・エリス原作の青春期の挫折を描いた『レス・ザン・ゼロ』（１９８７年）に出てたでしょ。で、同じ作品に出ていたジェームズ・スペイダーがウルトロンを演じることで、すっかり中年になった二人が二十数年ぶりに再会する。そもそもそれ以前にも、ロバート・ダウニーJr.はコカイン中毒が原因で、人気絶頂期だった90年代後半のテレビシリーズ『アリー my Love』を降板することになって、一度はキャリアを失った人なわけで。そのライフストーリーとも重ねることができる。彼のファンとしてはどちらも最高に嬉しいわけじゃないですか。

宇野　だからこそ、『アイアンマン』での復帰を世界中のファンが喜んだ。

田中　つまり、ＭＣＵ映画と50年代東映のオールスター時代劇映画との共通点があるとすれば、元ネタである講談や大衆小説のストーリーや俳優それぞれの物語といった、大半の観客が共有しているデータベース／集団意識を巧みに取り込むというメカニズム——それが生み出す面白さということなんじゃないか。

宇野　僕なりに整理すると、今の話のポイントは、教養を前提とする面白さということですよね。教養のない人間にとってはハイコンテクストすぎて理解ができないという。で、今と違って50年代の日本には大衆的な教養があったという。

田中　しかも、それって、まさに『エンドゲーム』のテーマのひとつでもあったわけでしょ。

宇野　歴史を知る者が勝利を収めるというね。

田中　そもそも個別の作品というのは歴史の集積であって、そこには必ず何かしらの間テクスト性が存在する。つまり、ひとつの作品を鑑賞するという行為は、歴史全体を俯瞰しようとすることと同義なんだという。しかも、ＭＣＵ作品の場合は、歴史的な教養というか、ファンダムにおける集合意識をさらに増殖させていくことを意識的にやった。例えば、コミコンでケヴィン・ファイギが何かしらの新しい情報をリリースすると、それが一気に世界中に拡がるようになったわけじゃないですか。

宇野　ニュースやトレイラーを分析したり、解析したりするメディアやユーチューブのチャンネルが世界中に山ほどありますからね。

田中　卵が先か鶏が先かという話でもあるとは言え、それってファン同士の共有体験が有機的に拡がっていくメカニズムを彼らが意識的に利用したってことだと思うんです。

宇野　そのことで、ますますファン・コミュニティにおけるリテラシーを高め、ファン同士の繋がりを強固にしていく。つまり、意識的なファンダム運営ですよね。しかも、作品が進むに連れて、そうしたファンダムの集合意識をくすぐるようなハイコンテクストの演出を少しずつ脚本に取り込んでいくという。そこでキャラクター同士の関係性萌えや新たな笑いのツボが生まれたり、キャラクターに対する愛情がさらに深まっていく。それをMCU作品は徹底的にやったということですよね。

田中　そう、まさに。その対比で言うと、J・J・エイブラムスが撮った『フォースの覚醒』——これは好きな作品ではあるんだけど——には、いかにもファンを見くびったかのような形で表層的に記号がちりばめてある。砂漠が拡がる画面を主人公のレイが横切っていく絵から、カメラが後ろに引いていくと、そこにこれ見よがしにスター・デストロイヤーの残骸が映るとか。

宇野　要するに、レファレンス先が『スター・ウォーズ』でしかないという閉塞感ですよね。

田中　そういうこと。DC作品の場合もまさに同じで。特にザック・スナイダーが撮った『バットマン vs. スーパーマン ジャスティスの誕生』を観ると明らかなんだけど、引用がひたすら自家中毒的なの。何十年にもわたるDCコミックスのデータベースから、本当にハードコアなコミック読者しか知らないような細かい引用をほんの数秒しかないカットに盛り込んだり。MCU作品が俯瞰的なパースペクティブからマクロにいろんな記号や文脈を取り込んでいったのと比較すると、DCはひたすらミクロに記号や文脈を取り込んでいった。そういう違いが勝敗を決したところは少なくないと思う。

宇野　ハイコンテクストな表現というのはそれまでもあったわけですけど、ここで重要なのは、2

010年代は最もメジャーなものが異様にハイコンテクスト化していった。というか、ハイコンテクストであるがゆえに最もメジャーになった。ラップミュージックなんて、まさにそうですよね。テレビシリーズだって、昔は長ければ長いほど敷居が高いと思われていたのに、それが敷居とは認識されなくなったという。

田中　それこそがまさに2010年代を代表する受容のメカニズムのひとつにほかならない。ただ、MCU作品が優れている点は、すごくハイコンテクストではあるんだけど、それぞれの文脈が多層的なレイヤーになっていて、あるひとつのレイヤーの文脈がわからなくても、純粋なエンターテインメントとして機能する作りになっていること。

宇野　それは相当意識的にやってるとケヴィン・ファイギも言ってました。一本の映画として成り立っているかどうか、それが入口になっているかも重要だって。

田中　MCU映画の成功の理由は、そうした多層的なレイヤーによるものだと思う。つまり、受け手それぞれの情報体系によって作品自体がまったく別物になってしまうことを許容する作りになっていた。スーパーヒーロー映画としての魅力がきちんと担保されていながらも、それとは違うジャンル映画として観てもいい。それに、例えば、宇野くんみたいな映画ジャーナリストは従来の映画とテレビシリーズの境界が曖昧になった時代の新たなストーリーテリングの手法や、ケヴィン・ファイギというショーランナー的プロデューサーの革新性を見るわけだし、俺みたいなディストピア恐怖症からすると社会のアナロジーという部分ばかり見てしまう。それもまた、MCU映画特有の、間テクスト性における多層的なレイヤーの為せる業だと思う。結果的に、さまざまなタイプのファンベースにリーチすることになった。

宇野　ただ、やはりコンテンツがどんどんハイコンテクスト化していくと、その文脈を一度追えなくなると、どんどん置いていかれるという悪循環が起こる。それは、作品の中の話だけじゃなくて、どれだけ世の中で起こっていることをキャッチしているかということでもある。

田中　カルチャーだけじゃなく、社会全体のね。ただ、この本を企画した当初は、我々二人とも特にそのカルチャー自体の、ここ日本における空白を埋める手助けをしたい、そういう動機だったわけだけど、気がつくと、もはやそこが最大のプライオリティではなくなったような気もしてて。

宇野　最初の動機としては、むしろ「この10年は本当に楽しかった！　だからこそ、この最高の気分をより多くの人たちとシェアしたい」という気分の本を作るつもりだった。でも、特に２０１９年に入ってからいろいろと雲行きが変わってきてしまったところがありますよね。

田中　例えば、ＭＣＵ作品に関して最も批判的に見るべきところがあるとしたら、やっぱりスポイラー（ネタバレ）嫌悪症を必要以上に拡大させたことだと思うんですよ。元来、映画というアートフォームにおいてはそれほど重要ではなかったはずのストーリーやプロットという価値を肥大させることになった。

宇野　つまり、ファン・カルチャーにまつわる事象ですよね。その辺りのことは最終章でじっくりやりますか。ちょっと気が滅入る部分もなくはないんだけど。

田中　ただ、２０２０年代はきっと、もっと過酷な時代になるのは間違いない。だからこそ、自分たちもまた、それに備えるためにもまだ話しておかなくてはいけないことは残ってると思う。

第６章

『ゲーム・オブ・スローンズ』
――ポピュリズムと分断の時代

『ゲーム・オブ・スローンズ』と2010年代音楽シーン

田中　さあ、2010年代とおさらばしましょう。

宇野　この本を手に取ってくれている読者は、もうとっくに2020年を迎えているわけですけど（笑）。ここまでも語り合ってきたように、2010年代の最後の年となった2019年は、同時代のポップ・カルチャーを象徴してきた物語が次々に幕を閉じる年となりました。2008年に始まったMCUの最初の大きな一区切りであるフェーズ3の完結、2011年に始まった『ゲーム・オブ・スローンズ』の完結、そして年末には1977年に端を発する『スター・ウォーズ』サーガの完結。そのことは、本書を企画するきっかけにもなったわけですが。

田中　2020年にはアメリカ大統領選が控えていて、またこの結果いかんではグローバル全体のバランスがどうなるかわからない。もしかすると、それとも関係しているのかもしれない。ただ、結果的に大きな物語の語り手たちが、みんな2010年代の終わりを意識して物語を完結させることになった。特に、『エンドゲーム』公開からそんなに日も経たない内に世界中で配信された『ゲーム・オブ・スローンズ』の最終エピソードのせいで、ほんの数日前に観た『エンドゲーム』が完全に色あせてしまったようなところがある。

宇野　そこは自分は二つでセットでしたね。それに、MCUはまだ続いていく『エンドゲーム』のファイナルと、正真正銘あそこで終わった『ゲーム・オブ・スローンズ』のファイナルを単純に比べるのはフェアじゃないような気がします。そのことは、称賛を浴びた前者と、壮絶なバックラッシュを引き起こした後者の、世界中のリアクションのコントラストを見てまず思ったこと。ただ、それ以前に日本ではその二つを当たり前のように観ている人が少なすぎて、その前提にも立ててないという。

田中 まったくだよね。でも、当初は宇野くんも随分と長い間、冷たかった（笑）。俺ときたら、2013年の正月に保護してきた雌猫に『ゲーム・オブ・スローンズ』に出てくるスターク家の女性キャラクターに因んで、アリアって名前をつけるぐらいには夢中になっていたのに。

宇野 コスチューム劇が苦手なんで以前に何度か途中で挫折して、2019年に入ってぶっ続けでシーズン1から観て、最終章のリアルタイム視聴に間に合わせたんですけど、それはそれで貴重な体験でしたよ（笑）。そもそも、タナソーさんが『ゲーム・オブ・スローンズ』に注目するようになったきっかけは？

田中 これまでの章でも話した通り、2010年代全般のテレビシリーズに対する興味と、マーベルやDCみたいなアメコミと同じく高校時代3年の間にマイルド・ヤンキーからパンク・キッズへとトライブ替えする中で、すっかり忘れてしまっていたオタク第一世代としてのSF／ファンタジーに対する愛着——その二つの興味の交錯点がまさに『ゲーム・オブ・スローンズ』だった。最初はそこ。

宇野 あと、最初期からポップミュージックとのクロスオーバーがあったことも大きいのでは？

田中 その通り。シーズン1からラニスター家の首切り役人の役でドクター・フィールグッドのウィルコ・ジョンソンが出演してたし、その後、シガー・ロスも楽団の役で出てたり。それに、シオン・グレイジョイ役を演じていたのはリリー・アレンの弟のアルフィー・アレンでしょ。しかも、当初は彼の姉役としてリリー・アレンがオファーされていたっていう。その逸話を聞いて、そりゃさすがに断るだろうと思った理由は、彼ら二人の姉弟の父親はキース・アレンという高名なコメディアンなんですよ。

宇野 キース・アレンは知ってますけど、リリー・アレンの弟ってそこまで有名でしたっけ？

田中 リリー・アレンに「Alfie」って曲があるんだけど、それで世界中にその存在を知られた。それが、うちの弟は年がら年中、部屋でマリファナ吸ってて目を真っ赤にしてる、みたいな内容なわけ。つまり、偉い父親と、父親の意志を継いだしっかりした姉、うだつの上がらない弟という設定がそのままグレイジョイ家と同じなんですよ。だから、シーズン1、シーズン2の時点では、まだ無邪気にそういう部分を見ていた。

宇野 そういう音楽シーンとのレファレンスを把握してないとじゃ面白さが全然違う、そういう仕掛けですよね。あとは、ゴシックな世界観。ナイン・インチ・ネイルズのトレント・レズナーがわざわざ撮影スタジオまで行って、あの鉄の玉座に座った写真をソーシャルメディアにアップして話題になるとか。

田中 第1章で話したように、2000年代に最も勢いを持ったムーブメントのひとつだったゴスとエモはポップに吸収されてしまった。でも、ビリー・アイリッシュがまたその変奏を奏でていて、実はその間を繋いでいたのが『ゲーム・オブ・スローンズ』だったとも言える。そうした系譜にいるグライムス――彼女も今まさに気候変動についてのアルバムを作ってるわけだけど――が2016年に来日した時にインタビューしたんだけど、ずっと『ゲーム・オブ・スローンズ』やマーベル・コミックの話ばかりしてて、日本じゃ全然盛り上がってないって話をすると「信じられない！」みたいな反応が返ってきたりして。

宇野 2019年の6月も、NBAでトロントのラプターズが優勝した時、ドレイクがキング・オブ・ノースとか言ってて、完全にジョン・スノウ気取りだったりとか。そういうアーティスト側からのイジリの多さも突出してますよね。

田中 そうそう。最初にアクセスしていたのがナショナルやナイン・インチ・ネイルズだったのが、気がついたらビヨンセやドレイクになっているという。そこもこの10年の変化を象徴してるよね。

宇野 「北ってカナダのことだったの?」みたいな(笑)。完全にアメリカとカナダのアナロジーにもなっているんですよね。まあ、そうなるとアラスカは野人の土地ってことだから、差別も甚だしいけど。そういう政治的な間違いもファンタジーということで絶妙に回避している。

田中 だから、そういう風に読みがシーズン1からシーズン8の過程でどんどん変わっていくんですよ。

宇野 原作者とリレーションをとりながらも、原作がまだ終わってないという前提もあって、同時進行で起こっていることを次々に取り込んでいったという。マーベルのケヴィン・ファイギもそうですけど、やっぱりデイヴィッド・ベニオフとD・B・ワイス二人の統括能力が抜きん出ていたということは言えるでしょうね。

田中 そこは間違いなく徹底してるよね。自分が『ゲーム・オブ・スローンズ』に惹かれていったのは、薔薇戦争時代の英国をモデルにした、架空の並行世界を舞台にしたダーク・ファンタジーながら、とにかく2010年代の世界で起こっていることを描いていたということ。企業や国家による覇権争いと、いくつもの差別が横行していて、存在感があるんだかないんだかわからない民衆という。まさに今の話でしょ(笑)。それに、「冬来たる」という、前提として設定そのものが気候変動なわけだから。

つまり、これはSFやファンタジーという舞台設定を使って、現実のアナロジーを描いた社会批評なんだな、と気付いてからは、他の現代劇のテレビシリーズ以上にのめり込むようになった。

「物語」が「形式」を凌駕した時代

宇野 ただ、実際のところ自分が『ゲーム・オブ・スローンズ』との距離を最初に感じていた背景には、テレビシリーズ隆盛以前の『ロード・オブ・ザ・リング』や『ハリー・ポッター』の段階で、映画が「物語」に飲み込まれてしまったことへの抵抗感のようなものがあったんですよ。つまり、ネガティブな意味も含めて、「2010年代は物語の力が復権した時代だった」んじゃないかということを、ここで提起したいんですけど。

田中 それはその通りだよね。2010年代は物語が形式を凌駕する時代になった。宇野くんがよく言ってるように、撮影と編集の組み合わせによって規定されてきた映画の形式よりも、何よりも物語が重要視されるようになった。特に21世紀になってからは、あらゆるジャンル、形式において、すっかり先祖返りするかのように、物語という最古の形式が隆盛を極める時代になった。

それはポップミュージックの世界でも起こった。例えば、90年代だったら、クラブ音楽を筆頭に何よりもサウンドのイノベーションが重視された。でも、2010年代は何よりもリリックにおけるストーリーテリングが重視され、ポップ・アイコンとしてのペルソナやキャラクターが紡ぎ出す物語が重視されるようになった。ラップの隆盛もそこと無縁ではない。だからこそ、アンビバレントな想いがありつつも、認めなきゃなんないことなのかもしれない。

宇野 だから、前章で語ってきたMCU作品がまさにそうだと思うんですけど、タナソーさんと僕が何かしら共有してきて、この本を作る契機となったのは、そういうアンビバレントな想いを抱きながらも、そうした時代の変化をきちんと見据えつつ、この時代だからこそ生まれ得た新たな表現をきちんと追いかけて、きちんと評価しなければならない、そういう態度でもあったんじゃないかと思うんですよね。

田中 自分自身に関して言えば、正直、ミイラ取りがミイラになったという部分もなくはない(笑)。それだけ物語の力というのは強力なんだということ。

宇野 あと、ゲームという言語からの影響もありますよね。この本も2010年代のポップ・カルチャーを総括すると銘打ちながら、個別のアーティストや作品に言及しきれなかったものがあるだけでなく、ジャンルごと抜け落ちてる部分があって、その筆頭となるのはビデオゲームですよね。アニメやコミックやアイドルは国内のカルチャーという文脈が主なのでこの本のテーマから外れるんですけど、ビデオゲームのカルチャーを横断しての影響力というのは2010年代を通じて確実に増大している。

田中 特に、メタ視点というのはゲームの世界における最大の想像力のひとつだもんね。

宇野 ユーザー視点では、国内と海外の距離が他のジャンルと比べたらそこまで離れていない分野なのかもしれないですしね。でも、僕らはポップミュージックやテレビシリーズや映画と接するようには日常でビデオゲームには接していない。ただ、様々な分野にビデオゲームからの影響があるという想像力は持った上で話をすすめてきたつもりだし、その上で、詳しくないものについては語らないという節度が、この本がカバーしてるポップ・カルチャーの範囲を規定しているということを言っておきたかったんです。

田中 じゃあ、少し時代を遡りつつ、俯瞰的な視点で2010年代がいかに物語の時代になったかを見ていきませんか。

宇野　まず、映画よりも先に「形式よりも物語の中身」になっていったのが文芸界だと思うんです。1997年に第1作が刊行されたJ・K・ローリングの『ハリー・ポッター』が、その後の続編も含めてベストセラー・ランキングのトップを何年も延々と占拠するようになって、ベストセラー・ランキングがまったく機能しなくなった。それで、ちょうど2000年に「ニューヨーク・タイムズ」はこれまでのフィクション、ノンフィクションのランキングとは別に児童書のランキングを作って、一般書と切り離したんですよね。で、『ハリー・ポッター』も登場キャラクターが成長するにつれてヤングアダルト小説化していくんですけど、2012年にはすでに一般小説を超える巨大なマーケットを形成するようになっていた、ヤングアダルト小説のランキングをさらに別に作ることになった。

田中　ただ、ここも日本に当てはめて語るのはちょっと難しいよね。日本にはライト・ノベルというジャンルがあるわけだけど、ヤングアダルト小説＝ラノベとも言いきれないし。

宇野　そもそも日本にはケータイ小説みたいな独自の文化もありましたしね。アメリカでのヤングアダルト小説というジャンル自体の歴史についても――これはフランシス・フォード・コッポラによって映画化もされてますけど――スーザン・エロイーズ・ヒントンが15歳から16歳にかけて書いた小説『アウトサイダー』（1967年）とかまで遡らなくてはいけない。でも、ある時期までエンターテインメント小説のひとつのジャンルだったのが、今ではエンターテインメント小説全体を飲み込んで、あのジョン・グリシャムでさえ、ヤングアダルト小説に分類されるジュニア小説を書くような状況になっているという。言うまでもなく、そこで問われているのは作家の技法や凝った情景描写などではなく、物語の面白さです。

田中 もはや20世紀中盤のヌーヴォー・ロマンまでの小説の形式の進化がなかったようなことになってしまった。そもそも言語を使ったアートフォームの中では小説こそが最も自由で破天荒だったはずなんだけどね。20世紀前半にクラシックミュージックと同じように産業という部分では、その表舞台から姿を消したようにさえ見えなくもない。アートというのは解決不能な問題にこそコミットメントするものだと思うんだけど、かつては新たな形式によってそこに到達することが担保されていたものが、もはやそうした進化がオーディエンスに共有されなくなってしまった。その結果、すべてが物語に回収されてしまった。それって小説の歴史において一体いつどうして起こったんだろうってことが気になって、俺、2010年代の初頭辺りに改めてセルバンテス辺りから読み直してみたりしたんだけど。

宇野 どれだけ暇なんだ（笑）

田中 ハーマン・メルヴィルを経由して、アラン・ロブ＝グリエまで行く、みたいな。ちょうど2010年のタイミングで新潮社からトマス・ピンチョンの全集が出始めたからそれも読み直して。あと、リチャード・パワーズとか、円城塔とか、ウラジミール・ソローキンとか、ミシェル・ウエルベックとか読んでみたり。「ウエルベックとか、マジつまんねえな」とか思いながら。

宇野 ウエルベック、現役で一番好きな作家ですよ（笑）

田中 ごめん、それは失礼。あと、MCU映画も観るようになって、アメコミも読み直していたの。アラン・ムーアとかニール・ゲイマンみたいなグラフィック・ノベルも含めて。とにかく、歴史の横軸と同時代の縦軸みたいなところで、小説や語りの形式はどのように変化してきて、ポストモダン小説以降、どのように受容されているんだというのをおさらいしたりして。

宇野 学生みたいな生活ですね。

田中　ただ学生時代と違いがあるとすれば、学問的な興味というよりは政治的な興味なんだけど。今の時代を受けとめるための大系が必要だったっていうか。まあ、ディストピア恐怖症の症例だね。いろんな形で過去に遡って歴史を俯瞰することで今を理解しようとしてた。そういうプロセス。

宇野　そうやって、何かしらの解答は得られたんですか？

田中　いや、結局のところはわかんない（笑）。まずこれは前提の話になるけど、人は物語がなくては生きていけない。そういうごく当たり前の話もあるよね。

宇野　それはスパイダーマン・フランチャイズのプロデューサー、エイミー・パスカルもまさにインタビューした時に言ってましたね。「大昔から人は長編小説を好んで読んできた。物語は長ければ長いほどいい」とも。

田中　ただ、小説というのはそれぞれの言語の特性とも分かちがたく繋がっている。だから、我々が日本語に翻訳された小説を読んでも、正直、原語とはまったく違う体験になってしまう。ところが、21世紀にはあらゆる領域においてグローバルなマスが形成された。もはや19世紀末に生まれた映画というアートフォームの言語は忘れられてしまったし、そもそもそうした歴史意識を共有していたのはアメリカであり、フランスであり、ドイツであり、イタリアであり、日本であり、ロシアであり、要するに第一次大戦当時の植民地主義を扇動していた国に限られている。もちろん、それ以外の国においても映画の歴史を共有してる作家はたくさんいるけど。

宇野　まあ、インドのように独自の映画言語を生み出した大国もあるので、ちょっと乱暴な説ですけどね。ただ、自分がインタビューをしてきた映画作家の話なので限定的な話かもしれませんが、少なくともメキシコや中国や韓国という、近年になってからも優れた映画作家を続々と生み出している国には、国立の映画の教育機関があって、そこでは学生時代に膨大な映画のアーカイブに接することができる。つまり、ストリーミング・サービスが旧作を軽視しているこの時代は、もはや映画という文化が教育環境の問題になってきているんですよね。

田中 かたやオーディエンスはどうか。地理的な差だけでなく、世代の問題もあるよね。映画の黄金期は1930年代、小説の進化がひとまず完了したのが1960年代。そうなると、そうした言語を、歴史を、文化を共有していない世代において、ごく簡単に誰もが共有しうるものは何かと言えば、物語であり、神話なんじゃないか。とかね。

宇野 劉慈欣（りゅうじきん）のSF小説『三体』の世界的なブームも、そういう文脈なのかもしれませんね。

田中 SF小説の世界でもそういう方向に向かっているってことだよね。しかも、そもそも世の中を見渡しても、わけわかんないことになってるわけじゃない？ だから、その時期にようやく自分自身と折り合いをつけたのは、そうした不可思議な時代や社会を描こうとするなら、もはやリアリズム小説では無理なのかな、というとりあえずの結論で。特にポスト・インターネット時代、グローバリゼーションが行き届いた世界においてはSFやファンタジーの形式を用いないと、もう今の社会の混迷は表現できないんじゃないか。

宇野 それがタナソーさんが繰り返し言ってる、架空の世界を描きながら、現代社会のアナロジーとして示すという方法論ということですよね。でも、それ自体は新しいことではないですよね？ 冷戦時代には冷戦をメタファーとするたくさんのSF作品が作られたわけだし。

田中 ただ、『スタートレック』もそうだし、『指輪物語』もそうだし、DCやマーベルもそうだけど、自分が70年代に夢中になっていたものが、2000年代から2010年代にかけて次々にリバイバルしていったのには必然があったと思う。もちろん、自分がティーン時代に入れ上げていたものばかりだから悪い気はしないんだけど、最初はどうにもその理由がわからなくて。でも、おそらくはどれも物語の力なわけだよね。だから、さっき宇野くんは「2010年代は物語の力が復権した時代だった」って言ったけど、もっと限定して「2010年代はファンタジーの時代だった」と言い換えてもいい気がするんですよ。

宇野 ああ、そうかもしれないですね。

田中 だからこそ、MCU映画にしても映画としての評価よりも主にその作品がSFなりファンタジーなりというジャンルを用いて何を表象しているかという部分だけで見てきた。それもそういう文脈なんです。

宇野 逆に言うと、フィンチャーやソダーバーグは、あくまでもリアルワールドを舞台にして、テロリズムだったり、ソーシャルメディアだったり、石油の利権だったり、ドラッグの流通経路だったり、そういう現代的なイシューを取り上げてきたわけですよね。個人的にどっちに夢中だったかと言えば、自分はそっちの方だったんですけど。でも、彼らは徐々に映画の世界で足場を失っていった。そう考えると、それも必然だった？

田中 必然だったかはわからないけど——いや、そこはそう思いたくない。例えば2010年代に入ってからのクリント・イーストウッドは、実話ものしか撮らなくなったでしょ？

宇野 イーストウッドに限らず、伝記ものも含めた実話ものはこの20年くらいずっと増え続けてますね。近年はアカデミー作品賞のノミネート作品の半分以上が実話ものというのも当たり前の状況になっている。

田中 と同時に、この前のタランティーノの『ワンス・アポン・ア・タイム・イン・ハリウッド』みたいな実際の過去の世界を舞台にしながら、歴史を改変していくという流れもあるわけじゃないですか。ただ、少なくとも、21世紀に入ってからというもの、メインの場所にずっとあったのはS

Fやファンタジーだった。

宇野　『ゲーム・オブ・スローンズ』の場合、原作とテレビシリーズの関係はどうなっているんですか？

田中　ジョージ・R・R・マーティンによる原作も、形式としてはいわゆる純文学じゃない。そもそも小説って一人称で書くか三人称で書くか、もしくは、ヌーヴォー・ロマンやポストモダン小説には二人称の小説もあるし、何より小説にとって人称というのはすごく重要なポイントなわけじゃないですか。でも、『ゲーム・オブ・スローンズ』の原作っていうのは、各章で視点人物が変わる。これは小説としてはそもそも反則なんですよ。

宇野　ジョージ・R・R・マーティンって、もともとはアメコミの熱心な読者というかコレクターで、高校生のときに『ファンタスティック・フォー』のファンジンに自分の投書が採用されたことによって作家になろうと思ったっていう、表現者の出自としてはアメコミの人なんですよね。あと、スピルバーグが製作していた80年代の『トワイライトゾーン』の脚本を書いていたりとか。だから、よく『ロード・オブ・ザ・リング』と比較されるけど、J・R・R・トールキンとは生まれた時代そのものが50年くらい違う。もちろんイギリス人とアメリカ人の違いも大きいけど、作家として時代背景もベースにあるものもまったく違う。

田中　そもそも原作が、何人かの視点人物によって物語が紡がれた小説であったことが結果的にテレビシリーズの原作としても適していたと言えるかもしれない。

宇野　これは主に撮影と編集に関してですけど、最初の方のシーズンは会話劇中心ということもあって、随分とオーソドックスな作りだなあと思ったんですね。映像的な意味でも、新しいチャレンジをしている作品ではない。それが何度かリタイアした理由でもあったんですよ。ただ、これは原作由来だと思うんですけど、平気で5つや6つの舞台が並行して描かれるじゃないですか。そういう点では、ストーリーテリング的にはかなりエクストリームな作品なんだなって。それゆえに、頭の中に物語の見取り図がないまま見始めると、「これ、何の話ですか?」ってなるんだけど。

田中　普通、映画だと、せいぜい2つか3つの舞台で起こってることを交互に映して、サスペンスを煽ったりという技法はあるけど、『ゲーム・オブ・スローンズ』の場合、舞台の数が多すぎるもんね。だから、90分や2時間の尺でこれをやったりしたら、作品としてまったく成り立たなくなってしまう。

宇野　そのあたり、まさにテレビシリーズという形式だからこそ生まれた作品ですよね。あと、特定の主人公がいないこともそうですよね。誰かひとりの行動をずっと追っていくわけでもない。

田中　そもそもドラマという言葉は、主人公がいて、何かしら受難を乗り越える物語の形式を指すわけだけど、もはやそれにも当てはまらない。だから、結果的に、テレビシリーズという形式を最大限に生かして、従来の語り口を完全に解体したと言えるのかもしれない。例えば、登場人物が端役までしっかり描かれている『ブレイキング・バッド』だって、結局はウォルター・ホワイトの物語だったわけで。

宇野　だからこそ、『ゲーム・オブ・スローンズ』では、主人公的な存在だと思っていたようなキャラクターが、平気で途中で死んじゃうみたいなストーリーテリングの仕掛けが可能になる。

田中　通常の三人称小説だと、特にそれって禁じ手で。例えば、ピンチョンの小説みたいに重要人物だろうなと思っていた人が途中でフェードアウトしちゃうみたいなことは、ミステリー小説なんかじゃ絶対に許されない。ミステリー小説というのは、原因があって結果がある、そうした因果律の厳格さが面白さの秘訣でもあるわけだから。ただ、やはり普通は、ある程度の因果律の中でプロットが積み上げられて、すべてのキャラクターの行動も因果律の中の結果が出なきゃならないという。

宇野 でも、『ゲーム・オブ・スローンズ』にはそうした因果律さえない。

田中 そう。ただ、世界中の神話がそうでしょ。それと、身も蓋もない言い方をすると、現実というのはわりとそういうものだよね（笑）。それに、『ゲーム・オブ・スローンズ』というのは現代社会の縮図なわけじゃないですか。だからこそ、『スター・ウォーズ』や60年代の東映仁俠映画とは違って、勧善懲悪な世界観にはなりようがないという。

宇野 ひたすらグロテスクなことや、不条理なことが起こり、善人もバタバタ死んでいく。

田中 今の社会のアナロジーを描くという点でも見事に功を奏することになった。あと、特定の主人公がいないというのは、あるひとつの社会的な立場に加担することを周到に避けようとしてるんじゃないかな。実は、初期の頃はトランプ支持者や共和党の支持者は観ないなんてことも言われていた。でも、ソダーバーグの『ローガン・ラッキー』には、刑務所に収監されている連中が「『ゲーム・オブ・スローンズ』の続きを読ませろ!」って大騒ぎするシーンがあったでしょ? だから、あの映画が作られた2017年のタイミングでは、明らかにファンベースの裾野が広範囲に広がっていたことを示している。まあ、あそこのシーンはテレビシリーズの『ゲーム・オブ・スローンズ』がすっかり原作を追い越して、別物になってしまっていることをからかうギャグなわけだけど。

宇野 ソダーバーグはネットフリックスの『ハイ・フライング・バード』（2019年）でも『ゲーム・オブ・スローンズ』のキャラクターに言及してる。相当気にしてますね（笑）

田中 かつて、公民権運動時代の『スタートレック』は最もリベラルな価値観の反映だったのが、北米中を役者たちが回っていくというエリア・コンベンションを通じて、そこからコスプレとか、いわゆるナード・カルチャーが出来上がるわけ。そして、その後の何十年かで、むしろ保守的な人々もアクセスできるカルチャーとして市民権を得ていくことになる。それと同じことが『ゲーム・オブ・スローンズ』を軸にして10年間で起こった。そのスピードの早さも2010年代的だな、と思ったり。

宇野　だけど、どうして初期の頃は共和党支持者が観なかったんだろう?

田中　やっぱり最初はスターク家の話だと思われたからじゃないかな。シーズン1の中心人物であるエダード・スタークというのは明らかにリベラルでしょ。でも、ターガリエン家なり、ラニスター家って——。

宇野　共和党っぽいですもんね。つまり、リベラルについてのストーリーなんだろうっていう勘違いがあったということですね。

田中　そうなんじゃないかな。でも、それがシーズン1の最後の時点でさっさと裏切られてしまう。あの二人のショーランナーの辣腕ぶりを語るんであれば、やはりひとつのイデオロギーなりひとつの立場なりに依拠するのではなく、異なる立場の人々が共有できるものを作ろうとした、そこは最大限評価すべきだと思うんだよね。やはりこのディケイドを通して、音楽もドラマも映画も何かしらそれぞれの当事者意識に紐付けされた、共感や連帯をベースにした作品が大勢を占めていたし、それこそが説得力を持っていた。でも、『ゲーム・オブ・スローンズ』の場合、明らかに俯瞰的な視点から、全体を描こうとした。

宇野　よく言われていることですけど、『ゲーム・オブ・スローンズ』の場合、どのキャラクターにも共感できるけど、と同時に、そうした共感が裏切られてしまうことも多々あるという脚本上の特徴ですよね。

田中 このディケイドを通して自分に課していたことがあって。常にひとつの事象に対して、いくつかの視点を持つこと。二項対立のどちらかに加担することはしない。それをデコードする新たな文脈を導き出すべきだ。と同時に、世の中に安易な問題や文脈が流布されていてもそれには答えない、問いや文脈の立て方そのものが間違っている、と答える——そういう意味からすれば、『ゲーム・オブ・スローンズ』は作品全体を通して、そういう態度を貫いていたとも言える。誰もが過ちを犯してしまうし、罪を抱えている。それが報われる場合もあれば、まったく無慈悲に報われない場合もある。

宇野 少なくとも教訓はないですよね。罪を犯したら罰せられるとか。

田中 そうそう。ごめんね、脚本の話ばかりになっちゃって。

宇野 いや、それだけ物語に特化した時代の、物語に特化した作品でもあったということだから。特にスペクタクル性が前面に出てくる前の初期のシーズンは。

田中 ただ、そこに関しては、いまだに自分も煮え切らないところで。結果的に2010年代が終わる直前には、最終的に『ゲーム・オブ・スローンズ』が全部もっていってしまったというね。

宇野 まあ、これまで自分が「映画の進化」だとか「テレビシリーズの進化」だとかいろいろと考えてきたことは一体何だったんだって。圧倒的な「物語」の前では、すべてはこんなにも無力なのかとも思いますけどね（笑）

田中 自分で言っててなんだけど、それを認めるのは本当につらい。でも、そういう10年だった気がするな。

映画はテクノロジーとの並走をどこでやめたか

宇野　２０１０年代の映画、テレビシリーズのメインストリームが「物語」の時代になった理由としては、誕生してからここまで１００年間ちょっと、テクノロジーの進化とともに発展してきた映画がテクノロジーとの並走をやめたことも大きいと思うんですよね。

田中　具体的には？

宇野　やっぱり２０１０年代の真ん中に公開された『フォースの覚醒』がターニング・ポイントになっているように思いますね。ルーカス・フィルムを買い取ったディズニー、つまり２０１０年代の『スター・ウォーズ』シークエル・トリロジーの作り手は、１９９９年から２００５年にかけて公開されたルーカスによるプリクエル・トリロジーの否定から入っているんですよ。１９８３年の『ジェダイの帰還』から十数年ぶりに『ファントム・メナス』に着手する時にルーカスが言っていたのは、「スピルバーグの『ジュラシック・パーク』（１９９３年）を観て、ようやく自分のやりたいことに映画のテクノロジーが追いついたと思った」ってことで。それが、ＩＬＭによって人間のキャスト以外はほぼＣＧで作られたプリクエル・トリロジーの骨子だった。言うまでもなく、『ジュラシック・パーク』のＣＧもＩＬＭによるもので。

つまり、スピルバーグやルーカスはテクノロジーを開発し、その進化と並走することで自作の表現を広げていった映画作家だったわけです。ところが、『フォースの覚醒』では、実際にはＣＧもたくさん使っているわけですが、表向きには「極力ＣＧは使わないようにした」というスタンスの表明をしていて、実物大のミレニアム・ファルコン号を作って撮影したりしていた。そもそも、

『フォースの覚醒』はすべてフィルム撮影。ファンの期待に応えて、1977年から1983年にかけて公開されたオリジナル・トリロジーの質感をいかに再現するかというのがテーマで、それに関してはかなりの到達度で実現していたし、結果的にも商業的成功に結びついたわけですが、手法としてはまさにプリクエル・トリロジーの完全否定です。

田中 なるほど。

宇野 スピルバーグやルーカスの延長上で、映画のテクノロジーの進化を担っていったのがジェームズ・キャメロンですよね。ILMに加えて、『ロード・オブ・ザ・リング』シリーズで躍進したニュージーランドのWETAのテクノロジーを総動員して、未来の映画のかたちとしてデジタル3Dを打ち出したのが2009年の『アバター』でした。そう考えると、2010年代の最後に『エンドゲーム』がちょうど10年前の『アバター』の世界歴代興収記録を更新したっていうのはすごく象徴的な話で。

ただ、一応今でもハリウッド大作の多くは、IMAXになると3Dバージョンで公開されている。でも、今では3Dで上映されるほとんどの作品は、2Dで撮られた作品をポストプロダクションで技術的に3Dにコンバートしているだけで、撮影の段階から3Dデジタルカメラを使用していた『アバター』とはまったく作り方が違います。ピーター・ジャクソンの『ホビット』シリーズや、アン・リーの『ジェミニマン』(2019年)のように、1秒あたりのフレーム数を通常の24の何倍かにするハイフレーム撮影みたいなことも試みられてはいますけど、今のところ観客からはあまり受け入れられていないし、そもそものポテンシャルをすべて引き出す上映設備のあるスクリーンが極端に限られている。

つまり、『アバター』からのこの10年は、先端テクノロジーが進化した10年ではなく、2Dを3

Dに見せるまやかしの技術が進化した10年でしかない。ある意味、今最も贅沢な映画体験は全編IMAX2Dカメラでフィルム撮影された映像をIMAX2Dで上映する『ダンケルク』のような作品で、せっかく一部をIMAXカメラでフィルム撮影したのに3Dにコンバートして IMAX3Dで上映される『フォースの覚醒』のような作品は本末転倒と言ってもいい。

田中　要するに、『フォースの覚醒』が公開された2015年の時点で、CG万能主義も3Dブームも実は終わっていた、今の話はそういう話だよね?

宇野　そうです。CGに関しては東欧のスタジオとかでのアウトソーシングが進んで、コスト的にも格段に安くなったことで、むしろ可能な限りセットを作って撮る方が贅沢なことになるという価値の転換が起こった。3Dに関しては、IMAX社も「観客は3Dよりも2Dの方を好んでいる」と認めてます。

田中　じゃあ、ディズニーを筆頭とするハリウッド大作の多くはどうしてコンバートしてまで今でも3D上映を続けてるの?

宇野　興行側の要請だと思いますよ。日本でも、チケット代が数百円上乗せされてるでしょ? 観客の一部に3Dで観る習慣ができたなら、商業的にそれを撤廃する理由はないという。まあ、3Dに関しては、結局ジェームズ・キャメロンしか革新的な表現ができなかったというか、表現をしようと思わなかったってことでしょうね。だから、2021年の年末に公開が予定されている『アバター2』には3D表現の純粋な進化という意味での期待はできますけど、それによって2010年代初頭の3Dブームみたいなことはもう起こらないでしょうね。今後キャメロンは、相当孤独な闘いを強いられることになるんじゃないかな。映画のテクノロジーの進化に誰も夢を見なくなったのと前後して、「物語」の時代が台頭してきたという見方もできる。

田中 つまり、新たなテクノロジーの発展によって一度は革新がもたらされたんだけど、産業側の要請によって、むしろ表現の自由度の足を引っ張ることにも繋がったということ?

宇野 いや、4DXやMX4Dのような特殊な上映方法も含めて、興行側が「映画館で映画を観る」というシステムを維持するための努力を続けている一方で、そこに創造的な関心を示す映画作家がほとんどいなくなったということです。むしろテクノロジーの進化による恩恵という意味では、撮影の簡易化ですよね。ここでもキーマンのひとりはスティーブン・ソダーバーグになるんですけど、ソダーバーグの『アンセイン』(2018年)や『ハイ・フライング・バード』(2019年)、ショーン・ベイカーの『タンジェリン』(2015年)のように、iPhoneのカメラで映画が撮影されることも珍しくなくなった。かたや3億5600万ドルの製作費をかけた『エンドゲーム』のような作品があって、かたやiPhoneで撮られた作品が実験的なものではなく、一般の映画として受け止められるようになった。2010年代にどこの世界でも起こっていた二極化は、映画製作の現場も例外ではなかったということです。

見過ごされてきた『ハンガー・ゲーム』の重要性

宇野 話を戻すと、タナソーさんから見て、物語が映画という形式を覆い尽くしてしまった、そのターニングポイントはどこにあったと思いますか?

田中 もちろん、2000年代の『ロード・オブ・ザ・リング』や『ハリー・ポッター』シリーズにもその萌芽はあったわけだけど。今、振り返ると、『トワイライト』シリーズ(2008年~2012年)と『ハンガー・ゲーム』シリーズ(2012年~2015年)が決定的だったんじゃないか、と思う。

宇野 それは鋭い。というか、よく観てましたね。リアルタイムで観てたんですか？

田中 いや、劇場で観たのは『ハンガー・ゲーム』から。観ようと思ったのは、どちらも人気ヤングアダルト小説の映画化で、しかも、どちらのシリーズも世界中で大ヒットした。作品に対する期待というよりは、「何故これがウケまくってるの？　一体何が起こってるんだ？」っていう純粋な好奇心から観に行ったの。

宇野 特に2013年の『ハンガー・ゲーム2』は、まだMCU作品が今ほど爆発する前ということもあって、公開当時はアメリカ国内興収の様々な記録を塗り替えて、歴代興収でもトップ10に入るほどのメガヒットになりました。

田中 当時、近い友人の、映画・音楽ジャーナリストの萩原麻里が、この辺りの欧米の腐女子カルチャー全般——ヤングアダルト小説とか、その二次創作、その映画化——つまり、YAOIファン・カルチャーをひたすら研究しててさ。最初は詳しい話を聞いても、さっぱりわからなかった。何となく理解してたのは、日本の場合、固有のナード文化が発達してることもあって、一部を除いて日本と欧米のファン・カルチャーというのはあまりクロスオーバーしてない。でも、欧米の場合はファンとしての主役はむしろ女性なんだな、ということぐらい。

宇野 そう。『トワイライト』や『ハンガー・ゲーム』って、基本的に女性のファンタジーを描いていたわけじゃないですか。そこに、個人的にはどのように精神的なアクセスをしてきたんですか？

田中 俺は、間違って男の体に生まれた腐女子だから（笑）。というか、ポップ・カルチャーのトレンドをティーン女性が牽引するというメカニズムは、ビートルズの時代もビリー・アイリッシュの時代も変わらない。実際、ラップにしても、2010年代のトレンドはすべてティーン女性が牽引したのは海外フェスのフィールドを見れば一目瞭然じゃない？ あと、あの辺りから映画と同時代のポップミュージックが見事に並走するようになった。第1章でも語ったように、要するに2000年代終わりから2010年代半ばってレディー・ガガ、テイラー・スウィフト、ケイティ・ペリーの時代だったわけじゃないですか。

宇野 なるほど。そこに繋がるわけか。

田中 フィメール・ポップがシーンを席巻していく流れに対してひとりのファンとして興奮していたわけだから、次第にその辺りの地殻変動がすべて何かしら繋がっていて、一気に炎を吹き上げているのがわかってきた。だからこそ、わざわざ劇場まで足を運んだのよ。それと、さっき宇野くんから『トワイライト』と『ハンガー・ゲーム』の共通項というのは、女性のファンタジーを描いていることだという話があったけど、まさにそれこそが重要なポイントだと思ってて。基本的には、主人公の女性たちが大きな困難に向き合っていくドラマなんだけれど、そこでは常に立場の違う複数の男性が主人公を取り合う、そういうサブ・コンテクストが仕込まれている。

宇野 逆ハーレムってことですね。

田中 そうそう。で、むしろそのサブ・コンテクストの方が重要だったと思うんですよ。身も蓋もない言い方になるけど、SF仕立て、ファンタジー仕立ての舞台設定はどうでもよくて、むしろそうした逆ハーレム設定こそが作品の肝にあったし、それが爆発的にウケた。舞台設定はそのどこかアンモラルな部分を政治的に検閲されないがための隠れ蓑でもあったんじゃないかな。

宇野 要するに、それまでずっと世界中の物語で描かれていたハーレム的な描写を反転することで、秘められた女性の性的なファンタジーを解放することになった。

田中　やっぱり、まずは欲望が発火点だったということ。２０１０年代に起こったことを考える上ではそれが重要な気もするんですよ。それまでの男性中心社会やピューリタン的な価値観によって抑圧されてきた女性の欲望や性的なイマジネーションが最初に花開いた。それがやがて女性のエンパワーメントや、倫理やモラル、政治的な立場として、社会における女性の立場について考え、それを是正していこうという２０１０年代的なフェミニズムに繋がっていく。だから、そういう意味においては『セックス・アンド・ザ・シティ』（１９９８年〜２００４年）辺りからその萌芽はあったのかもしれない。ただ、それを一気に加速するのがヤングアダルト小説を中心としたＹＡＯＩファン・カルチャーだったという。

宇野　その最たる例が、もともとファン・カルチャー的だった『トワイライト』のさらにそのファン・フィクション、つまり二次創作として生まれたＥ・Ｌ・ジェイムズによる『フィフティ・シェイズ・オブ・グレイ』シリーズ（２０１１年〜）の大ベストセラー化ですよね。こちらも映画化されましたけど、日本ではまったくと言っていいほど話題になりませんでした。

田中　日本にはそうした性的な想像力や欲望の受け皿がたくさんあるからね。ＬＤＨでもジャニーズでも構わないけど、ポップミュージックの世界でそうした欲望をカジュアルに受けとめてくれるメカニズムがしっかりと産業化しているわけだから。

宇野　本書の「はじめに」でも述べましたが、海外のポップ・カルチャーの文脈を失うというのは、こういうことですよね。どういう成り立ちで作品が生まれて、どういうかたちで支持されているのか、まったくわからなくなっていく。でも、映画『フィフティ・シェイズ・オブ・グレイ』（２０１５年）の１作目の大ヒットは、主題歌を歌ったザ・ウィークエンドの当時ちょっと落ち着いていた人気を再燃させるきっかけにもなったし、作品の評価は散々でしたが、それも含めてその後のフィクション作品でネタ化していったわけで、そのネタを知ってないと何もわからなくなっていく。あれが2015年ということを考えると、本当にこの時期が海外のポップ・カルチャーと日本という点では、最も絶望的な距離があったことがわかる。

田中 そうだよね。まだネットフリックスもスポティファイも日本でサービスを始める前だったし。

宇野 しかも、ほとんどの人はその「距離」に気づいてもいなかった。でも、それに比べたらその「距離」になんとなく気づいてきた今は、これでもだいぶマシになりましたよね。

田中 2010年代のポップソングを理解する上では歌詞の内容、あるいは、その背景を理解することがすごく重要で、とにかくあらゆるものがハイコンテクストだった。だからこそ、難しかったよね。例えば、ザ・ウィークエンドにしても、俺とかの場合、初期の彼のサウンドという側面に惹かれていたわけだけど、むしろ彼の人気を爆発させたのは、ドラッグをキメて、セックスする描写の生々しさもあったわけでしょ。アブノーマルで退廃的なセックス描写がとにかくウケた。

宇野 つまり、彼の成功には女性からの性的なファンタジーの受け皿、セックス・アイコンという側面が多分にあったということ。ザ・ウィークエンドほどあからさまではないけど、ドレイクもそうですよね。それが彼を時代のトップ・スターに押し上げることになった。

田中 こんな風に言うと、いきなりがっかりする輩もいるわけだけど、40年代にフランク・シナトラが、50年代にプレスリーが大スターになったのだってまったく同じメカニズムだからさ。岡村靖幸じゃないけど、「女の子だけが知ってる」ところから、新たなポップの爆発は始まるという。

宇野 そして、その次の段階として、ようやく女性のエンパワーメントという気運に繋がっていく。時代の推移としてはそういうことですよね。

田中 そういうことだと思う。やっぱり、始まりは純粋な欲望だった。でも、そのいかがわしさこそがポップ最大の原動力だと思う。２０００年代にナップスターという新たな技術とシステムというテクノロジーの革新によって、オーディエンスの中に眠っていた「とにかく早く、たくさんの音楽が聴きたい！」という欲望が刺激されて、それが可視化されることで新たな市場可能性が露になった。やがて、それを法律や産業が追いかけていくことで、ストリーミング・サービスの時代がやってきた。そういうメカニズムとすごく似てるよね。

宇野　結果的に、女性のエンパワーメントは、現実社会に先んじてポップミュージックやフィクションの世界で成し遂げられることになった。でも、言われてみれば、『ハリー・ポッター』も『トワイライト』も『ハンガー・ゲーム』もすべて女性の作家ですよね。『トワイライト』や『ハンガー・ゲーム』って、監督こそほとんどが男性でしたが、今だったらもっと積極的に女性監督が起用されていたはずで。そういう意味でも、パティ・ジェンキンス監督の『ワンダーウーマン』の大成功以降、映画界も大きく変わった。やっぱり、産業としての図体が大きいし、ディベロップ期間も含めて製作に時間がかかるから、映画界は変わるのが遅かったってことですよね。

田中　そこは仕方ないよね。

宇野　映画業界的に言うと、『トワイライト』と『ハンガー・ゲーム』って、どちらもダークホース的な作品だったんですよ。ライオンズゲートの製作で。現在の拠点はロサンゼルスにありますが、もともとカナダのバンクーバーで設立された映画会社が製作した、いわゆるハリウッド・メジャーの本流ではないところから生まれたシリーズだった。ある意味では、ジャスティン・ビーバー、ドレイク、ザ・ウィークエンドと、カナダ出身のアーティストがメインストリームの中心にいた２０１０年代のポップミュージックともシンクロしているとも言えなくはない。

田中　ラップの章で話したような、外部が中心に働き掛けることで、その両方が変容をきたすといらメカニズムと同じだよね。

宇野　あと、第4章で話したフィンチャーやソダーバーグのハリウッドからの離脱とも裏表一体ですね。要は、2010年代を通じてハリウッド・メジャーは、それ以前からあったシリーズの続編、リメイク、リブートで生き残ってきたようなもので、新しいトレンドを生み出してこなかったということ。生み出せなかったというよりも、生み出さなくても利益をもたらす近道に走っていったというのが実情ですね。そんな中での数少ない新しい現象です。

田中　ただ、現時点ではヤングアダルト小説の映画化は完全にブームが去ってしまった。

宇野　そうですね。『トワイライト』と『ハンガー・ゲーム』に続いて同じライオンズゲートが手がけたヴェロニカ・アン・ロス原作の『ダイバージェント』シリーズ（2014年〜2016年）は散々な結果に終わりました。『フィフティ・シェイズ・オブ・グレイ』シリーズも2017年に公開された2作目からアメリカでの興収が急落して、2018年に公開された3作目は世界中でコケました。つまり、ヤングアダルト小説の映画化というのは、2010年代特有のブームだったんですよね。

田中　あっという間のブームだったよね。でも、10代で『トワイライト』や『ハンガー・ゲーム』で育った子たちが、結局今20代になってからも『ゲーム・オブ・スローンズ』を観続けてきたという可能性は？

宇野　どうなんだろう？　時期的にも支持層的にも『ゲーム・オブ・スローンズ』の視聴者とはかなり重なってるでしょうけど。

田中　あれだけのグローバル・メガコンテンツになったわけだし。

宇野　あと、現在のティーンはネットフリックスの『13の理由』とかHBOの『ユーフォリア』

（2019年〜）とか、メンタルヘルスの問題を扱ったテレビシリーズを支持してますよね。ヤングアダルト小説的なファンタジーを夢見るよりも、もっとダークでパラノイアックなものを求めている。そういう意味では、『ゲーム・オブ・スローンズ』のダークな世界観というのは、現在のティーンの嗜好にも合致していた。

田中 それはきっとあるよね。ビリー・アイリッシュの未曾有のグローバル・ブレイクにしたって、普通に『ゲーム・オブ・スローンズ』に紐付けできるかもしれないわけだし。

宇野 ただ、ちょっと懐疑的なのは、そこからどれだけ優れた作品が生まれたのかなってことで。タナソーさんの言うように構造的な視点から『トワイライト』や『ハンガー・ゲーム』が重要だったのはわかりますけど、そもそもそれらの作品に、映画として特筆すべき点があったのか？という。

田中 正直、映画としてどこまでもキツい作品も少なくなかった。

宇野 『ハンガー・ゲーム』シリーズの人気のピークだった『ハンガー・ゲーム2』（2013年）の世界興収は、8億6500万ドルという1000億円に迫る興収を稼いだわけですが、なんと日本での興収は2億8000万円。つまり、世界マーケットにおける日本の存在感はたった0・3パーセント。

田中 3パーセント？

宇野 3パーセントじゃないですよ、0・3パーセント。日本の海外ポップ・カルチャー受容という意味で、おそらく歴史的にも最も極端な結果が出たシリーズでした。まあ、だからと言って、「必見！」みたいなことを言える作品ではなかったわけですが。

田中 ただ、これはきちんと話さなきゃならないことだと思うんだけど、それこそファン・カルチャー最大の文化特性というか、その基盤にある二次創作、オリジナルからファン自身がまた別の新たなバリエーションを作り出す、そのメカニズムを生んだ象徴的な作品ではあったと思う。

宇野　なるほど。オリジナルのフィクション作品のキャラクターや事件が広範囲のファンベースでネタ化していって、新たなストーリーが次々に勝手に作られていく。オーディエンスが作家化していくと共に、その外側にいるオーディエンスからすれば、その元ネタを知ってないと何もわからなくなっていく。

田中　だから、2010年代のポップ・カルチャー全般における大々的な物語の隆盛というのは、この二次創作というメカニズムが何より大きかったんじゃないか。

宇野　ラップの章でも取り上げたドレイクやレイ・シュリマー、ミーゴスを一気にメガスターにすることになったインターネット・ミームにしたって、ソーシャルメディア上の二次創作ですもんね。

田中　まさに。だから、二次創作的なメカニズムとか、二次創作的な想像力というべきかもしれない。

宇野　その二次創作的なメカニズムによって、作家や作品と、ファンの垣根が壊れた。しかも、インターネットやソーシャルメディアがさらにそれを後押しするようになったことですよね。

田中　つまり、2010年代において、ある部分では表現をブーストさせ、ある部分では表現に制約を加えるようになったのは、ファンダムとの相互作用ということだよね。

宇野　ファンダムに対するアプローチというと、市場や産業への最適化と混同されがちだけど、ここはきちんと区別しなければならないですよね。つまり、単にそれぞれの市場――ファンベースに数字だけでは換算することのできない文化的な特性が存在する。要するに、売れる売れないの話だけではなく、特定の作家や作品を刺激する触媒として作用したり、その言動が新たな文化にさえなってしまうのがファンダム。実際、2010年代を考える上で、このファンダムについて考えることは必須と言えるかもしれない。

田中　そんな風に誰もが日常的に二次創作をするようになって、作家の特権性みたいなものが奪われていった。そのことと、物語の復権は相似形になってるんじゃないか。その見立てはどう？

宇野　なくはないと思います。作家よりもファンが上位に立つ世界では、記名性の高い形式や技法よりも、匿名的な物語の方が優先されるということですね。

トキシック・ファンダム問題

田中　だからこそ、２０１０年代のポップ・カルチャーの中心にあったのは作品や作家ではなくて、ファンダムだったと言えるのかもしれない。ファンダム全体から作品をつくり上げていくという発想と、そこで作品のクオリティや商業性を担保していくという技術の洗練こそが成功の秘訣だったという。

宇野　先ほどもミームが話題に上りましたが、ポップミュージックの世界におけるテイラー・スウィフトから、最近のアリアナ・グランデの作品にいたるまでの創作のメカニズムもそれと近いものがありますよね。自分自身のキャラクターやアイデンティティに対するパブリック・イメージがあって、それをある種の二次創作として更新させることで、新たな作品やペルソナを提示してるわけだから。

田中　ソーシャルメディアでのファンからのリアクションをどう作品にフィードバックしていくか、それもまた重要な手法のひとつだった。だから、ジャンルを問わず２０１０年代の創作のメカニズムというのは、二次創作的な発想が不可避だったのかもしれない。

宇野 それまでのような作者と読者の垂直的な関係ではなく水平的な関係という、最初のヤングアダルト小説の話に戻りましたね。言ってみれば、ハリウッド・メジャーが作り続けている続編やリブートやリメイクも、巨大資本による二次創作みたいなものですからね。

田中 『フォースの覚醒』にしたって、J・J・エイブラムスによる二次創作みたいなものだよね。

宇野 オフィシャルであること、膨大な予算を使っていることを除けば、何も違いはない。

ただ、コミケとかコスプレ文化とかに代表されるように、日本は本来は二次創作先進国なわけじゃないですか。ボカロとかの音楽の世界でも、コミケに代表されるコミックの世界でも、オルタナティブなマーケットとしては十分に成立している。でも、海外の場合は、それをオルタナティブなマーケットではなく、メインストリームの業界が取り込む形で発展させてきた。日本の場合は出版社も、レコード会社も、映画会社も、リスクをとらずに既得権を守ることばかり考えてきましたからね。その三つが結託した日本映画の製作委員会システムとか、まさにその象徴で。あまりにも権利関係が複雑なせいで、海外資本のストリーミング・サービスになかなか作品をセールスすることもできないという話も聞きます。

田中 スポティファイが上陸するのに時間がかかったのも、結局はそれが一番の原因だったわけだしね。もう閉鎖されたけど、ついこの間まで漫画村が問題になっていたり、今でもミュージックFMとかの違法サービスが問題になってる。ただ、欧米の場合、もう20年以上前にナップスターみたいなイリーガルなシステムが出来上がっていたわけだけど、それを知ってしまったらもはや人々の欲望というのは抑えられない。だったら、それをきちんとした公正なシステムにしよう、むしろビジネスにしようという発想が産業側や行政側に芽生えることで新しい状況が生まれていった。

宇野 それと同じことが二次創作にも言えて、日本において二次創作の作家というのは単純に作家性が認められなかっただけでなく、産業側も二次創作から生まれるクリエイティビティを利用できなかった。実際、48グループ関連にしろ、LDHグループ関連にしろ、ファン・カルチャーとの接点で実験的な試みをしているところも、結局のところ芸能事務所の力学と各業界との癒着の産物ですからね。一部のクリエイターは彼らのばらまいたお金で一時的には潤ったのかもしれないけれど、そもそも日本の芸能界はファンクラブ・システムに象徴されるファンの囲い込みによる集金が前提になっているから、それが発展性のあるものにはなりえなかった。そして、気がつけば日本の小中学生はKポップの方に夢中という、笑えない話ですよ。

田中　まあ、Kポップは Kポップで、日本の芸能界と同じような闇を抱えている世界ではあるけどね。ただ、日本のエンターテインメント業界はそれまで国内だけで産業的にうまく回っていたこともあって、あらゆる側面でカルチャーの再定義やイノベーションが起こらないシステムになっていた。それは間違いないよね。ただ、それなりにうまく行ってた2010年代前半のAKB48の話がちょっとしたいんだけど。

宇野　この本でするべきことなのかな？（苦笑）

田中　まあ、聞いてよ。決して当時のAKB48を評価すべきだ、みたいな話じゃないからさ。当時の秋元康というのは、ネットの掲示板でのファンの反応を掬い上げて、それを反映させることでそれぞれのメンバーのキャラクターを色付けしたり、キャラ立ちさせていった、みたいな話があるでしょ。島崎遥香の握手会での対応が悪くて、ネットで塩対応だと言われたりすると、ドラマだの、バラエティ番組だので、そこに過激なぐらいキャラクター付けをしていく。ファンダムとの相互作用というメカニズムとしてはまったく同じでしょ。

宇野　まあ、同じっちゃ同じですけど。

田中 いや、だから、インターネットの一般化に伴って、ソーシャルメディアが一般化して以降、もはやいたるところでそうしたメカニズムが出来上がっていたという事実。それと、そこからはもはや誰ひとりとして逃れられなくなっているという話。

宇野 自分は48カルチャーには一切触れないようにしてましたけどね。

田中 でも、それだってある種のフィルター・バブルじゃない？ 自分自身で考えている、判断していると思い込んでいても、自分で自分を閉じこめたバブルからの影響の中でそう判断した気になっているにすぎない。しかも、それってそうさせる主体がどこにもいないわけじゃないですか。で、その時期って、ずっとトマス・ピンチョンの小説を読んでた時期と重なってるんだけど、彼がジョージ・オーウェルの『１９８４年』新装版に解説を書いてて、その流れで『１９８４年』も読み直すことになるんだけど。ただ、あの小説の中にダブル・シンクっていう概念があるでしょ。「ビッグブラザーのことをどこまでも憎みながらも、同時にどこまでも愛している」という。でも、それってどういう状態を指しているのかずっとわからなくて。自分自身が一度もそんな風に感じたことがないから、まったく実感が伴わないわけ。でも、ＡＫＢ48を通して、ようやく理解できたんですよ。

宇野 う～ん（苦笑）。いや、我慢して聞きますよ。

田中 まず、ＡＫＢ48のファンダムには、箱推しと単推しっていう考え方があって、特に箱推しというのが軽蔑されているらしい、と。

宇野 まあ、要するに、箱推し――グループを応援するというのは運営側をサポートすることに繋がるからですよね。でも、自分は運営側のやることを批判的に見ているからこそ、ひとりのメンバーを推すんだ、と。ホントどうでもいいような話だけど（笑）

田中　そうなの。そんなの最終的に資本側にお金が落ちることは何も変わらないわけだから。ファンが自分自身がイニシアティブを握っていると思い込んでいたとしても、実際はシステムの奴隷になっているだけの話で、大昔からある搾取の構造と何ら変わらない。それで、とある後輩の女性編集者がいるんだけど、彼女とは腐女子仲間、ＡＫＢ48仲間でさ。ところが、ＡＫＢ48のファンだってことを先輩編集者連中に酒の席で彼女が批判された時に、「どれだけ政治的な正しさで論破しようとも、彼女たちの涙を笑うことだけは許さない！」って激怒してて（笑）。なるほどな、と思って。実際、自分の中にもそれとよく似たメカニズムがあることが否定できないわけですよ。資本側のやってることは倫理的にも文化的にもまったく受け入れられないくせに、個々のメンバーに対してはどこか自分の娘に感じるような愛情がある。「これはダブル・シンクそのものじゃないか！」と思って。

宇野　ふむ。それで、この話は一体どこに帰着するんですか？

田中　ポピュリズム。そして、大方のファンダムというのはポピュリズム的な価値観の温床だということ。ポピュリズムとは何かと言えば、ひとつには権威に対する不信と憎悪なわけだよね。権威や体制によって自分たちは不当に搾取され、抑圧されてる、と。実際、世界中の富が一部の連中に占有されている今の時代というのは、まさにそういうことではあるんだけど。ただ、ＡＫＢ48を例に取るまでもなく、ファンダムというのはあくまで作品や作家、あるいは、それを支えているシステムに従属するものなわけでしょ。もはやあらゆる表現が二次創作的とも言える時代なわけだから、その価値を貶めるつもりはないけど。ただ、ある時期からファンダム自体があまりにも強大な力を持つようになり、時には荒ぶるようになってしまった。

宇野　あくまでファンズ・ファーストという価値観が顕著だから、作品や作家との中間にあるものを極力排除するという性質を持っている。特にその標的になったのは、メディアや批評家ですよね。

田中　俺たちがそれについて話すと、まるで自分の立場の既得権益を主張しようとしてる、みたいな話になっちゃうけどね（笑）

宇野　ＡＫＢ48みたいに明らかに不透明な部分のある運営に、その攻撃の矛先が行く分には構わないけど、作品に対する度を越した攻撃さえ目立つようになった。特に、ファンの声によって『スター・ウォーズ』からジョージ・ルーカスが事実上追放されたのが象徴的ですよね。ディズニーがルーカス・フィルムを買収したのが２０１２年。でも、その２年前の２０１０年には、ファンが「芸術作品の公共性」を掲げてルーカスに対して声を上げる様子を収めた、ドキュメンタリー作品『ピープル vs. ジョージ・ルーカス』という作品が公開されています。これ、当時も興味深く観た作品だったんですけど、今になってみれば非常に重要な問題提起を含む作品だったことがわかるんですよ。この本ではあえて『スター・ウォーズ』に章は割きませんでしたが、『スター・ウォーズ』はやっぱり重要。

田中　ファンダムという文化が生まれたのは、60年代の『スタートレック』のファンベースが発祥なわけだけど、それをより拡大させたのは間違いなく『スター・ウォーズ』の功績だからね。それが、ちょうど２０１０年代に入った頃から目立って暴走するようになった。

宇野　自分がショックを受けたのは、２０１５年６月、『フォースの覚醒』ポストプロダクション中のＪ・Ｊ・エイブラムスが最初の取材を受けた時に、「あるシーンでジャー・ジャー・ビンクスの骨をばらまいておこうと思った」という発言をジョーク混じりでしていたことです。自分もジャー・ジャー・ビンクスは苦手ですけど、ルーカスに対する無神経さというか、その敬意のなさには驚きましたね。その頃、ジャー・ジャー・ビンクスは「ルーカス＝悪」の象徴のような存在になっていた。そして『ブレイキング・バッド』の名エピソードを演出したことで注目されるようになったライアン・ジョンソンが監督を務めた『最後のジェダイ』（2017年）で、ファンダムの増長がひとつのピークに達します。「『最後のジェダイ』をサーガの正史から外せ」「もう一度最初から作り直せ」という署名運動が全世界的に広がっていった。

田中 そして、それと同じようなことが、『ゲーム・オブ・スローンズ』最終章でも起こった。

宇野 あの事件もまた世界中の話題になりました。

田中 じゃあ、立場を明確にしておきます。俺は『ゲーム・オブ・スローンズ』最終章全肯定派です。

宇野 演出、作劇の部分でもそうと言いきれますか？（笑）

田中 そこは微妙（笑）

『ゲーム・オブ・スローンズ』最終章のバックラッシュ

宇野 これはシーズン途中のキャンセルとは無縁の、成功したテレビシリーズだけに許された特権なわけですけど、『ゲーム・オブ・スローンズ』が2019年にシーズン8を「最終章」にして終わらせることにした。要するに、局側ではなくてクリエイター側の判断ですよね。原作者のジョージ・R・R・マーティンは「できればもっと続けてほしかった」と言ってる。ただ、役者はみんな売れっ子になり、ショーランナーのデイヴィッド・ベニオフとD・B・ワイスはディズニーから——結局この契約は2019年の秋になって解除されたわけですけど——新しい『スター・ウォーズ』の映画三部作を任されることになって、その後にはネットフリックスとも長期契約を結んだ。

つまり、クリエイターとして次の段階に進むべき状況が出来上がってしまった。その結果、特にシーズン7以降の展開が駆け足になっていったということは否めない。

田中 その通りなんだよね。本来なら最終章よりもむしろシーズン7こそが『ゲーム・オブ・スローンズ』最大の見所になるはずだったと思うんだけど。

宇野 ただ、むしろ世界中のファンベースからはシーズン7は非常に好意的に迎えられ、最終章は世界中からの非難にさらされることになった。つまり、言い換えればこれは、『ゲーム・オブ・スローンズ』のグローバルなファンベースの大半が「物語」を何よりも重視する層に支えられていたと言えるかもしれない。

田中 だからこそ、複雑なんだよね。宇野くんが言うように、シーズン7はとにかくすべての物語を回収させることに精一杯で、もう演出を工夫する隙間がないぐらい脚本をただ追っていくだけになっていた。

宇野 まさに『エンドゲーム』状態ですよね。

田中 主なプロットとしては、10人ほどのキャラクターたちが一堂に会して北に向かっていく。北からの侵略者ホワイト・ウォーカー、つまり、気候変動のメタファーだよね――ウェスタロスに暮らすすべての人々がこの脅威と闘わねばならない。でも、首都の為政者たちはホワイト・ウォーカーの存在さえも信じない。だから、その証拠を確保するために出掛けていく。しかも、そのクルー全員がもともとはみ出し者、それぞれが社会全体から抑圧されていたマイノリティなのにもかかわらず、私欲よりも全体のために結集して北に向かっていく。そこが感動的なわけですよ。まあ、こうして言葉にすると、あまりに図式的になって、しらけちゃうんだけど(笑)

要するにシーズン7というのは、我々が戦うべきものは死だけ、それ以外の争いなんて意味のないものなんだ、しかもこの勝負というのは100パーセント負けることが決まっている、だがそれがどうした？——そんな、全シーズンを通して、最も重要なテーマが描かれている。ところが、これまで出会ったことのないキャラクターたちや、因縁のあったキャラクター同士の関係性を全部、北へと向かっていく間の会話だけで説明して、どんどん次に進んでいっちゃう。それまでの流れだったら、きっとあの4倍は時間がかかってたはず。でもあまりに尺が足らなすぎて、もはや作劇も何もなくなってしまってた（笑）

宇野　観る側としても、確実にフィナーレに向かっていってることからくる高揚感と、もっとじっくり描いてほしいと思う気持ち、その板挟みになりましたよね。

田中　でも、クリエイターや役者たちの『ゲーム・オブ・スローンズ』後のキャリア設計とか、膨れ上がる製作費、あるいは、もはやストーリーがすっかり、原作を追い越しちゃったこと——とにかくいろんな制約があったにもかかわらず、シーズン8できっぱりと終わらせたのは、やはり見事だった。まるで2010年代を終わらせるために2019年で終わりにしたという。

宇野　ただ、ファンはその終わり方が許せなかった。

田中　特にバックラッシュを過激にしたのは、おそらく誰もが共感しやすかった、これまでも時には間違いを犯しながらも、いろんな苦難を乗り越えてきた女性キャラクター、デナーリスが闇堕ちするというプロットだよね。しかも、最も頼りになるはずだったジョン・スノウはただアタフタしているだけ。つまり、それまでずっと苦難を乗り越えてきた主人公たちが何かしらの幸せを摑むか、誰も想像しなかった奇跡的な解決を見せてくれるんじゃないか——つまり、そんなミステリー小説が見事に解決するような期待があった。でも、世界中のファンの期待に応えるどころか、それをあからさまに足蹴にし、裏切るような事件が起こって、最終話ではひたすらだらしなく結末を迎えるという。

宇野 その結果、『最後のジェダイ』に続いて、今回も「作り直せ」という署名運動が起こった。作り直すわけがないのはわかってるのにそういう声を上げるというのは、相当タチが悪いですよね。キャストの一部も「作り手に対するリスペクトはどこにいった？」と反論して、火に油を注ぐかたちになった。

田中 デイヴィッド・ベニオフとD・B・ワイスは公の場にしばらく一切出てこなかったしね。

宇野 ちょうどタイミング的に、『エンドゲーム』の直後というのもよくなかったですよね。あれは誰もが文句なしの大団円だったから。世界中が『エンドゲーム』を絶賛して、その1ヶ月後に今度は『ゲーム・オブ・スローンズ』最終章を非難した。あの1ヶ月間の温度差とスピード感はすごかった。

田中 そもそもMCU映画のインフィニティ・サーガと『ゲーム・オブ・スローンズ』に共通するのは、いくつものイデオロギーや立場が局地的な衝突を起こして、全体性を獲得できないという極めて2010年代的なイシューを描いているところだった。かたや『エンドゲーム』の場合、特定の犠牲を出しながらも、最終的には全体性を獲得して、残された人々は痛みと教訓を抱えながら、前に進んでいくという、誰もが納得できる結末を用意していたわけだから。そういう意味では、『ゲーム・オブ・スローンズ』は真逆と言ってもよかった。

宇野 誰一人納得できないような結末ですからね。最終エピソードのジョン・スノウとティリオンの会話が、それが意図的だったという証拠にもなってる。特に「誰もが納得できない結末だからこそ、もしかしたら最良の結末だったのかもしれない」という台詞。

田中 あれを書いた時点で、世界中からのバックラッシュを見越していたとしか思えない台詞だよね。

宇野　その後のファンの反響まで、実は取り込んでいたということですよね。

田中　でも、結果として、いろいろなイデオロギーを超えてあの作品に熱狂したはずの人たちが壮絶な勢いで世界中で反旗を翻すという現象を、ネット上で可視化させるまでに至った。そうした世界中からのリアクションも含めて、ようやく『ゲーム・オブ・スローンズ』という作品が完結した、今もそういう気がしてるんだよ。まさにあの現象こそが現実の映し鏡、2010年代の実相だから。

宇野　ファン・カルチャーの時代だった2010年代の結末に相応しかったという評価ですね。

田中　そう。だって、ファン・カルチャーって言葉を換えれば、ポピュリズムってことだから。

宇野　まさに。

田中　今という時代がポピュリズムの時代だということ、この10年の間、『ゲーム・オブ・スローンズ』で描かれてきたのと同じく、多くの人々が私利私欲に任せるまま、自らの主張を繰り返すことで全体性というものが獲得できないディケイドだったということを、あの現象で露にしてみせた。

宇野　そうなんですよね。『トワイライト』『ハンガー・ゲーム』と、この章ではわりと肯定的なニュアンスでファン・カルチャー的な作品について語ってきたわけですけど、要はそれってポピュリズム・カルチャーでもあって。MCU作品も含めて、2010年代は政治の世界と同じように、カルチャーの中心にもポピュリズムがあった時代と言うことができる。でも、『ゲーム・オブ・スローンズ』は最後にそれをひっくり返してみせた。

田中　もはや見事なインスタレーション・アートだよね。やっぱりそこは賞賛に値する。

宇野　だとしても、特に最終エピソードにおいて、ほとんど重要なことはティリオンの台詞で語らせたのは、映像作品の作劇的にはどうかという疑問は残りますけどね（笑）

田中　いや、そこは疑問も何も、もうダメダメでしょう？

宇野　「人々を団結させるものとは？　軍？　金？　旗？　いや、物語だ。この世に物語以上に強力なものはない。物語は誰にも止められない。物語が敗れることはない」って。そうだけど！

田中　（笑）。だから、『ゲーム・オブ・スローンズ』という物語に魅了され続けてきた半分の自分は大感動してるんだけど、半分の自分はもう大笑いですよ（笑）。最後の１シーズンでこれまでのすべてのテーマを反復して、台詞で語らせちゃうみたいな。

宇野　しかも、ジョン・スノウは「何も正しい気がしない」って言っています。こっちの台詞だよ！

田中　（笑）。そして、ティリオンはその言葉に「10年後にもう一度訊いてくれ」と返すっていうね。だから、意味という部分においては完璧なんだけど。

宇野　いずれにせよ、『ゲーム・オブ・スローンズ』以前／以降っていうと、ありがちな言い方になってしまうけど、本当に２０２０年代の映画とテレビシリーズは「『ゲーム・オブ・スローンズ』以降」という文脈を踏まえないと、単純にその後の作品におけるレファレンスの多さや、主要キャストやスタッフによる仕事が拡散していくというだけでなく、現代的なナラティブのあり方も、社会との向き合い方も、何もわからなくなっていく。まあ、既にそうなってますが、これからもますます。

田中　間違いないだろうね。

アメリカ文化に対するアンビバレントな感情

田中　ここまででもう十二分に読者には尽くしたと思うから、ちょっと脇道に外れるような話してもいい？　今、スラヴォイ・ジジェク経由で、マーク・フィッシャー言うところの「もはや資本主義しかないというシニシズムが我々の時代を覆っている」――いわゆる資本主義リアリズムという言説が、それなりに説得力を持ちつつあるわけだよね。で、自分史で話すと、20年前からの自分の読者からたまに上がる声というのが、田中宗一郎というのは90年代の終わりの時点でアンチ・グローバリゼーションの旗を振ってた、と。

宇野　よく言われますね。１９９９年のシアトル暴動の時から。

田中　もちろん、今でもデモみたいな直接的な個人の政治参加についての可能性は捨ててないつもりなんだけど、ラディカル・デモクラシーの文脈だともはやポピュリズムしか社会変革はなしえない、みたいな言説もあって。本当に背筋が凍る思いがしたのは、２０１８年のイタリアで、移民排斥という共通の目的によって左翼ポピュリズム政党の五つ星運動と、極右政党の同盟との連立政権が樹立された時。戦前の近衛新体制運動とどう違うんだ？っていう。まあ、２０１９年になって中道左派の民主党との連立政権が出来上がることになったんだけど。

宇野　まあ、今や右も左もポピュリズムだらけですからね。

田中　この前も、あ、なるほどなと思ったんだけど――ちょっとツイッター検索していい？「こうしてみると、十数年前はグローバリズム反対、クリア・チャンネルのクソとか言っていたのに、今じゃスポティファイ最高となっている某タナソウ氏のバイタリティはすごいと思う」っていう。

宇野 皮肉ね。けど、僕も似たようなことと言われますよ。

田中 で、実際そうだとも思うの。この本でも、ひたすらラップミュージックなりMCUなり『ゲーム・オブ・スローンズ』なり、これにアクセスしないことには始まらないっていう前提で話していたわけじゃない？ と同時に、シネマヴェーラ渋谷や池袋新文芸坐、ラピュタ阿佐ヶ谷に昔の日本映画を観に行ったりしてる。やっぱり映画という20世紀の落とし子である不思議な形式に対する拘泥が捨てきれない。

でも、それは自分の中で矛盾でも何でもないんだよね。今の新しい動き——それを加速主義なりグローバル資本主義なりに当てはめてもいいんだけど——そこに常にアクセスしながらも、同じくらい自分自身が最も刺激を受ける過去やアンダーグラウンドとの接続というのはいまだ切らしてないんですよ。常にその両方にアクセスしようとしてる。でも、ソーシャルメディア上の日本語ネイティブの世界を見ると、どうやらどちらかのクラスターに所属しなきゃいけないらしい。誰もが何かしらの立場に立って、自分自身のアイデンティティを主張し、全体が全体性を何かしら獲得するみたいなことよりも、自分自身のアイデンティティを社会の中で、コミュニティの中で担保することに必死だという。

まあ、俺からすると地獄なんですよ。まさに『ゲーム・オブ・スローンズ』の世界で起こっていることとまったく同じじゃない？ それに対して、「誰もが納得できないところに帰着するしかない」という発想そのもの、それってやっぱり俺からすると、本当に清々しい気持ちになれたんだよね。この10年、この作品を見続けてきて本当に良かった、という感慨があった。

宇野 自分が『ゲーム・オブ・スローンズ』に自分の分身を見出すとしたら、実はジェイミー・ラニスターなんですよ。最初の頃は「なんだコイツは！」ってクズ野郎だったのが、だんだん改心してきたのかなって思ってたら、最後の最後であの死にざまという。

田中　結局、最愛のサーセイと心中を遂げることになるってところ？

宇野　「禁断の愛」の部分はどうでもいいんですけど（笑）、結局キングズ・ランディングのレッドキープ城に戻ったところですよね。キングズ・ランディングって、完全にアメリカ的帝国主義のアナロジーですよね。終わりゆく黄昏の大国というところも同じ。いきなりトランプの話をしますが、2017年にトランプが地球温暖化対策の国際的な枠組であるパリ協定に反旗を翻して、2019年11月、正式に離脱をしたじゃないですか。そのことで世界中から非難されているわけですが、あれ、車好きからするといろいろ考えちゃうところがあるんですよ。

田中　以前からトランプは「地球温暖化という概念は、アメリカの製造業の競争力を削ぐために中国によって中国のためにつくりだされた」って主張してるよね。

宇野　でも、確かに地球温暖化というイシューがアメリカと中国の覇権争いのダシに使われている側面はある。自動車産業でいうと、中国って、固定電話が普及する前にスマホが普及したように、今、ガソリン車が普及する前に電気自動車を普及させようとしていて。要は、それによって自動車産業全体のイニシアティブをとろうとしているんですね。で、それに同調しているのが、中国のマーケットで車を売りたいヨーロッパという構図があって。

田中　よく言われる環境ビジネスの話だよね。だからこそ、気候変動や環境問題に対して、異を唱える人々も後を絶たない。

宇野　ヨーロッパの自動車輸出国としては、なんとか中国を抱き込んで、もう全部電気自動車にしちゃおうぜっていう。逆に、そうしないとほとんど実現不可能なのが、今掲げられている自動車の環境性能の数値目標で。現状、ヨーロッパの高級車メーカーを中心に消費者不在のままどんどん自動車の電気化が進んでいる。でも、アメリカは絶対にガソリン車を手放さないでしょ？ 銃と同じで、ガソリンで走る車は馬に代わる、アメリカという血塗られた国の成り立ちに関わるアイデンティティだから。テスラだってずっと経営も生産体制もボロボロなのに株だけでもってるような会社で、いつイーロン・マスクが中国に会社ごと売っぱらうかわからないし。

で、日本はどうかっていうと、日本車って、21世紀に入ってからヨーロッパでどんどん売れなくなってきていて、でもアメリカではまだ売れている。だから、環境問題に対する政治的判断は別としても、産業としてはアメリカに頼るしかない状況で。『ゲーム・オブ・スローンズ』じゃないけど、これから世界は中国とヨーロッパのアライアンスと、アメリカと日本のアライアンスに二分化されていくんじゃないかなって。これは、車好きとしての視点から見た、現実的な予測。

田中 日本人である宇野くんは、アメリカの側に肩入れせざるを得ないという話？

宇野 いや、もっと諦念に近い話で。結局、日本は政治体制を筆頭に、第二次世界大戦以降はアメリカの属国でしかないという暗い現実認識が自分にはずっと昔から根深くあって。それとは別に——いや、本当は別じゃないかもしれないんだけど——自分はアメリカ文化に溺れて育ってきたという話です。極端な話、アメリカが舞台の馬が出てくる映画や、車が出てくる映画を観ていれば、それだけで幸せな気持ちになってしまう。

田中 要するに、もう取り返しがつかないくらいアメリカ文化に精神が侵されているということ？

宇野 大学でフランス文学を専攻したり、ヨーロッパと南米の文化であるサッカーに入れ込んだりして自分なりに抵抗もしてきましたけど、もはやアメリカは仮想の故郷みたいなものですね。自分よりも上の世代にはそういう人って結構いたと思うんですけど、気がついたら自分もその一人だった。

田中　なるほど。ラップの章でも、俺がヒップホップという文化がむしろルーツから切り離されて、グローバルに拡散していったことをひたすら称揚してることに対して、どこか宇野くんが歯切れが悪かったのも、そういう部分とも関係してなくはない？

宇野　それを最後に言うと、ここまで話してきたこと全部の説得力がなくなっちゃうかもしれないけれど、認めざるを得ないですね。だから、自分もいつかキングズ・ランディングに戻って、アメリカと一緒に死んじゃうのかなって（笑）。でも、タナソーさんはちゃんと言えるじゃないですか、「俺は常にグローバル資本主義と向き合ってきた」って。

田中　いや、そこは大して違いはないと俺は思うよ。以前、宇野くんが記事の中で引用してくれた俺のツイートがあるよね。

「俺がずっとアメリカのポップ・カルチャーに惹かれてきた最大の理由は、何よりもそれが常に自己批判的であったからだ。自らの間違いを凝視し、それを内側から告発し、それを認め、反省し、常に昨日より少しだけより良くあろうとした。俺にとってそれは、人類が常により良くあろうとする態度の象徴だった」

だからこそ、もう一度ここでゴダールの言葉を引用するとすれば、俺はどこか「マルクスとコカ・コーラ」の間で引き裂かれているんだと思う。

宇野　それでいうなら、自分は思いっきりコカ・コーラ寄りですね。コカ・コーラって、本社がアトランタだし（笑）。真面目に言うなら、そういうアメリカのポップ・カルチャーの美徳であった批判精神が、ポリティカル・コレクトネスの嵐の中で単純化されてアメリカ国内で大量消費されていることへの違和感もあります。第5章でいうなら、スーパーヒーロー映画の中で『ワンダーウーマン』と『ブラックパンサー』の興収だけが、突出してドメスティックの比率が高いという話。アメリカ人が考えているほど、もはや世界の中心はアメリカではなくなってきている。グローバリズムとアメリカ化は日本では同じものとして語られがちですけど、実は違うんじゃない?ってよく思うんですよ。GAFAの時代だって、いつまで続くかわからない。

2010年代のポップ・カルチャーを肯定する

田中 あえて偽悪的なことを言えば、自分はグローバル資本主義に対して、もはや敵対心もないんだよね。気候変動のことしか考えてないわけ。今住んでいる武蔵野の部屋が、5年前に比べて1年の温暖差がすごい激しいの。1日における温暖差もすごい極端になっている。要するに、「ウィンター・イズ・カミング」なんですよ。でも、環境問題って、この2019年になるまでのここ10年間、すっかり議論が耳に届くことが減ってたじゃないですか。

宇野 確かに。『不都合な真実』って一体何だったんだ?って話ですよね。まあ、トランプこそがそのアンチテーゼだから仕方ないんだけども。

田中 いずれにせよ、一度完全になきものにされた問題意識というのが気候変動なんですよ。

宇野 だけど、それってさっきの電気自動車の話もぴったり一致する話で。アメリカはトランプが退任したとしても、国内の自動車産業を切り捨てられないはずですよ。だから、実は因果関係が逆で、トランプが大統領だからこういう時代になったわけじゃなくて、こういう時代だからトランプが大統領になったと自分は思ってるんですよ。

田中 それは、ポピュリズムの問題からみても明らかだよね。

宇野 もしアメリカ人が銃と自動車を手放すことができたら、それが本当にアメリカが変わる時。

日本が変われるとしたら、その後なんじゃないですか？　まだ自分が生きてるかわからないけど。でも、これはシニシズムではなく、真剣に思ってることです。

田中　でも、日本ってもはや議会制民主主義が成り立ってないじゃない？

宇野　本当にそう。

田中　安倍政権が間違っている云々ということ以前に、議会制民主主義が成り立ってないことの方がもっと重大な問題。あらゆる局面でこれまで市井の人々の声を拾ってきたシステムが瓦解してしまっている。

宇野　でも、同時に、2010年代はインターネットがあらゆる個人をエンパワーメントした。そういう時代でもあったわけじゃないですか。実際、この本の中でもタナソーさんは何度も「それこそが革命だった」と繰り返し言ってきた。

田中　もちろん、サウスのラッパーたちのようにまさにそれを有効利用した人たちもいる。ただ同時に、自分と似た場所に立っていると思っていたリベラルを名乗る人たちが、ソーシャルメディア上で口汚く罵り合っているのを何度見たかわからない。そんなこんなもあって、2020年代を迎えるにあたって、もはやそれがいいことなのかどうかさえわからなくなってしまったところがある。

宇野　まあ、これまでも話してきた通り、トキシック・ファンダムやキャンセル・カルチャーを筆頭に、特にソーシャルメディアはカオティックな様相を呈するようになりましたからね。『ゲーム・オブ・スローンズ』最終章へのバックラッシュも、実は結構メンタルに影響してる？

田中　それもそうだし、やっぱり国連でのグレタ・トゥーンベリの演説に対する世界中からのバックラッシュはかなり効いた。というのも、かつてのポップ・カルチャーというのは、長い年月をかけて作品や作家の活動の記憶が市井の人々の意識や生活にしみ込むことで、ゆっくりとその基盤を変えるようなメカニズムでもあったわけじゃない？ その蓄積が溜まりに溜まった時に、60年代後半のような急激な変化が訪れた。

でも、現在のソーシャルメディアを介した変化というのは、急激に過熱して、あっという間に忘れ去られてしまう、そんなメカニズムなわけだよね。ラップの章でもアラブの春の話をしたよね。宇野くんは気に入らないかもしれないけど、あんなに猛烈に興奮してたミックステープ・カルチャー以降のラップに以前ほどは興奮できなくなってしまった自分に、誰よりも驚いているのは自分なんですよ。このスピードの速さ、変化の速度がどこへ行くのか想像がつかないところもあって。

ただ、一方では、そんなのいつの時代もそうだったじゃないか、という冷静な自分もいて。原発がまだ人類には早すぎたテクノロジーだと言う人たちがいる。ただ、もしそうだとすれば、インターネットやソーシャルメディアも人類には早すぎた。民主主義だって資本主義だってまだ人類には早かった。文化や文明の発展というのはごく限られた近代的人間だけが築き上げてきたもので、その他の人類というのは有史以来ずっとこんなものだったじゃないか、というね。

宇野　ダメですよ、そういうファシスト発言は（笑）。これまでうわ言みたいに、何よりも大切なことは大衆を信じることだ、って言ってきたじゃないですか。

田中　もちろん、今でも思ってる。２０１４年12月につぶやいた自分のツイートが告知に現れる度に、相変わらず俺、馬鹿みたいにそう思ってるな、と思うしね。

「何度でも言おう。ポップの役割は果てしなく広がる無知と無関心の地平に語りかけることだ。まったく言葉の通じない他者に語りかけようとする意志だ。そのためにもっとも大切なことは、その無知と無関心の荒れ地には、必ず知性と聡明さと良心が潜んでいることを誰よりも信じること。ポップに幸あれ」

今もそう信じてる。と同時に、自分自身もまた愚かな人類、愚かな大衆のひとりにすぎないと思っているわけだけど。

宇野　まあ、だからこそ、タナソーさんがポップ・アイコンの力よりも、コミュニティだったり、文化がその起点から拡がっていく運動自体にこだわったりするのはわかるんですけど。ただ、僕らの寿命がどうかは別として、長い目で見たら、中国とアメリカの戦いでアメリカに勝ち目なんてないわけじゃないですか。だけど、自分はやはりアメリカ文化にまみれて育った子供として、アメリカと心中せざるを得ないんだろうなっていう感じ。

田中　じゃあ、俺はもう完全に頭がイカれた大人として、もう気候変動以外のことは考えない(笑)。気候変動というイシューの前で、国家の対立とか、イデオロギーの対立とか民族の対立とか宗教の対立とか関係ないし、みたいな(笑)。気候変動以上の時代のテーマなんてないんだから。それが、『ゲーム・オブ・スローンズ』の最終シーズンが終わった後の自分の問題意識。

宇野　終盤でのホワイト・ウォーカーとの戦いというのは、全地球的な使命を背負って、気候変動という死と戦うメタファーなわけですからね。

田中　ただ、最終シーズンで描かれたのは、むしろそれよりも人類全体の分断の方が深刻だった、という話なんだけどね。だから、あれこそがまさに2010年代のアナロジーなんだよね。

宇野　本当にそうですね。

田中　かつては気候変動というグローバル・イシューと誰もが戦ったはずなのに、そこが忘れられて、やはり人間同士のヘゲモニー争いになっちゃったという。ちゃんと最後のシーズンで、2010年代に何が起こったかを描いているという。

宇野　「何も正しい気がしない」というジョン・スノウの台詞が、やはり効いていますよね。

田中 だから、あまりにも腑に落ちすぎて、自分的には非常によろしくないんですよ（笑）

宇野 しかし、本の最後がこれっていうのはひどいですね。一方は「俺はアメリカと心中する」、もう一方は「俺は気候変動のことしか考えない」（笑）。いいのかな、これ？

田中 でも、個人的には、とにかく2010年代という時代のポップ・カルチャーを批判的な部分も含めて全面的に肯定したい。その目的はある程度、達成できた気もするんだけど、どう？

宇野 本当は『エンドゲーム』みたいに綺麗に終わりたかったんですけどね。これじゃ、まるで『ゲーム・オブ・スローンズ』の終わり方だ（笑）。「10年後にもう一度読んでくれ」っていう。

田中 それは、わりと本気で思ってるよ。望んでいるのは、この本を読んでくれた読者に10年後、お前たちの世迷い言は杞憂にすぎなかった、俺たちが世界をより良い方向に変えた、そんな風に笑ってもらうことだね。

おわりに

今、君は『2010s』と名付けられた書物を読み終えようとしている。おそらくこれは歴史についての書物だ。だが、君にはこの書物に書かれたことが果たして真実なのかどうか確信が持てずにいる。いや、ここに書かれたことは真実ではない。何故なら君は、人は主観からは逃れられない、決して客観へは辿り着くことができないと感じているから。主観というバブルの中に囚われている主体が綴った書物はすべて虚構だと感じているから。歴史相対主義者と笑わば笑え。正史とはいつも勝者や強者の歴史であり、為政者の歴史であり、常に彼らの文字によって記されてきた。今、鶴田浩二のことを誰が覚えている？　地煞（ちさつ）七十二星の下に生まれついた人々の苦しみや悲しみは歴史に記されることはない。それを記してきたのは世界各地のもはや忘れられたフォークロアであり、大衆文化であり、60年代の後半にポップ・カルチャーと呼ばれることになる、いかがわしくて、金にまみれた複製芸術ではなかったか。彼らの「声」はそこにしか記されていない。君にはそんな馬鹿げた思い込みがある。

　だからこそ、君には「真実」という言葉の意味がまったく理解できない。そこで、カメラの位置を主観から俯瞰へと移動させ、君が暮らす街を、社会を、世界を高台から見下ろすことで、何とか自分自身が納得できる帰着点を君は発見する。曰く、真実とは絶対的なものではない。真実とは社会的なコンセンサスだ。ある特定の時代の、ある特定のコミュニティにおける何かしらの合意、コンセンサスこそが真実と呼ばれるものの正体だ。時には法によっての合意。だが、君の中には法規制による社会変革を潔しとしないアナキストが住んでいる。君はもはや民主主義を信じてはいない――少なくとも民主主義が機能しているとは思わない。そして、少なくともまだ当分の間は、資本主義には終わりが来ないことも確信している。だからこそ、この世界はずっと不平等であり続けるだろう。だとすれば、しかるべき真実とはどんな場所でどんな風に見出しうるのか。

他人を攻撃しても仕方ない、攻撃すべきは彼らの神だと、ポール・ヴァレリーを気取った君はこう考える。真実を生み出す唯一の手立ては、しかるべきプロセスで、しかるべき合意、コンセンサスを生み出すことができるシステムの構築にほかならない。それはアンフェアなものであってはならない。それは強制的なものであってはならない。誰もが自由にアクセス可能で、いつでもそこから離脱することができる、透明かつ公平なシステムでなければならない。では、そうしたシステムとは何か。トム・ヨークとトマス・ピンチョンから譲り受けたパラノイアを発症させながら、君はお得意の論理の跳躍を果たす。真実を生み出す唯一の手立ては、社会に蔓延するインビジブルな制度にゆっくりと働き掛ける何かを不特定多数の共通項として見出すこと。長い時間をかけて少しずつ無言のコンセンサスが生まれる、そんなモデルについて君は想像を巡らす。

例えば、答えでなく問い。例えば、結末の書かれていない物語、つまり、ナラティブ。例えば、書物。あるいは、また君の脳裏には例の言葉が思い浮かぶ。ポップ・カルチャー。そこに不特定多数の人々がアクセスすることで、そこで何かしら共通の思索と行動を共有するための場所としてのコミュニティを創出することができたら。儚くも常軌を逸した君の夢想は続く。もし仮に、不特定多数の人々が、この『2010s』と名付けられた、どこにも答えらしき答えの書き込まれていない、いかがわしい書物を手に取り、一度ではなく何度も読み返し、互いに会話をかわし、そこにインビジブルなコミュニティが生まれたとしたら。もし今から10年後、20年後に、時を越えた場所で、この書物とここで触れられたいくつものポップ作品を通じて、そんなコミュニティが生まれたとしたら。そこからは真実と誰もが呼ぶほかにない、社会的なコンセンサスが生まれるのではないか。ははは。君は一度はすっかり馬鹿馬鹿しくなった後で、それでもそんなヴィジョンに取り憑かれてしまった自分を発見する。この書物の共著者が「はじめに」で発した問いかけに対する答え――君がこの書物の共著者になることを引き受けた理由は、もしかすると、そんな馬鹿げた妄想だったのかもしれない。

だが、2018年の冬、この書物のもうひとりの著者に「2010年代のポップ・カルチャーを総括する書物を一緒に作らないか?」と持ちかけられた当初、君は猛烈な抵抗を示す。自分名義の著書は作りたくない。そんなナルシスティックなこだわりを理由に、彼の提案に対して何度もかぶりをふる。だが、最初に君の気持ちを揺さぶったのは、彼の「興味深いことはすべてメインストリームで起こっている、それをきちんと伝えたい」「蛸壺化した世界でテイスト競争をしているチマチマした連中の価値観に揺さぶりをかけたい」という言葉だった。長年ボブ・ディランの作品と活動に接することで、ジョン・レノン譲りのヒロイズムから次第に距離を置くようになった君は、彼のその言葉に、彼最大のチャームのひとつだと君が感じている、時に過剰にエモーショナルでさえあるヒロイズムをそこに嗅ぎ取り、とうの昔に捨てたはずの君自身の厄介なヒロイズムをくすぐられてしまう。もしかすると、それが君がこの『2010s』という書物の共著者に名前を連ねた二つ目の理由だったのかもしれない。だが、そもそもそれが間違いだった。おそらく今も君はそんな後悔に苛まれているに違いない。

何故なら、この書物が彼によって『2010s』と名付けられた瞬間、君はまた例の厄介な強迫観念を発症したからだ。そのせいで、この書物の本来の目的――ポップ・カルチャーにとって稀に見る豊饒な季節だった2010年代というディケイドを讃えると同時に、その10年間、それに興奮し、触発され続けた二人の書き手の視点を交わらせることによって、より俯瞰的な視点を浮かび上がらせることでそれを一冊の書物として記録しておくこと――に、君はまた別のレイヤーを強引に与えることになった。この書物のここかしこでポップ・カルチャーそのものよりもむしろ社会の現状についてのコメンタリーが前景化してしまったこと、この書物が持つビターなエンディングは、やはり君の「例の厄介な強迫観念」の為せる業だ。いずれにせよ、結果的にこの『2010s』という書物は、君自身が忌み嫌っていたはずのヒロイックでシリアス、どこかエモーショナルな色彩を帯びることになった。君はそんな風に感じている。では、この書物に君自身がバイアスをかけたと感じている「例の厄介な強迫観念」はどこでどんな風に芽生えたのか。それをここから記すという退屈な態度で、この書物の共著者が「はじめに」で発した問いかけに対するもうひとつの答えに代えたい。

あらためて君は記憶を辿る。君はキューバ危機の翌年、東京オリンピック開催の前年に、罪と敗北の国に生まれた。ビートルズの1stアルバム『プリーズ・プリーズ・ミー』が産み落とされ、映画『人生劇場 飛車角』が公開された年だ。アメリカに政治的に支配され、朝鮮戦争特需という血の犠牲によって復興した／させられたこの島国で君は育った。時にはその復興の過程ですっかり汚染された海で泳いだり、時には溺れかけたりしながら、1953年にアメリカ大統領アイゼンハワーが提唱した核の平和利用――もちろん、トム・ヨークのバンド名――によって日本各地の湾岸地帯に建てられた原子力発電所のおかげで、やがて少しは改善することになる公害だらけの70年代大阪に育った。差別と、経済格差から生まれた嫉みの温床のような街で、在日コリアン二世や母子家庭の子供たちと出会い、被差別部落出身の母を彼女がステップ・マザーとは知らないまま心の底から愛した。だが、君が子供時代に何よりも愛したのはサンタ・クロース、少年時代に愛したものはコカ・コーラ。ヴィム・ヴェンダースが言うように文化的にもアメリカにすっかり植民地化されたこの島国で、第二次大戦が終結と共に終わった（はずの）忌まわしき植民地主義の落とし子として、その傷跡の中から生まれた北米を中心としたポップ・カルチャーに囲まれて育った。当初はレイス・ミュージックという蔑称で呼ばれていたリズム&ブルーズを当時の白人ティーンに売りつけるためにアラン・フリードが新たな名前をつけることで生まれた、ロックンロールという血塗られた音楽に夢中になった。どこまでも君は無邪気だった。矛盾だらけの文明と文化に支えられながら、矛盾だらけの少年時代をそうとは気付かないまま君は謳歌する。だが、物心ついた頃、ようやく67年のサマー・オブ・ラブや68年の五月革命の意味を理解し、映画『風と共に去りぬ』とアメリカの公民権運動をモチーフにした手塚治虫の『鉄腕アトム』の一編を読む頃には、自分（たち）は間違っている、少しずつそう思うようになった。

いまだ世の中がバブルを謳歌していた80年代の終わり、麹町にあった小さな広告代理店のマーケティング・セクションですっかり腐りきっていた20代半ばの君の耳に聴こえてきたのは——デヴィッド・ボウイが壁の側にへばりついている東ベルリンの若者たちに背を向け、西ベルリンの国会議事堂前で「ヒーローズ」を演奏した2年後——冷戦時代に生まれ、核戦争の恐怖と共に育ってきた君からすれば、よもや想像したこともなかったベルリンの壁の崩壊というニュース、そして、昭和天皇崩御を経て平成という年号を得たこの島国の空騒ぎ、その後のイラクによるクウェート侵攻というニュースだった。89年の初夏にリリースされた佐野元春の『ナポレオンフィッシュと泳ぐ日』というアルバムを聴けば、今でも当時の空気や、すっかりやさぐれていた君自身のことを思い出すに違いない。おれは最低。芝浦ＧＯＬＤのフロアで知り合った名前も知らない男のマンションの一室での男女十数名による一夜限りの馬鹿騒ぎ。セックス・ドラッグ&ロックンロール。退廃と享楽、そこから来る苛立ち。港区のどこかにあったその部屋の窓から見た虚ろなオレンジ色の東京タワー。「君はそんな男ではない。夜明けのこんな時間に、こんな場所にいるような男ではない」。バブル期の君の記憶の大半は、満たされない20代の苛立ちと、NYで(結果的に)会社の金をちょろまかして買ったリッケンバッカーの12弦ギター、高橋源一郎が翻訳したジェイ・マキナニーの処女作、そしてもう一冊、ブレット・イーストン・エリスの『アメリカン・サイコ』と共にある。つまり、君の居場所はどこにもなかった。

だが、友人と二人で暮らしていた、ゲイ男性たちのハッテン場でもあるサウナの向かい、浅草六区のど真ん中に立っていたビル7階の50平米ほどの部屋、そこでJAGATARAの「もうがまんできない」を爆音で鳴らしながら、映画『ジョーカー』のホアキン・フェニックスのようにひとり踊っていた時にかかってきた電話によって、君はまた人生の岐路を迎える。91年の年明け1月、渋谷桜丘の片隅にあった新たな就職先の事務所にかなりの居心地の悪さを感じながら浅草から通い始めた頃、君の耳に飛び込んできたのは多国籍軍によるイラク空爆によって幕を開けた湾岸戦争のニュースだった。何がそんなに決定的だったのか君にはわからない。だが、年を重ねるに連れて、そんな偶然が何かしらの必然だったかのように君は次第に感じるようになる。敗戦から約45年、冷戦時代の終わり、グローバリゼーションという言葉なしでは語れない新たな時代の幕開けと共に、自分は望まなくして「声」を与えられた。君はいまだそんな強迫観念に苛まれているに違いない。

おそらくポップ・カルチャーにまつわる日本語ネイティブのすべての書き手の中で間違いなく自分こそが最も頻繁に「ベルリンの壁崩壊」という言葉を活字にしてきた書き手だ。君にはそんな自覚がある。文筆家や編集者、音楽業界の一員としての君のキャリアは奇しくもベルリンの壁崩壊と、その後の東西ドイツの統一、つまり、冷戦時代の終わり、世界がひとつになり始める時期とほぼ時を同じくして始まっている。そんな偶然から芽を吹いた強迫観念に苛まれるようにして君は、「ベルリンの壁崩壊」という言葉を幾度となくタイプし続けてきた。だが、65年のロンドン、マーキー・クラブの裏口を出た場所で何人ものモッドたちに「声」を与えられたピート・タウンゼンドのように、果たして自分はその役割を果たしているのだろうか。そこから30年近くずっと、そんな自己嫌悪に君は苛まれてきた。しかも、ただ夢中で君が乗り込んだ音楽評論というヴィークルが辿り着いた先は、99年のシアトル暴動、世界貿易機関に対する抗議デモを経た、2000年のレディオヘッドの『Kid A』というアルバムだった。思わず君はこんな風にタイプせずにはいられない。助けて助けて助けて助とけ助けて。ベルリンの壁が崩壊した瞬間から世界の裏側では何が起こっていたのか、君は何ひとつ理解していなかった。考えたこともなかった。そして、2001年、『Kid A』というアルバムが開けたパンドラの箱から飛び出したのは、アメリカ同時多発テロという名の、さらなるとっておきの君への「贈り物」だった。ここで君の「例の厄介な強迫観念」はひとまずの完成を果たす。これまでの俺（たち）はずっと間違いを犯してきて、このグローバル社会に暮らす限り、これからも同じ間違いを犯し続け、その罪を贖うことも決してないだろう。この時からずっと、君はそんな風に感じ続けているに違いない。

そんな馬鹿げた強迫観念のせいで、君にとって2010年代を語ることは少なくともベルリンの壁崩壊からの歴史を語ることだった。もちろん、もうひとりの共著者にも同じような、あるいは、また別の厄介な強迫観念はあったに違いない。それはこの書物に目を通せば明らかだ。だが、それを君自身の言葉で語ることはやめておこう。いずれにせよ、この『2010s』という書物はおそらく読者であるあなたがどこか期待したかもしれない、映画『エンドゲーム』のエンディングのような明朗さと爽快さには欠けている。果たしてこれで良かったのか。「何ひとつ正しい気がしない」。きっと今も君はそんな罪悪感と後悔の念に囚われているに違いない。
だからこそ、この『2010s』という書物に書かれたことは真実ではない。二ヶ所からの主観のカメラが映し出す、切り返しのショットが延々と続くこの書物は、二つの主観というバイアスによって捩じ曲げられていると言っていいだろう。本当なら君はルカ・グァダニーノの映画『君の名前で僕を呼んで』のような書物が作りたかった。ポピュリズムを始め、いくつもの政治的なコメンタリーを持ちながらも、決してそれを前景化させることなく、短い夏の季節の細部をいくつもの角度から切り取ったような美しい本が作りたかった。だが果たしてその結果は、映画『サスペリア』（2018年）のような強迫観念まみれの書物になったと言えるかもしれない。

この書物の中で、君が幾度となく過去と現在を比較することで俯瞰的な視点を得ようと試みているのは、2010年代初めにトマス・ピンチョンの小説『V.』を読むことで芽生え、その後の10年近くずっと自身に課すことになる、少なくとも100年単位で考え、少なくとも10年単位で行動するという指針によるものだ。と同時にそれは、すべてがインターネットによりブーストされた、今という瞬間に振り回され、すぐにすべてを忘却してしまうというメカニズムを克服するための工夫でもあったのかもしれない。君の脳裏には今もアラブの春のトラウマが焼き付いている。それゆえ君はすべての近道を嫌う。迂回すること、正解や真実と呼ばれる場所に辿り着かないことを君は望む。1988年に刊行された『凡庸な芸術家の肖像』という書物があらかじめ800ページ以上のボリュームを必要とした理由について君は今も考えている。君は再び、この10年間君を支え続けてくれた作家のまた別の一冊の書物――1973年に『重力の虹』と名付けられた書物のページを開く。そこでは相も変わらずベルリンの街に身を潜めている幾人かの学生連中がこんな会話を交わしている。「資本主義の下でどんな表現形態がはびこるか見てごらんなさい。ポルノグラフィーばかり。愛も――エロティックな愛、キリスト的な愛、犬と少年の愛――すべてポルノ化されてしまう。日没のポルノ、殺しのポルノ、推理のポルノ――ああそこか、と殺人犯がわかったときの気持ちよさ――小説から映画から歌から、よってたかって人びとの気持をなだめてくれる。程度の違いはあってもみんな絶対的な慰みの極地をめざしている点は同じよ」。この舞台から七十数年。そこから何が変わったのだろうか。いいね、RT、同意、禿同。だからこそ、また君は感情的なコネクションから距離を取ろうとし、また失敗する。

君はまた、何十年も前の初めてのLSD体験を思い出す。五十嵐大介が『ディザインズ』で描こうとした、主観も客観もなく、世界と自分自身が溶け合った世界を。つまり、主観が生物学的な錯覚にすぎないのと同じように、客観もまた形而上学的な錯覚にすぎない。君はそんなとりあえずの結論を保留しながら、今も一緒に暮らしている二匹の猫――片や『スタートレック』のパヴェル・アンドレイィェヴィッチ・チェコフから名前を採った、片や『ゲーム・オブ・スローンズ』のアリア・スタークから名前を採った二匹の猫はどんな風に世界を見ているのかを想像する。おそらくそれもまた錯覚にすぎないと感じながら。だが、すべてが錯覚にすぎないとしたら、君は何を毎日を過ごすための糧にするのだろう。幸か不幸か、君には結論が出てしまっている。自分以外の誰かと何かしらの形でコミットメントすること。そのことで束の間の瞬間、主観という錯覚から客観という錯覚に手を伸ばすことに成功したという錯覚に喜びを見出すこと。そのために、自分の周りにだけは社会の主流とは別なオルタナティブな回路、小さなエコシステム、小さなコミュニティを築き上げること。その緩やかで縛りのないコミュニティを少しずつ押し広げていくこと。君はまた自分のナイーブさに嫌気が差す。

だからこそ、この本の共著者になることを承諾した最大の理由は、もう一人の共著者である彼がこれから先もそのしかるべきコミュニティにおいて、決して外すことのできないパズルのピースのひとつだと感じていたことだと君は告白しなければならない。真実とは社会的なコンセンサスだ。そんな風に考える君にとって何よりも大切なことは「納得できなくとも何とか享受することのできる真実」を生み出すことのできるフェアな社会システムが存在すること。では、この書物が生み出される過程においてそれは存在しただろうか。その答えは神のみぞ知るである。この書物を作る過程で、君は何度か得意の「コバヤシマル・シナリオ」を使った。気掛かりなのはそれだけだ。だが、間違いと失敗こそが創造の母と信じ、誰か第三者の助けを借りなければ、何ひとつ形にすることができない、自らを「可能性の溺死体」と呼ぶ君にとっては、今回の機会を与え、完成まで漕ぎ着けてくれた編集者と共著者に対しては深い感謝しかない。そうした体験は、君のようなエゴイスティックなアウトキャストを許容するだけの社会やコミュニティの可能性を確信させてくれるに十二分な体験だった。

果たしてこの二人称の語りは、この語り手にとっても、その対象である君にとっても、読者であるあなたにとっても何かしら客観性を獲得することに繋がるだろうか。君の映画に対する憧れと興味は、客観に対する羨望以外の何物でもなかった。君のポップ・ソングに対する執着と拘泥は、いくつもの人称と時制の間を自由に行き来することによって作家とオーディエンスの関係を主従の関係から解き放つ独自の形式から生まれる変幻自在のニュアンスに対する驚き以外の何物でもなかった。君の小説に対する尽きせぬ羨望は、人称と時制という制約そのものが無限の可能性に繋がるという摩訶不思議かつどこまでも自由な形式に対する畏怖の念以外の何物でもなかった。だが、君は今も自らが書くことのしかるべき形式をみつけられずにいる。一体この文章はなんだ？　果たして自分が何を書いているのかまったく見当もつかない。今この瞬間にもすべてを放棄したくてたまらない。

最後ぐらいは君にカメラを渡したい。だが君は気が進まない。主観のカメラだけで映画を撮ることはまず不可能だから。これまでも君にとって書くことの大半は、自らが主観からは決して逃れられないことを思い知らされる、どこまでも耐え難い体験であり続けてきたから。しかも、この『2010s』というタイトルは、歴史という抽象的な概念に向き合い、それを主観から語るという愚行を犯すことの傲慢さと破廉恥さを胸を張って宣言している。だが君は、共著者が提示してくれたこのタイトルに猛烈に惹かれた。そのメカニズムは何かと言えば、地煞七十二星の下に生まれついた者から見た歴史を記したい、そんなヒロイックな欲望にほかならない。

21世紀という時代は、ソーシャルメディアの浸透によって大方の人々が「声」を持つことになった時代でもある。オルタナティブ・ファクトの時代とは、かつては歴史に名を残すことなく闇に葬られる運命にあった敗者や弱者が「声」を持ったことで歴史を書き換えようとした時代ではなかったか。ソーシャルメディアでは今この瞬間も夥しい数の言葉が乱れ飛んでいる。誰もが不特定多数に向けて語ることが可能になった素晴らしき未来の到来。思わず君の中のサノスが頭をもたげる。優れた王さえいれば、封建社会こそがすべての安息と平和への近道にほかならない。実際、この島国の大半の人々が望んでいるのはそれだろう。にもかかわらず、君はまだ性懲りもなく語り続けている。自らの主観を歴史化せんとするどす黒い欲望がこの世界を混乱に陥れているとしたら、この書物を自らの強迫観念のまま歪めてしまった欲望もまた、それと何か違いがあるだろうか。そこで君はまた途方に暮れ、この文章を綴る責任から逃れようとする。

この10年、読者であるあなたはどこにいただろう。そこからどんな世界を見て、何を感じていただろうか。だが、君にはまったく想像がつかない。何故なら、君にとっての２０１０年代、それは不特定多数の日本語ネイティブの人々に対して何かを語る術も語る場所も語る言葉さえもすっかり見失ってしまった10年だったからだ。「スヌーザー」という雑誌の、何よりも君が愛した読者との回路を失ってしまった10年だからだ。だが、性懲りもなく、ここで一冊の本を作ることに加担してしまった。何ひとつ正しい気がしない。

だが、書物を完成させるのは著者ではない。読者だ。ポップ・カルチャーを駆動させているのは一握りの天才ではない。彼らを天才たらしめているのは彼ら自身であると同時に、すべてのオーディエンスの力だ。今も素晴らしき未来はあなたの手に握られている。KEEP COOL BUT CARE――。あなたがリアルであるように、あなたが優しくあるように、さもなきゃ俺の前から消えうせちまえ。

２０１９年12月
田中宗一郎

宇野維正 うの・これまさ

1970年、東京都生まれ。映画・音楽ジャーナリスト。音楽誌、映画誌、サッカー誌の編集部を経て2008年に独立。著書に『1998年の宇多田ヒカル』（新潮新書）、『くるりのこと』（くるりとの共著、新潮文庫）、『小沢健二の帰還』（岩波書店）、『日本代表とMr.Children』（レジーとの共著、ソル・メディア）がある。

田中宗一郎 たなか・そういちろう

1963年、大阪市生まれ。編集者、DJ、音楽評論家。広告代理店勤務、音楽誌編集を経て、96年から雑誌「スヌーザー」を創刊準備、15年間編集長を務める。現在は、合同会社ザ・サイン・ファクトリーのクリエイティヴ・ディレクターとして、記事コンテンツ、音声コンテンツをいくつものメディアで制作。

2010s トゥエンティテンズ

著者 宇野維正（うのこれまさ） 田中宗一郎（たなかそういちろう）

発行 2020・1・30
3刷 2020・2・20

発行者 佐藤隆信
発行所 株式会社新潮社

〒162-8711 東京都新宿区矢来町 71
電話 編集部 03-3266-5550
読者係 03-3266-5111
https://www.shinchosha.co.jp

印刷所 錦明印刷株式会社
製本所 株式会社大進堂

乱丁・落丁本は、ご面倒ですが小社読者係宛お送り下さい。
送料小社負担にてお取替えいたします。
価格はカバーに表示してあります。

ISBN978-4-10-353131-9 C0095